国民经济恢复时期的
中央银行研究

徐　翀　著

中国金融出版社

责任编辑：陈　翎
责任校对：刘　明
责任印制：程　颖

图书在版编目（CIP）数据

国民经济恢复时期的中央银行研究（Guomin Jingji Huifu Shiqi de Zhongyang Yinhang Yanjiu）/徐翀著 . —北京：中国金融出版社，2016.4

ISBN 978 - 7 - 5049 - 8263 - 6

Ⅰ.①国…　Ⅱ.①徐…　Ⅲ.①中央银行—研究—中国—现代　Ⅳ.①F832.97

中国版本图书馆 CIP 数据核字（2015）第 296272 号

出版
发行　中国金融出版社

社址　北京市丰台区益泽路 2 号
市场开发部　（010）63266347，63805472，63439533（传真）
网 上 书 店　http://www.chinafph.com
　　　　　　（010）63286832，63365686（传真）
读者服务部　（010）66070833，62568380
邮编　100071
经销　新华书店
印刷　保利达印务有限公司
尺寸　169 毫米×239 毫米
印张　14.5
字数　218 千
版次　2016 年 4 月第 1 版
印次　2016 年 4 月第 1 次印刷
定价　40.00 元
ISBN 978 - 7 - 5049 - 8263 - 6/F.7823
如出现印装错误本社负责调换　联系电话（010）63263947

序

中央银行制度是现代金融体系中最重要的制度之一。历史地看，中央银行是社会经济发展和金融体制演变的必然结果，它的创立是社会商品经济与信用制度发展到一定阶段的产物。纵观当今世界各国的金融体系，中央银行的地位和作用都更加凸显，在社会经济发展过程中发挥着越来越重要的作用。正是由于中央银行在一国社会经济中的特殊角色和重要地位，对中央银行的研究一直是国内学术界关注和研究的热点问题，已经发表和出版了不少高水平的研究成果，对人们认识和理解中央银行具有重要的作用。从这些已经发表和出版的研究成果来看，大多数学者都将研究重点投向对中央银行的理论阐述和它所面临的现实问题，还很少有学者以中央银行史为研究对象的。即使有以中央银行史作为研究对象，也多是研究近代中国的大清银行、中国银行和国民政府时期的中央银行，尚未见到研究新中国中央银行制度的高水平成果。而在国外学术界则比较关注对中央银行史的研究，长期以来就有不少学者比较深入地从历史角度研究了欧洲各国的中央银行创建和发展，包括早期的英格兰银行、欧洲中央银行和美联储等等，这些研究成果对于我们研究中国的中央银行都很有帮助。我相信，今后将会有越来越多的学者关注和研究中央银行史，这是一片富饶的学术矿藏。

经济学研究离不开历史研究，按照经济学家熊彼特的说法："经济学的内容，实质上是历史长河中的一个独特的过程。研究历史，可以在教学方法上有所裨益，可以获得新的观念，可以了解人类的思维方法。"① 早在20世纪80年代初，经济学史学家陈振汉在授课时多次说道：经济史研究能够为人们提供大

---

① 约瑟夫·熊彼特：《经济分析史第一卷》，第17、29页，北京，商务印书馆，1991。

量的往事事例和丰富的经验世界，这为人们认识和了解世界提供了可能。因此，对于中央银行史的研究是十分有意义的课题，新中国中央银行史的研究是一块亟待开发的研究领域。

徐翀同志所著的《国民经济恢复时期的中央银行研究》一书，正是抓住了这样一个很少有人去涉猎的研究领域，是对新中国中央银行史研究的一次积极探索和有益尝试。本书有四个显著的特点：一是研究视角新颖。把研究的视角聚焦于20世纪50年代我国国民经济恢复时期的中国人民银行，围绕中国人民银行的创建、三大基本职能作用发挥的"两条主线"而展开。可以说，在我国国民经济恢复时期，人民政府进行了大量的国家与社会制度建设和制度创新，新的国家经济制度建设和创新更是任务繁重，其中中央银行制度建设与创新更是当时浓墨重彩的一笔，也是新中国中央银行历史发展的重要组成部分。本书深入研究了这一时期我国中央银行的建设与创新，填补了这一时期我国中央银行研究的空白。

二是研究方法科学合理。对于经济史问题进行研究，就必须运用历史与逻辑相统一、历史分析与经济学分析相结合的研究方法，简单的理论描述和事实罗列，都不能很好地说明中央银行制度的建立和历史的发展。本书正是通过方法论的突破为中央银行历史研究构建了科学合理的研究框架，认真分析梳理了我国新民主主义思想和主张，尤其是在一定国有经济基础上的社会主义发展方向，客观分析其与中央银行创建及履行三大职能的内在联系，具有很强的说服力。在对中央银行具体问题分析中，也采用了供需理论、比较金融理论、制度变迁理论等相关方法。

三是研究结论勇于创新。本书打破了长期以来的一个传统观点，即改革开放之前，中国实行的是"大一统"高度集中的金融体系，中国人民银行基本上是国内唯一的金融机构，不是真正意义上的中央银行的说法。通过深入细致的分析，作者得出了两个重要观点：其一是新中国的中央银行并不是在新中国成立后才建立的，而是在新民主主义经济思想的指导下，在革命根据地银行逐步发展的基础上建立起来的，与革命根据地银行具有一脉相承的关系；其二是新民主主义经济思想为中央银行职能的履行奠定了理论思想基础，新中国五种经济成分并存的市场环境为中央银行职能的发挥创造了客观现实条件，中央银行在国民经济恢复时期有效履行了"发行的银行"、"政府的银行"和"银行的银行"三大职能，为国民经济的恢复和发展作出了重要贡献。这种结论是本书的重要创新和亮点，也是符合历史实际的。

四是研究内容具有较强的现实借鉴意义。国民经济恢复时期是我国在全国范围内实行新民主主义经济制度的时期，也是向社会主义经济过渡的时期。这一时期的经济形态除了生产力发展水平与今天有着明显的差异之外，其在国营经济领导下的多种经济成分并存的体制与今日的社会主义市场经济体制下的多种经济成分并存有很多相似点。研究这一时期历史发展特别是中央银行制度，对于我们发展中国特色社会主义市场经济体制，也具有重要的现实借鉴意义。当时所采取的一些政策措施在今天看来仍具有较好的参考价值，比如，国民经济恢复的初期，货币发行混乱、市场投机猖獗、物价上涨过快和恶性通货膨胀等因素，都形成国民经济恢复的障碍，在党和政府的统一领导下，中央银行配合国家统一财经政策，灵活运用货币政策，采用了折实储蓄、存贷款利率、代理发行公债、提高私营金融业的存款准备金等手段调控市场货币供求，用不到一年的时间就稳定了国民经济大局，平抑了国民政府遗留下来的长达十二年之久的恶性通货膨胀，可谓历史的奇迹。

徐翀同志为人谦和，勤勉努力，勇于探索，善于思考。他不仅具有扎实的经济学功底和严格的经济学专业训练，而且有在中国人民银行总行和中国银监会工作的丰富经历，为撰写本书查阅收集了大量的第一手资料，使得本书资料丰富、内容翔实、论证充分。本书也是在其博士论文的基础上，经过一段时间的沉淀和进一步修改完善而成，相信本书的出版将会极大地推动中国中央银行史的研究，吸引更多的研究者关注这一研究领域。也期待徐翀同志能够继续深入研究不同时期的中国中央银行史，为中国中央银行史这一广阔的研究领域作出新的贡献。

中国人民大学教授 贺耀敏

2016 年 1 月

目　录

图表目录

第一章 导 论

第一节 选题的背景和意义

一、选题的理论意义

关于中央银行（Central Bank）的含义，早期的学者认为："所谓中央银行者，乃发行钞券，代理国库，保管全国金准备及存款准备金，负重贴现及为金融实力之后盾，而为银行清算中心，并运用外汇及信用控制政策，以维护币制，发展国民经济者也。"[①] 权威辞典类如《简明大不列颠百科全书》的表述为："负责管理国家货币供应量以及信贷的供应和费用的机构。目的是加强货币稳定性并促进经济健康发展。"[②] 现代高校教材类如高等学校文科教材《中央银行学》中将其解释为："中央银行既是为商业银行等普通金融机构和政府提供金融服务的特殊金融机构，又是制定和实施货币政策、监督管理金融业、规范与维护金融秩序、调控金融和经济运行的宏观管理部门。"[③] 可见，学界对中央银行含义的理解基本上是一致的。中央银行是代表国家管理金融的特殊机构，负责货币发行，为政府和金融机构提供业务服务；按国家授权，制定和执行货币政策，结合业务操作，对金融机构和金融市场实行监督管理，参与国民经济宏观

---

① 陈行：《中央银行概论》，第 1 页，上海，上海银行通讯出版社，1948。
② 《简明大不列颠百科全书》，北京，中国大百科全书出版社，1985。
③ 王广谦：《中央银行学》，第 14 页，北京，高等教育出版社，1999。

调控，以达到维护货币金融秩序，保持金融稳定的目的。

中央银行作为全社会货币、信用的调节者和制定实施货币政策、监督管理金融业的特殊机构，在经济与金融体系中的地位和作用已十分突出。中央银行通过自身的职能运作，控制本国的货币发行，间接决定社会的信用规模和结构，从而制约国民经济的发展，并通过调节货币和信用的形式，达到对社会经济活动进行总量控制和结构调整的目的。因此，中央银行作为一国金融机构的总枢纽，对于国家财政的调剂、金融的巩固、货币的稳定、信用的松紧、物价的起伏以及社会经济的兴衰，均具有举足轻重的作用。

从中央银行产生和发展史角度考察，中央银行的产生与银行的出现和进一步发展有着密切的关系。银行一词最早源于意大利语 Banco，意思是板凳，因为早期的银行家常在板凳上进行交易，所以早期的银行家则被称为"坐长板凳的人"；后在英语中被转化为 bank，意思为存放钱的柜子。银行的产生和发展是同货币商品经济的发展相联系的，前资本主义社会的货币兑换业是银行业形成的基础。货币兑换业起初只经营铸币兑换业务，以后又代商人保管货币、收付现金等。这样，兑换商人手中就逐渐聚集起大量货币资金。当货币兑换商从事放款业务，货币兑换业就发展成为银行业 。近代最早的银行是 1580 年建于意大利的威尼斯银行，而最早出现的股份制银行则是 1694 年成立的英格兰银行。到 18 世纪末 19 世纪初，规模巨大的股份制银行纷纷建立，成为资本主义银行的主要形式。

随着银行和信用经济的进一步发展，经济发展中新的矛盾开始不断产生和积累，主要表现在以下方面：一是银行券的兑换风险。各银行发行的银行券不同于金属货币，它是一种信用货币。它在为商品流通带来便利的同时也产生了兑换风险问题，银行数量的增加和竞争的不断加剧，导致部分银行经营困难甚至破产，银行券不能及时足额兑换成金属货币的现象时有发生，这不仅造成银行券持有者的损失，而且由于银行之间及经济联系的紧密性而产生的连锁反应，将会对社会经济的发展带来严重的影响。二是银行券的分散发行与一般等价物之间的矛盾。银行券的分散发行，多种信用货币的流通，这与一般等价物的货币本质属性相矛盾，也给社会的生产和流通带来混乱。三是支付危机与保护存款者利益。银行从自身利益出发，总是不断扩大贷款业务，获取高额利润，而不会留有足够的准备金，以备存款人随时支取。而一当银行由于经营风险而发生支付危机时，不同于一般企业，它往往会波及其他银行甚至整个银行业，此时存款者的利益将无法得到保障。四是银行竞争的无序性。各银行一般是依据自身的经营理念和方法进行运作，尽管各银行间在竞争中会形成一些约定，但这些约束的效力是有限的，这使银行间的市场竞争会出现无序和混乱的情况。五是政府融资难。为有效履行政府的职能，达到政府的一些政策目标，政府会寻求银行融资，但与多家银行的联系也为政府带来了诸多不便。而为了解决上述这些矛盾，客观上产生了建立中央银行的迫切需求。1844 年改组后的英格兰银行可视为资本主义国家中央银行的鼻祖。第一次世界大战后，建立中央银行成为世界金融发展的趋势，到 19 世纪后半期，世界各国都相继设立了中央银行。中央银行制度也已成为世界各国的一项基本经济制度。

可以看出，中央银行并非伴随银行的出现而即刻产生的，在银行等金融机构出现后的一个相当长的时期，并没有中央银行。中央银行是商品经济和银行业发展到一定程度，为解决银行业发展中存在的种种矛盾，更好地促进银行业健康发展，适应政府调控经济的需要而产生的。从理论上进一步分析，当国家通过法律或特殊规定对某家银行或新建一家银行赋予某些特权并要求其他所有银行和金融机构以及整个经济、社会体系接受该银行的这些特权时，中央银行制度便形成了，享有特定授权并承担特定责任的银行便成为中央银行。

西方中央银行建设思想的传入，也拉开了近代中国探索实践建立中央银行的序幕。无论是清政府户部银行（后来改名为大清银行），还是北洋政府时期的中国银行，都进行过中央银行制度建设的尝试，但均未获得成功。国民政府时期，虽然参照西方中央银行的模式，建立了与现代较为接近的中央银行制度，但由于其过多地服务于政府的需要，完全用增发货币的方式解决财政赤字，维持政府财政支出的需要，其本该是控制通货供给者，却成了扰乱通货的直接责任人，长期的恶性通货膨胀使其走向衰败之途，最终为新中国的中央银行所取代。通过对历史的考察，可以发现，新中国中央银行的创建之路不仅与西方各国中央银行和近代中国中央银行有很大的差异，而且也不同于前苏联中央银行的建设模式。那么，作为以马列主义思想为指导的共产党，究竟选择了什么样的中央银行创建之路，它又具有什么样的特色，选择的历史背景和原因又是什么？这不禁引起笔者的极大兴趣，也是本书的研究起点。

新中国成立以来，应该说学界对中央银行的研究热情一直没有减退，以中央银行为研究对象，从宏观的角度，从研究现代经济和金融运行规律出发，研究探讨经济与金融稳定发展机制的中央银行学已经逐步发展为一门独立且重要的学科。但也应看到，大多数学者是将关注的重点投向中央银行理论领域，而不是以中央银行史为研究对象。即使有，更多的也是研究近代以来的大清银行、中国银行和国民政府的中央银行，鲜见有以新中国的中央银行为研究专题的。而且在学界，有一普遍流行的观点，即改革开放前，中国实行的是"大一统"的高度集中的金融体系，中国人民银行基本上是国内唯一的金融机构，由于缺乏银行的银行职能，其不是真正意义上的中央银行。那么果真如此吗？当然不是，因为这忽略了中国经济史的一个重要发展阶段——国民经济恢复时期。在国民经济恢复时期有一个重要特征，即它是新民主主义思想全面实践的唯一时期（董志凯，1996）。而且它不是一般的经济恢复，而是一场划时代的变革，因为它改变了百余年来半殖民地半封建的经济状态，建立起一种全新的经济制度——新民主主义经济制度（吴承明，1996）①。而集中反映新民主主义经济思想的是《共同纲领》中的一段话："经济建设的根本方针，是以公私兼顾、劳资两利、城乡互助、内外交流的政策，达到发展生产、繁荣经济之目的。国家应在经营范围、金融政策等方面，调剂国营经济、合作社经济、农民和手工业者的个体经济、私人资本主义经济和国家资本主义经济，使各种社会经济成分在国营经济领导之下，分工合作，各得其所，以促进整个社会经济的发展。"② 可见，五种经济成分的市场环境，保护民族资产阶级利益的新民主主义经济纲领，也为当时的中国人民银行履行中央银行的职能奠定了理论依据。事实上"大一

---

① 参见董志凯主编：《1949—1952 年中国经济分析》，北京，中国社会科学出版社，1996。
② 《共同纲领》，中国社会科学院、中央档案馆合编：《中华人民共和国经济档案资料选编综合卷》（1949—1952），第 198 页，中国物资出版社，1996。

统"的金融体系是在 1952 年后形成的，在国民经济恢复时期，存在着数目众多的私营银行、钱庄、信托公司等金融机构，中国人民银行和这些私营金融业的关系无疑是中央银行与商业银行的关系，中国人民银行是当时名副其实的中央银行。因此，研究国民经济恢复时期的中央银行对于我们完整、正确地理解新中国成立以来的中央银行演变历程具有重要的理论意义。

二、选题的现实意义

国民经济恢复时期，在生产方式方面，一是生产力水平十分落后，二是反封建的土地改革尚在进行，三是社会主义公有制经济成分尚未由主导地位演变为绝对优势地位。除此之外，在所有制结构、多种经济成分的相互关系以及统筹兼顾的指导方针等方面，今天的社会主义初级阶段与新中国成立初期的新民主主义阶段，有一定的相似性。换句话说，国民经济恢复时期是我国在全国范围内实行新民主主义经济制度的时期，作为社会主义市场经济的前身，除了生产力发展水平的差异，其国营经济领导下的多种经济成分并存的体制与今日的社会主义市场经济体制具有很多的相同点。"我们时代的理论思维，都是一种历史的产物"。研究这段历史，对于我们发展有中国特色的社会主义市场经济体制具有重要的现实借鉴意义。

国民经济恢复时期，中央银行面临的形势是十分严峻的，新情况和难点多、问题复杂，如货币发行混乱、市场投机日盛、物价上涨和恶性通货膨胀等，特别是如何尽快治理好恶性通货膨胀，稳定市场是摆在中央银行面前最重要和最迫切的任务。中央银行配合国家统一财经政策，灵活运用货币政策，采用了折实储蓄、存贷款利率、代理发行公债、提高私营金融业的存款准备金等手段调控市场货币供求，用不到一年的时间就平抑了国民党政府遗留下来的长达十二年之久的恶性通货膨胀，可谓历史的奇迹。在国民经济恢复时期，中央银行所运用的市场操作工具及手段均不及现代市场经济条件下的先进，为什么还会取得如此显著成效呢？其原因究竟何在？研究国民经济恢复时期的中央银行必然会带来重要的现实参考价值。

总的来看，金融是现代经济的核心，而中央银行又是金融业的中心，是经济的神经中枢和调节机构，在现代经济体系中具有重要地位。对于国民经济恢复时期中央银行的研究，是中国经济史、金融史研究领域的一项重要内容。对这一论题进行多角度、多层次的深入研究，有助于深层次地把握中国当时特殊的社会经济与金融环境，揭示出中国中央银行与国民经济发展之间的内在联系，同时，中国不同于世界上任何一个国家，它有着几千年的历史传统和自己特殊的国情，这就意味着新中国的中央银行建设不可能盲目地照搬别国经验和模式，而必须具有自己的特色。它虽然借鉴了前苏联的中央银行建设模式，也吸收了近代中央银行建设中的一些合理成分，但更为重要的是其具有新民主主义革命时期银行发展的继承性。从这一角度来看，从中国历史出发，我们不仅应考虑外部因素的影响，更应主要考察其内在因素的作用，如此便具有重要的理论意义。对中央银行在国民经济恢复时期所发挥职能作用的研究，不仅可以充实中国的中央银行史，而且可以深化中华人民共和国金融史的研究层次，拓宽其他相关研究领域。回顾中国中央银行创建的艰难岁月，对于我们今日进一步加强中央银行的建设，深化银行业改革，更好地适应社会主义市场经济发展都具有重要的现实意义。

第二节　有关概念的界定

本书的研究对象主要是国民经济恢复时期的中央银行。国民经济恢复时期最早的由来，是毛泽东在 1950 年 6 月 6 日发表的《为争取国家财政经济状况的基本好转而斗争》的讲话："要获得财政经济情况的根本好转，需要三个条件，即：土地改革的完成；现有工商业的合理调整；国家机构所需经费的大量节减。要争取这三个条件，需要相当的时间，大约需要三年时间，或者还要多一点。"①而由于从 1953 年开始就进入全面的社会主义改造时期，因此，按上述讲话推断，国民经济恢复的三年应是指 1950 年至 1952 年。但目前学界在提及国民经济恢复时期时，普遍将时间定格在 1949 年至 1952 年，如董志凯在其主编的《1949—1952 年中国经济分析》中明确提出：1949—1952 年为国民经济恢复时期。范守信、郭楚瑞等学者也将 1949—1952 年作为国民经济恢复时期的研究时间区间。②考虑到 1949 年全国大部分地区已经解放，并已开始进行国民经济的恢复和发展，因此，为全面把握新中国成立前后至进入全面社会主义改造前的这段历史，笔者采用了学界对国民经济恢复时期的普遍界定。

关于中央银行的职能，中外学界并没有达成共识。根据笔者掌握的资料，对于中央银行职能的理解至少有以下五种。

一是中央银行是"发行的银行、政府（国家）的银行、银行的银行"。如《中国大百科全书》的表述为："作为金融主管当局，代表政府管理金融机构、制定和执行货币政策的特殊金融机构。它是发行的银行、国家的银行、银行的银行"。③黄达教授在《货币银行学》中也提到，一般的、传统的归纳是表述为

---

① 中国社会科学院、中央档案馆合编：《中华人民共和国经济档案资料选编综合卷》（1949—1952），第 212 页，北京，中国物资出版社，1996。

② 范守信：《中华人民共和国国民经济恢复史（1949—1952）》，北京，求实出版社，1988 年；郭楚瑞：《恢复时期的中国经济》，北京，三联书店，1953。

③ 《中国大百科全书·财政·税收·金融·价格》，第 551 页，北京，中国大百科全书出版社，1992。

发行的银行、银行的银行和国家的银行三大职能。① 这与《中国大百科全书》的解释相同。作为"发行的银行"，就是垄断和独占货币的发行权，中央银行为全国唯一的货币发行机构；作为"政府的银行"，主要是指中央银行代理国库，为政府提供金融服务，制定和执行货币政策，调控宏观经济；作为"银行的银行"，主要是指中央银行是特殊的银行，它是最后贷款人，对一国银行业有监督管理之责。

二是中央银行主要有五项职能：政策功能、银行功能、监督功能、开发功能和研究功能。② 香港大学饶余庆教授从中央银行对金融的宏观调控和服务两个层面，将中央银行职能归纳为五个方面，即作为宏观调控的职能——政策功能，作为服务的职能——银行功能、监督功能、开发功能和研究功能。

三是中央银行主要有三项职能：政策职能、服务职能、管理职能。③ 受饶余庆教授的影响，周升业和曾康霖等教授在此基础上，将上述五项职能简化总结为三项主要职能。

四是中央银行职能包括八个方面：独占货币发行、为政府服务、保存准备金、最后融通者、管制作用、集中保管黄金和外汇、主持全国各银行的清算、检查和监督各金融机构的业务活动。④ 这一观点为刘鸿儒教授所归纳，比较全面、具体地概括出了中央银行的主要业务功能。

五是中央银行主要有两项职能：控制货币数量与利率，防止大量的银行倒闭。⑤ 这是托马斯·梅耶等美国经济学家的观点，他们认为中央银行的职能主要表现在两方面：货币政策和最后贷款人。

上述关于中央银行职能的五种表述，考察的角度不同，均有其合理性。但笔者认为，后四种对中央银行职能的归纳和分析，更适合现代经济和金

---

① 黄达：《货币银行学（修订本）》，第269页，成都，四川人民出版社，1995。
② 饶余庆：《现代货币银行学》，第104页，北京，中国科学出版社，1983。
③ 周升业、曾康霖：《货币银行学》，第271页，成都，西南财经大学出版社，1993。
④ 刘鸿儒：《漫谈中央银行与货币政策》，第4页，北京，中国金融出版社，1986。
⑤ 托马斯·梅耶等：《货币、银行与经济》，第182页，上海，上海三联书店、上海人民出版社，1994。

融体系发展的客观背景。第一种表述作为一般的、传统的归纳，更适合于对经济发展相对比较落后且中央银行处于创建时期的分析。因此，笔者采用了"发行的银行、政府的银行、银行的银行"的中央银行职能分析框架，对中央银行在国民经济恢复时期所发挥的职能作用进行深入、全面和细致的分析。

第三节　国内外研究现状述评

一、国内研究现状述评

（一）对中央银行史的专题研究

国内学者对中央银行史的专题研究，多集中于近代以来的中央银行，如孔祥贤的《大清银行行史》，卜明的《中国银行行史 1912—1949 年》，两书分别介绍了大清银行和中国银行成立、发展和衰退的历史，资料翔实，具有较高的史料价值。刘慧宇教授在《中国中央银行研究：1928—1949》一书中，首次对国民政府中央银行进行了个案研究，从经济史的角度，较为系统、全面地论述了中央银行建立的背景及其角色定位，分析了中央银行的诞生、发展和衰落过程，指出了中央银行的筹建不仅顺应了国内外金融事业发展的趋势，同时也适应了国家政治的特殊需求，从而揭示出中央银行产生的必然性和特殊性。该书还以主要篇幅考察了中央银行的各种职能，如货币发行职能、金融服务职能、金融监管职能、宏观调控职能等。[①] 应该说，该书是近年来对中央银行专题研究最为成功的佳作，具有重要的学术价值。尽管其研究对象为1928—1949 年国民政府时期的中央银行，但其研究框架和方法对本书的写作有着重要的借鉴意义。

对近代以来中央银行的研究论文比较丰富，主要的研究对象为国民政府的中央银行。李立侠、朱镇华将中央银行从 1928 年成立到 1949 年被上海军管会接管的 21 年历史划分为诞生时期（1928—1937 年）、发展时期（1937—1945 年）和消亡时期（1945—1949 年）三个阶段，指出在第一、二阶段，中央银行在管理金融、支持抗战等方面有积极作用，在第三阶段，中央银行全面支持内战，

[①]　刘慧宇：《中国中央银行研究：1928—1949》，北京，中国经济出版社，1998。

采取通货膨胀的手段剥削人民，则完全只有消极作用。[①] 姚会元也认为，中央银行在性质上具有二重性，一方面它是四大家族设立和直接把持的私产，是搜刮全国人民、垄断全国金融、进而垄断国民经济各部门的工具，另一方面它本身又是现代化的金融机构，它又对当时社会经济的发展起到一定程度的积极作用。[②] 李桂花率先将中央银行作为一种制度加以考察，认为中央银行制度产生的深层条件和直接动因成熟于 20 世纪 30 年代中期，它的形成经历了从分立特许制到单一集中制的转变，并且指出中央银行制度确立的具体时间应是 1939 年而不是公认的 1928 年。[③] 杜恂诚开创性地将制度学理论引入金融史研究，认为以1927 年为界，中国近代经历了自由市场型和垄断型两种金融制度模式，二者制度和功能特性的不同表现在于政府作用的大小，有无中央银行制度等多方面，并指出，在国民政府中央银行成立以后的 10 多年间，在国民政府的强力干预下，中央银行才逐渐拥有统一货币发行、集中商业银行存款准备金、办理贴现和再贴现、监管全国金融业等权力，到 1940 年初，国民政府中央银行才成为真正意义上的中央银行。[④]

根据笔者目前掌握的材料，国内鲜见有对新中国成立后中央银行史的专题研究。仅查到有中央银行本部门组织编写的相关著作，如时任央行行长戴相龙主编的《中国人民银行 50 年：中央银行制度的发展历程》，第一次将新中国成立后的中央银行纳入个案进行专门研究，按照中央银行的创建与国家银行体系的建立，计划经济体制时期的国家银行，从国家银行过渡到中央银行体制，逐步强化和完善现代中央银行制度四个阶段的时间顺序，较为系统地论述了 50 年来我国中央银行制度的形成、变革和运行状况。时任央行副行长尚明主编的《新中国金融 50 年》是继《中国人民银行 50 年：中央银行制度的发展历程》之后的又一部系统回顾总结新中国金融的著作。该书以中央银行的创建和发展为

[①] 李立侠、朱镇华：《中央银行的建立及其在上海的活动》，载《旧中国的金融界》。

[②] 姚会元：《论旧中国的中央银行》，载《湖南金融职工大学学报》，1989（3）。

[③] 李桂花：《论近代中国中央银行的形成时间、制度类型与功能演进》，载《中国经济史研究》，2001（2）。

[④] 杜恂诚：《中国近代两种金融制度的比较》，载《中国经济史研究》，2002（2）。

主线，较为全面地论述了货币制度、金融组织、金融市场、金融调控、金融监管、外汇管理、金融业务和金融开放等内容。这两本著作中均涉及国民经济恢复时期的中央银行，由于其编写者大多来自中央银行，因此很多资料具有直接参考价值。但也应看到，两本著作的研究时间跨度大，对国民经济恢复时期中央银行史的研究还未深入，而且理论性研究明显不足，历史与经济学分析还未得到有效结合。

（二）对相关金融史和经济史的研究

金融史是一个具有现实意义且颇有历史魅力的研究领域。现代金融经济的发展，新史学的兴起，金融史引起了学术界前所未有的重视。随着跨学科研究方法的引入，金融史研究领域不断拓展，形成了系列的重要研究成果，如中国近代金融史编写组主编的《中国近代金融史》，洪葭管主编的《中国金融史》，杜恂诚主编的《中国金融通史》，胡燕龙主编的《新中国金融史》，杨希天等主编的《中国金融通史》等。这些著作研究所涉及的领域广，较为全面地阐述了中国自古至今的金融活动及其发展规律，部分章节研究的内容涵盖了国民经济恢复时期的中央银行，提供了一些有价值的研究资料。

银行作为金融业的重要组成部分，是金融业的主体，由于银行的重要性，中国的银行史也受到学术界的特别关注。早在20世纪50年代，就有学者涉足此领域。张郁兰在其著作《中国银行业发展史》中，将1896—1937年中国银行业40多年的发展历史划分为三个时期：兴起时期（1896—1911年）、发展时期（1912—1927年）、继续发展和集中时期（1928—1937年），概述了每个时期中国银行业的发展过程，重点论述了中国银行业如何反映近代社会经济的特点，中国银行业对中国资本主义的发展所起的作用。自20世纪80年代始，中国银行史的研究日益受到学者们的重视，众多学者以银行机构的发展演变为研究对象，出版了大量银行史的专著，如黄鉴晖的《中国银行业史》，该书对中国近代银行业的发展脉络作了详细而清晰的勾勒；姚会元的《中国货币银行（1840—1952)》，综述了1840—1952年中国货币银行的概况，透视了中国旧式金融机构的嬗变与近代银行的发展，回顾了中国旧金融业的社会主义改造及其结果；钟思远、刘基荣的《民国私营银行史（1911—1949 年）》，对民国私营银行业的产生、发展和衰落的历史做了全过程的描述；姜宏业的《中国地方银行史》，对近代中国的地方官钱银号、地方银行和革命政权银行做了清晰的介绍。华资银行、地方银行也颇得学术界重视，相关专著、论文纷呈迭出，研究重点往往在中国通商银行、"南三行"、"北四行"、中国银行、交通银行等，多集中于论述银行具体业务、人事变动、组织管理等问题。尽管与本书的研究对象和内容均不同，但其研究思路和方法给本书提供了借鉴。

部分经济史的专著也涉及国民经济恢复时期中央银行史的相关内容，但往往由于其不是论述的重点而篇幅十分有限。如孙健著的《中国经济通史》，在论述解放区内的财政和金融情况时，主要结合接收金融机构、统一金融业务、统一货币发行与城市金融管理，简单介绍了中国人民银行的创建。吴承明、董志凯主编的《中华人民共和国经济史》第一卷（1949—1952）是一部共和国经济史的力作，可以说是关于国民经济恢复时期中国经济史最为翔实的一部专著。该书对中华人民共和国创建时的社会经济状况、新民主主义经济体制的建立、恢复国民经济的重大举措、内外贸易的恢复与发展、财政金融与投资、劳动就业等重大问题都有相应的论述。但由于该书是一部经济史著作，涉及的经济领域广，述及包括中央银行史在内的金融史的部分相对较少。曾培炎主编的《新中国经济 50 年（1949—1999）》，以经济建设为主线，史论结合，全面反映新中国 50 年来各个发展阶段经济建设各领域的主要成就，以及对发展道路的探索历程，但也仅用较少的篇幅，结合金融体制的改革，简要论述了改革开放后中央银行体制的变革。

（三）对中央银行史相关内容的研究

近年来，对中央银行史相关内容的研究成为热点之一，丰富了中央银行史的研究内容和范围。尚明主编的《当代中国的货币制度与货币政策》，从另一视角，分述了新中国成立初期、计划经济体制和改革以来三个不同时期的货币制度与货币政策。其中对国民经济恢复时期中央银行所实施的货币政策进行了较为全面的分析，但由于其主要侧重于从政策上总结经验，为央行日后工作提供指导，理论性的研究不足。迟爱萍的《新中国第一笔国债研究——兼谈陈云关于"人民胜利折实公债"发行思想》①，对 1950 年"人民胜利折实公债"做了个案叙述和分析，从公债发行的背景和决策、发行公债的政策及实施情况、社会各界对发行公债的态度及认购情况、公债的还本付息情况等方面进行了论述，客观揭示了公债发行的原因以及产生的效用。潘连贵的《建国前后人民币制度的形成与发展》②、武力的《中华人民共和国成立前后的货币统一》③，较为全面、详细地阐述了货币统一、人民币制度的建立历程，提出了"从源流上来说，人民币制度是解放区货币制度进一步发展的产物，人民币继承了解放区货币的优良传统，但更加集中统一"。这是符合当时历史情况的结论，也为本书分析货币统一提供了有益的借鉴。

（四）相关有价值的档案资料

由中国社会科学院和中央档案馆合作编辑的《中华人民共和国经济档案资料选编（1949—1952）》（中国物资出版社 1996 年版），按历史和逻辑相结合的方式将工业、农业、商业、外贸、交通通信、财政、金融、投资等方面的档案资料按部门分编成册。其中金融卷部分分为七个部分：一是新中国金融体系的建立；二是制止通货膨胀，为社会稳定和经济恢复创造条件；三是城市金融；四是农村金融；五是保险事业概况；六是外汇的经营和管理；七是私营金融业的社会主义改造。其中包括中央银行总行、华东区行、上海市分行的大量文件。该资料的选编原则是以中央银行为主体，以政府金融政策的制定和实施为主线，不少资料具有直接参考价值。由原国家经济贸易委员会主编的《中国工业五十年》第一部中的《国民经济恢复时期的工业（1949.10—1952）》（上、下卷），是一部全面系统、资料翔实的工业经济史大型专册，其中包括国民经济恢复时期财政金融、各部门重要会议、领导文稿等方面的第一手资料，具有重要的史料价值。

从上述研究现状可以看出，对中央银行史的研究呈现出两个显著的特点。

---

① 迟爱萍：《新中国第一笔国债研究——兼谈陈云关于"人民胜利折实公债"发行思想》，载《中国经济史研究》，2003（3）。

② 潘连贵：《建国前后人民币制度的形成与发展》，载《上海金融》，1998（11）。

③ 中国经济史论坛，2003 年 6 月 30 日。

一是对近代以来中央银行史的研究进一步向纵深发展，其研究领域不断拓展，并且实现了经济史和经济学分析的较好融合。从中央银行组织机构的演变、中央银行的制度变迁、中央银行的职能演进到具体的中央银行业务实践，从对中央银行的宏观研究到具体的个案研究，各方面研究成果都十分丰富，特别是对国民政府时期的中央银行研究，研究成果更是集中。究其主要原因，笔者认为，国民政府时期可以视做中央银行发展较为完整的时期，从中央银行的创建到职能的逐步强化直至衰落，在国民政府时期都得到了充分的体现。国民政府时期的中央银行是以西方中央银行理论为指导在中国的一次实践，其时的中央银行发挥了"发行的银行"、"政府的银行"和"银行的银行"三大传统职能。而且，当时历史资料的丰富性也为学者的深入研究提供了条件。同时，受西方新史学的启发，在传统实证研究的基础上，学者们开始将西方经济学中的方法理论等引入中央银行史研究，实现了经济史和经济学分析的有机结合，深化了对研究对象的分析和认识。

二是对新中国中央银行史的研究相对薄弱，尚处在起步阶段。与晚清、民国、国民政府时期的近代中央银行史相比，对新中国中央银行史的研究还显得相当贫乏，在学术界一直是个薄弱的研究领域。在研究方法方面，目前还只是停留在对史料的简单整理、归纳层面，不论是史料的挖掘、史实的阐述、史论的准确和深刻、经济史学与经济学分析结合等方面，都有很大的发展空间。而且，由于学界长期持有的"在改革开放前，不存在真正意义上的中央银行"观点，也导致了对国民经济恢复时期的中央银行史研究的忽视。实际上，国民经济恢复时期是我国在全国范围内实行新民主主义经济制度的时期，这一时期的新民主主义经济可说是今日社会主义市场经济体制的雏形，它的最大特点是仍要重视市场在资源配置中基础性作用，仍要允许私有经济的存在，五种经济成分要分工合作，各得其所。折射到金融领域，也就是中国人民银行作为国家的银行，客观上要履行中央银行的职能，仍要运用市场化的政策手段，管理监督全国的金融业。因此，有必要对这段时期的中央银行史进行深入、细致的研究。

二、国外研究现状述评

对中央银行的研究，西方发达国家早已开始。在 19 世纪中后期的西方经济学著作中，有关中央银行的内容已颇多见。20 世纪 30 年代之后，与中央银行有关的研究内容已构成西方经济学理论的重要内容之一，但多是侧重于对中央银行的理论研究，如对中央银行的宏观调控、金融监管、金融稳定、支付清算、外汇管理等职能的分析，从经济史角度去分析中央银行的研究成果比较少，主要集中于对美联储、英格兰银行、欧洲中央银行历史变迁的分析。法国的让·里瓦尔所著的《银行史》，介绍了从公元前 6 世纪开始到 20 世纪 90 年代世界银行业的发展，对 19 世纪作为货币发行机构的英格兰银行、美国联邦储备局等中央银行的产生、发展和演变均做了专门的描述，指出这一时期发行机构的发展趋势是以英格兰银行和法兰西银行为模式，各自国家的货币发行趋于垄断化。作者还从国家对银行控制的角度对 20 世纪苏联、中国的银行制度进行了简单介绍，但篇幅很少。美国的金德尔伯格所著的《西欧金融史》，分国别讨论了 1914 年以前欧洲银行业的发展情况，对英国、法国、德国和意大利等主要西方国家中央银行的兴起也做了介绍。该书重点说明了中央银行既是政府银行，又是银行的银行，负有制定货币政策的职责；在其制定货币政策的过程中，中央银行要求垄断银行券的发行。

目前，尚未发现国外有对中国中央银行史的专门研究，仅仅是在对中华人民共和国经济史的综合研究中有所涉及。美国著名的中国史专家费正清和罗德里克·麦克法夸尔主编了《剑桥中华人民共和国史 1949—1965》，系统研究了新中国成立以来发展变化的历史，该书第二章"新政权的建立和巩固"和第三章"经济恢复和第一个五年计划"探讨了新中国成立初期的经济工作，提到了新中国成立初期国家银行的主导作用，发行折实债券、银行存款情况、抗美援朝战争对国内经济的影响等问题，对于从整体上把握金融业与经济社会其他领域的关系具有较大的启发意义。美国国会联合经济委员会在其主编的《对中国经济的重新估计》一书中，研究了 1949—1974 年中国的工业发展史、农村和农业、基本建设与电信、国防经济与对外贸易等内容，虽然没有金融业的内容，但它提供了与金融业相关领域的历史发展情况，有助于了解新中国成立初期金融业发展的国内环境及其对金融业发展的影响。

总体上看，国外对中央银行史的研究对象主要是西方发达国家的中央银行，很少有学者涉足于中国中央银行史的研究，无法给本书提供有价值的资料。究其原因，一方面可能是限于史料收集的困难，另一方面可能由于中央银行首先在西方兴起，西方中央银行发展的历史、制度的演进与西方经济的发展是密切相关的，从而才能够引起西方学者的关注和研究热情。

第四节　主要内容框架及研究方法

一、主要内容框架

本书主要以中央银行的创建和职能的演进为研究主线，其主要内容框架如下。

第一部分是导论，主要从选题的理论及现实意义入手，对本书的研究对象进行了概念的梳理，明确了国民经济恢复时期和中央银行职能的界定。通过对国内外研究现状述评，说明了对新中国特别是国民经济恢复时期的中央银行史的研究一直相对薄弱，也给本书的研究留下了较大的空间。本部分还介绍了主要内容框架与研究方法，提出了研究的难点与特色创新之处。

第二部分包括第二至四章。这是本书的重要部分，研究思路是将经济思想史的分析与经济史描述相结合，分析中央银行创建的国内外背景、历史借鉴、革命根据地银行曲折发展的历史考察、思想基础和具体实践过程。得出一个重要结论：新中国中央银行的创建没有完全照搬前苏联国有银行的建设模式，它有着我们自身的特色。新中国的中央银行并不是在新中国成立后才有的，而是在新民主主义经济思想的指导下，在革命根据地银行逐步发展的基础上建立起来的，其与革命根据地银行具有一脉相承的关系。

第三部分包括第五至八章。这是本书的核心部分，第五章对中央银行在中国银行主导型金融体系的核心地位和选择原因进行了分析，揭示出中央银行的职能定位。第六至八章分别从中央银行的三大职能即"发行的银行"、"政府的银行"、"银行的银行"进行全面系统的分析，努力揭示出中央银行在统一货币发行、治理恶性通货膨胀、监督管理、改造私营金融业中所履行的职能及发挥的突出作用。由此得出全书的主要结论：新民主主义经济思想为中国人民银行履行中央银行的职能奠定了理论思想基础，新中国五种经济成分并存的市场环境为中央银行职能的发挥创造了客观现实条件，中央银行在国民经济恢复时期有效履行了"发行的银行"、"政府的银行"、"银行的银行"三大职能，为国民经济的恢复和发展作出了重要贡献。

第四部分是第九章。对国民经济恢复时期中央银行的创建和职能演进进行了综合的历史评价。

二、研究方法

（一）马克思主义的唯物主义分析方法

马克思主义的唯物主义始终是历史的和辩证的唯物主义，它是我们研究经济史最高层次的指导。马克思主义的唯物主义是一种在理论上把握社会历史整体并且在实践中进行变革的唯物主义。马克思继承和发挥了黑格尔辩证法的本质，即总体性的历史辩证法。只有掌握了这个总体性的辩证方法，我们才能够看到社会历史现实是一个由主观和客观诸多因素构成的整体。社会历史发展具有自身固有的客观规律，那么作为本书的研究对象——中央银行，其在国民经济恢复时期的发展究竟有什么客观规律，从多元化的金融体系到高度集中的金融体系演变过程中，主观和客观的致因又是什么？以马克思主义的唯物主义分析方法为指导，可以对国民经济恢复时期的中央银行进行深入的研究。

（二）经济思想史与经济史相结合的分析方法

国民经济恢复时期是中华人民共和国经济史的重要组成部分。研究这段时期的中央银行史，首先必须研究中国共产党的经济思想发展史，因为中央银行的建设和发展毕竟是在党的领导下进行的，它脱离不了党的经济思想的影响。中国共产党将马克思主义经济理论与中国的具体实际结合，创立了具有中国特色的新民主主义思想体系和经济理论，其对国民经济恢复时期的中央银行的建设和发展产生了重要的影响。本书努力将经济思想史和经济史的分析有机结合，在梳理党在长期革命实践中经济思想演变过程的基础上，客观分析其与中央银行创建以及履行三大职能的内在联系。

（三）历史分析方法与经济学分析方法相结合

熊彼特在《经济分析史》开篇就说，经济分析有三项基本功：历史、统计、理论。其中最重要的是历史。因为"如果一个人不掌握历史事实，不具备适当的历史感或历史经验，他就不可能理解任何时代（包括当前）的经济现象。"①
吴承明也提出，经济史首先是史，因为每个历史时代都有它那个时代的经济。
因此对于经济史的研究首先要注重对历史的考察，要依靠史料来说话。本书在
对史料进行归纳和描述的过程中，加大了对史料的考据力度，为保证史料的真
实可靠，对于书中所涉及的资料数据均尽量采用了第一手的资料。

吴承明指出："经济学是研究经济史的方法，而历史又是研究经济学的最后
的方法。"② 可见，经济学与历史学二者是一种相辅相成的关系。而作为经济学
的经济史是要用经济学的方法研究经济的历史，经济史研究所要发现的规律不
是历史规律而是经济规律。本书总体采用了马克思主义政治经济学与历史分析
方法相结合的分析框架，对中央银行的创建，以中央银行为核心的金融体系的
选择因素及其特征、职能定位及三大职能的履行等方面进行深入细致的研究，
总结出中央银行与国民经济恢复和发展的内在联系。在对中央银行的一些具体
问题进行分析时，本书也采用了西方经济学和制度经济学的分析方法，如供需
理论分析、比较金融体系分析、制度变迁分析等。

（四）比较分析方法

比较分析方法是指在不同时间、不同空间条件下的某个问题进行纵向或横
向的比较，分析异同，探索其发展的一般规律或特殊性的一种分析方法。近代
以来，中国进行了中央银行的积极探索和实践，国民政府时期的中央银行建设
也曾获得过成功的经验，由于不同时期所依据的理论、市场环境、经济发展水
平均有很大的差异，因此，近代以来的中央银行与新中国的中央银行都具有不
同的特点。将它们进行比较分析，有助于我们分析其中的异同及其原因，为完
善新中国中央银行的建设提供借鉴。

---

① 约瑟夫·熊彼特：《经济分析史（第一卷）》，第29页，北京，商务印书馆，1996。
② 吴承明：《经济学理论与经济史研究》，载《经济研究》，1995（4）。

第五节　研究难点、特色和创新及不足

一、研究中要突破的难点

一是由于学界很少有人将中央银行史作为专题研究对象，对国民经济恢复时期的中央银行进行专题研究的学者几乎没有，因此在没有前人理论成果借鉴的客观条件下，如何构建国民经济恢复时期中央银行史的合理分析框架，揭示中央银行在这段特殊时期所发挥的突出作用，其与国民经济恢复和发展之间的内在联系，对作者来说是个难点。

二是尽管国民经济恢复时期中央银行可供研究的内容很多、范围很广，但当时有关中央银行的很多史料相对来说却不多，部分有价值的史料甚至在目前中央银行的档案室都未查到。因此，如何利用现有不是很充实的史料，选择具有代表性的内容，较为完整地、准确地、客观地分析中央银行，对作者来说是一个极大的挑战。

二、特色与创新

一是从研究对象方面来看，本书将国民经济恢复时期的中央银行作为研究对象，主要围绕中央银行的创建及其基本职能演进的主线，从其创建的国内外背景、思想基础、具体实践、三大职能的履行情况等方面进行较为全面深入、细致的研究。从笔者所掌握的资料来看，国内外学者以此为专题进行研究的尚不多见。

二是从研究内容方面来看，国民经济恢复时期是中央银行从创建到职能逐步强化的关键时期，在国民经济的恢复和发展中扮演了重要的角色，其可供研究的内容十分丰富。本书没有面面俱到，而是抓住中央银行的本质特征，围绕对中央银行的三大传统职能——发行的银行、政府的银行、银行的银行进行研究，分析中央银行在统一货币发行、治理恶性通货膨胀、管理和改造私营金融业等方面发挥的重要作用。尽管部分学者在对新中国金融史的研究中涉及了国民经济恢复时期中央银行的内容，但均未系统、全面地分析中央银行的职能，而且所采用的方法仍是历史的归纳法，并未进行深入的经济学研究。

三是从研究的结论来看，本书通过分析，得出了两点重要结论：一是新中国的中央银行并不是在新中国成立后才有的，也没有完全照搬前苏联的中央银行模式，而是在新民主主义经济思想的指导下，在革命根据地银行逐步发展的基础上建立起来的，其与革命根据地银行具有一脉相承的关系。二是新民主主义经济思想为中国人民银行履行中央银行的职能奠定了理论思想基础，新中国五种经济成分并存的市场环境为中央银行职能的发挥创造了客观现实条件，中央银行在国民经济恢复时期有效履行了发行的银行、政府的银行、银行的银行三大职能，为国民经济的恢复和发展作出了重要贡献。这是符合当时的历史实际的，有助于我们客观、准确地认识国民经济恢复时期的中央银行。

四是从写作方法方面来看，本书将经济思想史和经济史的分析方法有机结合起来，同时综合运用了金融学、财政学、统计学等理论方法对中央银行履行三大职能进行了深入的分析，采用了大量第一手的数据，进行了相关研究。在分析对私营金融业的改造、金融体系的制度变迁时，本书运用了强制性制度变迁和诱致性制度变迁交替的相关理论，有一定的独到之处。

三、研究不足

一是作为国民经济恢复时期的中央银行——中国人民银行，实际上是集中央银行和商业银行为一体的国家银行。本书限于篇幅的限制和研究重点的不同，未对中国人民银行的商业银行职能进行分析。这在一定程度上影响了对中国人民银行在国民经济恢复时期所发挥的职能作用的全面理解和把握，也是本书后续的研究方向。

二是限于资料来源的匮乏，尚无法就某些问题展开个案分析和实证分析，论据尚显薄弱。在对中央银行代理国库职能进行分析时，如能有国民经济恢复时期中央银行经收库款数的数据分析，则会有助于加深对中央银行代理国库职能作用的认识。

三是对于中国为何选择银行主导型的金融体系，其历史原因和时代原因为何，本书的论述还不够深入。实际上这种银行主导型的金融体系与政府主导型经济的关系、与市场相对发育迟缓的关系、与财阀与政府间联系紧密度的关系、与社会财富分配状况的关系以及经济文化传统等都有关联。这是一个十分有价值的研究课题，它也是本书后续研究的主要内容之一。

四是本书将新中国中央银行与近代中国的中央银行已做了较为全面、细致的比较，但由于对国外的研究资料掌握较少，因而缺少对中央银行职能履行情况的中外比较。实际上作为战后国家，西方国家如德国、日本等，其中央银行在稳定金融市场、促进经济发展方面发挥了重要作用，通过比较，可以使分析更为深刻、精确。因此，笔者在今后的研究中，还要加大中外比较的研究力度。

第二章　新中国中央银行创建的国际背景和近代以来中央银行实践的历史借鉴

第一节　新中国中央银行创建的国际背景

一、中央银行的产生和中央银行制度的初步形成

商品经济和金融业自身的发展为中央银行的产生提出了客观的内在要求，而国家对经济、金融管理的加强又为中央银行的产生提供了外在动力，中央银行的产生便是这两种力量共同作用的结果。从世界范围看，中央银行的产生主要有两种渠道：一是由信誉好、实力强的大银行逐步发展演变而成，政府根据客观需要，不断赋予这家银行某些特权，从而使这家银行逐步具有了中央银行的某些性质并最终发展成为中央银行；二是由政府出面直接组建中央银行。

中央银行的产生迄今已经历了100多年的历史。在谈到最早的中央银行时，一般会提到两家银行，即瑞典银行和英格兰银行，但它们在成立之初并非就是中央银行。瑞典银行成立于1656年，最初是一般的私营银行，但相比较于当时的其他银行，它是最早发行银行券和办理证券抵押贷款业务的银行。1668年，政府出面将其改组为国家银行。1897年，瑞典政府通过法案，将货币发行权集中于瑞典银行，规定该行发行的货币为唯一的法偿货币，取消了当时28家银行

所拥有的货币发行权,并责令逐步收回,使瑞典银行独占了货币发行权,完成了向中央银行转变的关键一步。

英格兰银行成立于 1694 年,英格兰银行在成立之初虽然是私人股份银行,但一开始就与政府有着密切的联系,它是根据国王特准法唯一一个由英国议会批准设立的银行,因此,为政府融资、接受政府存款和向政府提供贷款是该行成立之初最主要的业务。该行成立时的股本为 120 万英镑,全部贷给当时的英国政府。从 1694 年成立到 1746 年的 52 年间,英格兰银行给政府的借款就达 1,168.68 万英镑。同时,政府也给英格兰银行一些特权,如其成立时就获准具有不超过其资本总额数量的银行券发行权等。1826 年英国议会通过法案,准许其他股份银行设立,但这些银行的银行券发行与流通限制在距伦敦 65 英里之外,以示有别于英格兰银行。1833 年,英国议会又通过了一项法案,规定只有英格兰银行发行的银行券具有无限法偿的资格,这是英格兰银行成为中央银行决定性的一步。1844 年,由英国时任首相皮尔主持拟定,英国议会通过了《英格兰银行条例》,亦称《皮尔条例》,该条例给英格兰银行更大的特权,增加了没有金银准备作保证的银行券发行限额,同时限制或减少其他银行的银行券发行量。到 1928 年,英格兰银行成为英国唯一的发行银行。在英格兰银行货币发行权逐步扩大的过程中,该行在银行业的地位、社会信誉和资金实力也不断提高,许多商业银行把自己现金准备的一部分存入英格兰银行,商业银行之间的债权债务关系大都通过英格兰银行来划拨冲销,而票据交换的最后清偿也通过英格兰银行来进行。1854 年,英格兰银行基本取得了清算银行的地位,成为英国银行业的票据交换和清算中心。在 19 世纪出现的多次经济金融危机中,英格兰银行通过提供贷款有力地支持了其他银行,充当了"最后贷款人"的角色,同时也具有了相当程度的金融管理机构的特征。英国作为早期的资本主义国家,其经济发展的领先地位和英格兰银行的成功运作成为众多国家学习和仿效的标杆。19 世纪和 20 世纪初,在当时资本主义经济与金融比较发达的地区,出现了中央银行成立与发展的第一次高潮,在中央银行制度的初建阶段,世界上约有 29 个国家相继成立了中央银行(见表 2-1)。

表 2 – 1　　　　　　　　早期成立中央银行的国家与时间一览表

国家	中央银行	成立时间	国家	中央银行	成立时间
瑞典	瑞典银行	1656 年	葡萄牙	葡萄牙银行	1846 年
英格兰	英格兰银行	1694 年	比利时	比利时国家银行	1850 年
法国	法兰西银行	1800 年	意大利	意大利银行	1859 年
西班牙	西班牙银行	1829 年	俄罗斯	俄罗斯银行	1860 年
德国	德国国家银行	1875 年	保加利亚	保加利亚国家银行	1879 年
日本	日本银行	1882 年	罗马尼亚	罗马尼亚国家银行	1883 年
美国	美国第一银行	1791 年	塞尔维亚	塞尔维亚国家银行	1883 年
美国	美国第二银行	1816 年	瑞士	瑞士国家银行	1905 年
芬兰	芬兰银行	1811 年	乌拉圭	乌拉圭银行	1896 年
荷兰	荷兰国家银行	1814 年	玻利维亚	玻利维亚银行	1911 年
挪威	挪威银行	1816 年	爪哇	爪哇银行	1828 年
奥地利	奥地利国家银行	1817 年	朝鲜	朝鲜银行	1909 年
丹麦	丹麦国家银行	1818 年	中国	大清户部银行	1905 年
希腊	希腊国家银行	1840 年	埃及	埃及国家银行	1898 年
澳大利亚	澳大利亚联邦银行	1911 年			

资料来源：根据王广谦：《中央银行学》，北京，高等教育出版社，1999，第 7 – 8 页整理。

　　可以看出，在中央银行制度形成的初期阶段，绝大部分中央银行产生在欧洲国家，这是因为欧洲的经济、金融发展比其他地区要早，也更发达。另外，从中央银行产生的形式看，除个别例外，基本上是由普通银行通过国家法律赋予集中货币发行权和对其他银行提供清算服务及资金支持而逐步演进成为中央银行的。中央银行的产生及其在世界范围内的迅速发展，对近代中国也产生了深远的影响，西方中央银行建设思想的传入，也促使近代中国开始思考和尝试建立自己的中央银行，进行了创建中央银行的积极实践。

二、中央银行制度的推广和完善

第一次世界大战期间，各参战国政府为筹备战费、支持战局而向中央银行大量垫借，或以国库票据贴现，致使各国中央银行钞票发行量猛增，导致较严重的通货膨胀。而通货膨胀、物价上涨又反过来使政府财政支出更加扩大，于是政府又更多地依赖中央银行增发钞票。如此恶性循环，导致战时各国货币金融的极度混乱。战后，各国政府和经济学界在寻求稳定币值、复兴经济的对策中，认识到中央银行的特殊功能，便考虑利用其管理信用和金融、稳定物价的作用，使其配合国家经济政策，创造货币与信用，促进工商业繁荣。1920 年，国际金融会议在比利时首都布鲁塞尔举行，会议认为，各国应平衡财政收支，治理通货膨胀以稳定币值，要求中央银行应从调节金融、管理信用出发，摆脱政府政治压迫，保持相对独立性，不可盲目且无限制地为政府垫款，应执行稳定的金融政策。会议同时指出："中央银行之存在，不独使各国容易恢复并维持其通货与银行制度的稳定，并且亦为世界合作所必需。因此所有尚未设立中央银行的国家，应尽可能从速进行设立。"[1]这是战后中央银行制度建立的最重要的理论基础。1922 年日内瓦会议再次重申和强调了布鲁塞尔会议形成的决议，建议尚未建立中央银行的国家尽早建立中央银行。可见第一次世界大战后，国际上对设立中央银行的必要性已经达成共识，设立中央银行已成必然趋势，从而使中央银行进入普遍推行时期。没有设立中央银行的国家，都纷纷设立中央银行。从 1921 年至 1942 年，世界各国新设立的中央银行有 33 家（见表 2 - 2）。

---

[1]　M. H. Dckock：Central Banking. 谭振民译：《中央银行论》，第 9 页，台湾银行经济研究室，1961。

表 2-2 "一战"后和"二战"前新成立中央银行的国家与时间一览表

国家	中央银行	成立时间	国家	中央银行	成立时间
苏联	苏联国家银行	1921 年	萨尔瓦多	萨尔瓦多中央储备银行	1934 年
立陶宛	立陶宛银行	1922 年	阿根廷	阿根廷中央银行	1935 年
拉脱维亚	拉脱维亚银行	1922 年	加拿大	加拿大中央银行	1935 年
匈牙利	匈牙利国家银行	1924 年	巴拉圭	巴拉圭中央银行	1936 年
波兰	波兰国家银行	1924 年	哥斯达黎加	哥斯达黎加中央银行	1937 年
阿尔巴尼亚	阿尔巴尼亚国家银行	1925 年	委内瑞拉	委内瑞拉中央银行	1940 年
南斯拉夫	南斯拉夫国家银行	1925 年	尼加拉瓜	尼加拉瓜中央银行	1940 年
捷克	捷克斯拉夫国家银行	1926 年	伊朗	伊朗梅里银行	1928 年
爱沙尼亚	爱沙尼亚国家银行	1927 年	中国	中国国民政府中央银行	1928 年
冰岛	冰岛银行	1942 年	印度	印度储备银行	1935 年
爱尔兰	爱尔兰中央银行	1942 年	土耳其	土耳其中央银行	1937 年
秘鲁	秘鲁储备银行	1922 年	阿富汗	阿富汗国民银行	1941 年
哥伦比亚	哥伦比亚银行	1923 年	泰国	泰国银行	1942 年
墨西哥	墨西哥银行	1925 年	南非	南非联邦储备银行	1921 年
智利	智利中央银行	1926 年	埃塞俄比亚	埃塞俄比亚银行	1942 年
危地马拉	危地马拉银行	1926 年	新西兰	新西兰银行	1934 年
厄瓜多尔	厄瓜多尔中央银行	1927 年			

资料来源：根据王广谦：《中央银行学》，北京，高等教育出版社，1999，第 9 页整理。

同时，原已设立的一些中央银行也进行了较大的改组，如奥地利国家银行于 1923 年、德国国家银行于 1924 年、保加利亚中央银行于 1927 年、希腊国家银行于 1928 年、葡萄牙银行于 1931 年、乌拉圭银行于 1924 年、玻利维亚银行于 1928 年分别进行了较大的改组。这一时期新建的中央银行，大多数借助政府的力量，并吸收了前一时期中央银行创建和发展的经验，由政府直接创建的。

第二次世界大战后，中央银行制度发展和完善的进程并没有就此结束，而是在凯恩斯理论指导下，随着经济、金融环境的变化，不断地完善并强化其职能，中央银行日益成为各国政府调节宏观经济、控制金融的重要宏观部门。

世界范围内创建中央银行的趋势，也鼓舞着近代中国政府建立中央银行的热情。且在此阶段，近代中国的金融业也有了长足的进步和发展，出于管理金融、稳定市场的需要，客观上也需要成立中央银行。无论是北洋政府还是国民党政府，均认识到中央银行的重要作用，在其政府成立之初就已着手进行中央银行的创建。这一时期，中央银行制度的设计、组织架构的搭建、内部的管理均较以往有了更多的改进。

第二节　近代中国中央银行实践的历史借鉴

中国的中央银行自晚清时代起开始了现代化的演变过程，大清银行尝试执行中央银行职能，但是收效甚微。民国初年，中国银行和交通银行等以国家中央银行的身份组建，亦未取得应有成效。直到 19 世纪 20 年代，全国性的中央银行制度仍未建立。国民政府时期，政府效法西方中央银行的建设模式，建立了相对较为成熟的中央银行制度。

一、清政府中央银行的实践及其历史借鉴

19 世纪末，清政府出现财政危机，"言常用则岁出岁入不相抵，言通商则输出输入不相抵，言洋债则竭内外之力，而更无以相抵"。[①] 因此，清政府为推行币制改革，解决财政上的困境，于 1905 年 9 月成立了户部银行。户部银行资本 400 万两，分作 4 万股，每股库平银 100 两，户部认 2 万股出款 200 万两，招商股 200 万两。它是一家官商合办银行。清政府赋予其发行纸币、代理国库、收解官款、控制金融市场等特权。其组织结构采取分权制度：设总办副总办各一人，由户部选派；另设议事四人，由股东公举，与总办副总办共同管理全行事务；另设监事三人，由股东公举，监查本行一切事务。户部银行隶属户部，户部对户部银行有随时查核的权力。1908 年户部改称度支部，户部银行即改称为大清银行。资本同时增加为 1,000 万两，仍为官商各认股一半，可谓中国最大的一家银行，"为股份有限公司，各股东责任以所认定之股份为限，股份外如有损失概不负责"。[②] 至 1911 年，共设 21 家分行，36 处分号。清政府颁行了《大清银行则例》，规定大清银行除享有户部银行原有职权外，还负有代募公债、为政府垫款等职责。正如度支部上奏《厘定各银行则例折》中所称，"设立户部

---

① 张郁兰：《中国银行业发展史》，第 33 页，上海，上海人民出版社，1957。
② 《大清银行章程》、《大清光绪新法令》第十册，第 71 页，转引自黄鉴晖：《中国银行业史》，第 93 页，太原，山西经济出版社，1994。

银行……以立中央银行之基础"，而大清银行"即为中央银行"。①

然而大清银行还仅仅是名义上的中央银行。一方面由于当时中国币制十分混乱，国库亦不统一，外国银行操纵财政和金融，国内新式银行刚刚出现，信用制度极度缺失，在这种情况下，大清银行根本无法真正履行中央银行职责。另一方面在业务经营上，大清银行"亦照普通银行专事放款之业务、冀得年终红利、以为分肥之需，行员商民串通舞弊，所放之款不尽可持，以致牵动各地之金融、累及银行之信用"。② 尽管大清银行仿照外国银行制定了较为科学的管理原则，亦无法阻止其因经营不善，效率低下而走向绝境。到1911年底，其亏空款项已达2,000余万两，竟超过总资本的1倍以上。

晚清是中国银行业从无到有的初创时期，由于缺乏经验，在此时期，无论是商业银行还是中央银行大多仿效了西方的银行制度，如当时的户部（大清）银行在内部治理的三权分立制度和外部组织分支机构制等方面主要是仿效了英格兰银行的模式，在户部（大清）银行的归属上则仿行日本银行归属大藏省管辖的方式。这种仿效西方银行制度的做法，有利于当时中央银行规章制度的迅速建立并有助于中央银行按照近代中央银行规则运作。但也应看到，晚清政府时期，外国银行已控制了中国的金融经济命脉，操纵中国经济，垄断国际汇兑和金融市场，其资本规模和实力实非中央银行所能抗衡，且由于清政府财政日趋困难，筹建中央银行的资本还需借助于募集商股，其资本实力使其根本无力去调剂市场银根，充当银行的最后贷款人，无法履行中央银行之责。然而无论如何，在中国毕竟有了组建中央银行的初次尝试，为日后中央银行的建立提供了有益的经验。通过清政府中央银行的实践，我们可以得出一个基本结论：一国的中央银行只有在国家主权完整、金融市场相对稳定的条件下才能发挥其应有的作用。

二、北洋政府中央银行的实践及其历史借鉴

北洋政府成立时，全国金融形势异常紧迫，银行业大批倒闭。大清银行搁

---

① 孔祥贤：《大清银行行史》，第74页，南京，南京大学出版社，1991。
② 周葆銮：《中华银行史》，第38页，北京，商务印书馆，1923。

浅清理，政府对财政失去依托。对北洋政府说来，不设立国家银行，纸币不能发行，国库无从统一，税源日竭，财政极为困难。在这种形势下，北洋政府财政部向参议院提出提案："民国成立，百端待理，而整理财政尤为先务之急。然军兴以来，本国各种金融机关全然破坏，金融全权操诸于外人之手。苟中央不急设一完全之金融机关，则纸币不能发行，国库无从统一，金融滞塞，汇兑不通，工商坐困，税源日竭，虽欲整理财政，亦决无着手之处。故中央银行之创办，在今日中国财政棼如，币制混乱、金融窘迫之秋，诚不可一日或缓。"[1] 袁世凯组建北洋政府后，在对大清银行进行清理的基础上，在北京另行筹建中国银行，并于 1912 年 8 月 1 日开张营业。次年 4 月 15 日，北洋政府颁布第一个《中国银行则例》，规定"中国银行受政府之委托，经理国库及募集或偿还公债事务"，"有代国家发行国币之责"。[2] 同时宣告中国银行总行正式成立，并由财政部通告各国银行，声明其"系国家中央银行"。中国银行的组织架构分设三级：总行、分行、分号。分号由分行管辖，1919 年分号改为支行。总行的最高权力体系包括股东总会、行务总会、董事会、监事会以及总裁、副总裁，负责选举董事、监事、议决政策、执行行务、督理审查等项工作。

1908 年成立的交通银行也在民国初年被改组，原交通银行的一些首脑人物因拥护袁世凯上台有功，具有了与北洋政府的特殊关系。除继续专有经理轮、路、邮、电四系统的存款外，交通银行其后也取得了代理国库、经付国债本息、代收税款等国家银行的权力，并取得了货币发行权。如财政部专门规定："委托交通银行之范围，以国债收支一部分为主，但租税系统内之出纳，亦得酌量各该地情形委托交行代收"。又规定代理比例为中国银行七成，交通银行三成。1914 年制定的《交通银行则例》明确规定了其国家银行特权。1915 年 10 月，袁世凯申令"中国、交通两银行具有国家银行性质"；"该两银行应共同负责，协力图功，以符国家维护金融、更新财政之至意"。[3] 这样，中国银行和交通银

---

① 周葆銮：《中华银行史》第二编，第 26 页，北京，商务印书馆，1923。
② 张辑颜：《中国金融论》，第 253 – 257 页，台北，台北文海出版社，1995。
③ 许涤新，吴承明：《旧民主主义革命时期的中国资本主义》，第 845 页，北京，人民出版社，1990。

行（中行占绝对优势地位）便成为了北洋时期的中央银行。

　　实际上，中、交两行作为中央银行的职能并不完备，与政府所期望的中央银行相差甚远。一方面从外部来看，代理国库是中央银行的一项重要职责，尽管当时中、交两行是法定的国库代理人，但实际上北洋政府的财政却把持在以汇丰银行为首的外国银行手里。汇丰银行作为政府关、盐两税的最大控制者，不仅极大地增强了自身实力，而且控制了政府财政的命脉，在某种程度上也具备了操纵金融市场的力量，乃至当时有许多学者也将其视为中国的中央银行。汇丰银行自然不是中国的中央银行，但在当时确实行使着代理国库等中央银行的部分特权，从而也削弱了中、交两行的中央银行地位。另一方面从内部来看，由于北洋政府限于财力，本应认购的 3,000 万元资本总额，最后只凑足了 300 万元，仅为十分之一。此后政府财政更是日渐支绌，不得不出售官股，到 1923 年仅剩 5 万元，而商股已达 1,971 万元，占全部股份的 99.75%。① 由于政府无限制地财政借款，大大阻碍了中国银行的发展，而随着商股的增加，中国银行摆脱政府控制的想法越来越强，业务上更偏向于朝商业银行方向发展，这与政府组建中国银行的初衷已经大相径庭。北洋政府中央银行的实践表明，由商业银行演进为中央银行的道路并不适用于近代中国，对中央银行实行完全的国有制，更有利于中央银行职能的发挥。

三、国民政府中央银行的实践及其历史借鉴

　　出于巩固政权与平衡财政的双重需求，南京国民政府成立后，即着手整理财政、统一币制，筹建国家中央银行。1927 年 10 月 22 日公布《中央银行条例》第十九条，规定"中央银行为特定的国家银行，由国民政府设置经营之"；资本总额定为国币 1 亿元，由国库支给，其一部分经政府核准可由国内银行认购；享有发行兑换券、经理国库、募集或经理公债、铸造及发行国币等特权。明确中央银行的经营业务种类、范围包括：国库证券及商业确实票据之买卖贴现或

---

　　① 中国银行总行，第二历史档案馆编：《中国银行行史资料汇编》，第 61－74 页，北京，档案出版社，1991。

重贴现；办理汇兑及发行期票及汇票；买卖生金银及各国货币；经收各种存款，并代人保存证券、票据、契约及其他贵重物品；以金银货及生金银作抵押为借款，代理公司收解各种票据之款项；以政府发行证券或政府保证的各种证券作抵押为活期或定期借款等，并同时经营一般银行业务；但为保证银行自身安全，不得经营各种工商事业及有投机性质的营业。1928 年 10 月 5 日，国民政府修正公布《中央银行条例》第二十条，新条例大多沿袭原有条文，但将资本额修定为 2,000 万元，且规定由国库一次拨足，必要时可招集商股，但不得超过总额的 49%。① 这一变动显示了政府财力的困乏。如此薄弱的资本额，使中央银行在信用方面不仅无法与实力雄厚的外国大银行抗衡，即便在本国银行中也无法与中国银行、交通银行等历史较久、信用卓著的银行竞争。不过，以后中央银行始终未招商股，这与历史上曾存在的中央银行有所区别。无论清末的大清银行，还是北洋政府时期的中国银行、交通银行，其资本总额中都存在相当比例的商股，不仅反映在银行条例中，也反映在事实上。另外，这一变动也表明政府遏制商股，以图在资本结构上完全把持中央银行的策略。1928 年 11 月，经过多方准备，中央银行在上海正式成立。当时的中央银行采取总行制，其内部机构各有专司，总裁之下设有业务、发行两局，分掌营业、发行事务。业务局设总经理一人，发行局设总发行一人，由总裁呈请国民政府任命。另设秘书、稽核两处，置总秘书与总稽核各一人，局与处平级。局处之下设科，以利行务。国民政府的中央银行自成立后，经历了巩固地位、从容发展（1928—1937 年），职能的逐步完备（1937—1945 年），以及从成熟走向衰落（1945—1949 年）三个发展阶段。②

国民政府时期的中央银行是在充分吸取了近代以来中央银行实践经验的基础上，以西方发达国家中央银行模式为蓝本，适应于政府财政需要而建立起来的。在此时期，中央银行的职能也经历了从分散到集中并逐步强化的过程。首先是代理国库职能逐步完善。国民政府从外国银行手中收回了担保外债关、盐

---

① 中国第二历史档案馆、中国人民银行江苏省分行、江苏省金融志编委会合编：《中华民国金融法规档案资料选编》，第 529 页，北京，档案出版社，1989。

② 刘慧宇：《中国中央银行研究：1928—1949》，第 49－62 页，北京，中国经济出版社，1998。

税的保管权，实现了关税自主，颁布了《公库法》，实施了单一金库制，结束了由几家银行分任国库代理人的局面。其次是由中央银行独占发行权。在中央银行成立之初，中国银行、交通银行、中国农民银行均有货币发行权。1942 年颁布《统一发行实施办法》后，国民政府将货币发行权集中于中央银行，确立了中央银行独占发行的地位。最后是银行的银行职能的完备。在中央银行成立之初，各银行交换基金存款按四四二分存于中央银行、中国银行和交通银行。1940 年财政部颁布非常时期管理银行暂行办法，规定银行的普通存款，各缴存规定比率的存款准备金。1942 年发行权统一后，各行的准备金也全数交付中央银行。至此，中央银行成为银行的银行。

国民政府的中央银行在其创立初期，对于维护币值稳定、促进金融业发展、调控宏观经济发挥了一定的积极作用。但不容否认的是，在后期，由于受政府的干预，它大搞财政发行，大量增发货币，引发了长达 12 年的恶性通货膨胀，中央银行最终无以为继，走向衰落。通过对国民政府时期中央银行的考察，不难发现，中央银行职能的完备会极大地释放中央银行在金融市场调控和经济发展中的效能。中央银行尽管作为政府的银行，需要解决政府财政需求，但也要保持相对的独立性，避免政府的无限干预，否则最终会成为通货膨胀的制造者。

中央银行在一国经济发展中的重要作用已为各国所认识，创建中央银行已成为一致共识，作为新中国也不例外。从大清银行到国民政府的中央银行，也为新中国中央银行的创建提供了宝贵的实践经验，但作为共产党领导下的新中国，其中央银行的创建却不能完全依据西方的中央银行理论和建设模式，而是必须以马列主义为指导，结合中国的实际，走出一条属于自己的中央银行建设之路。

第三章　新中国中央银行的历史溯源与中央银行建设思想的演变

新中国中央银行的历史起源可以追溯至 20 世纪前期，它的前身是中国共产党在各个革命根据地创建的银行。中国共产党在长期的革命斗争中，以马克思列宁金融思想为指导，借鉴近代以来中央银行建设思想和实践经验，结合中国的实际，逐渐摸索出符合新民主主义经济特点，适合新民主主义经济发展的中央银行创建道路。

第一节　新中国中央银行的历史溯源

中国人民在共产党的领导下，为推翻"三座大山"进行了长期艰苦卓绝的斗争，在政治、军事斗争的同时，还积极开展了经济、金融方面的工作，而根据马克思主义金融思想的指导，建立和发展革命根据地银行便是其中的重要内容。回顾革命根据地银行的历史，可以看出，革命根据地银行伴随着中国革命的发展，经历了从小到大、从分散到集中的漫长道路，而正是各个革命根据地银行逐步统一的发展历程，为新中国中央银行的创建奠定了扎实的基础。

一、革命根据地银行的萌芽

第一次国内革命战争时期，随着农民运动的发展与农民协会的建立，为领导农民开展减租减息斗争，发展农村经济，解决农民生活困难，必须首先建立为农民谋利益的金融机构，在此背景下，中国革命根据地银行的萌芽破土而出。

1924 年，为抵制豪绅地主的高利盘剥，解决农民的资金困难，共产党在浙江萧山县衙前村成立了萧山衙前信用合作社，这是第一次国内革命战争时期在共产党领导下最早建立的金融机构。萧山衙前信用合作社成立后，采取措施筹集资金，对农民开展无息的信贷活动，为缓解农民的资金问题发挥了显著作用。

1926 年 12 月，湖南柴山洲特别区第一农民银行成立。银行的宗旨是"拥护无产阶级，维持生活，扶植生产"。银行制定了暂行章程 12 条，向土豪劣绅派捐、罚款，股实户筹款共计 5,800 元。银行的业务包括发行票币，发放贷款和为农民协会办理平粜收款。1927 年 2—3 月，柴山洲特别区第二农民银行成立，行址设在黄麻冲刘家祠堂。银行的宗旨为"节制资本，救济贫困"。银行向官僚、土豪派捐 1,000 元作为银行资金，业务与第一农民银行相同。

1927 年 1 月，湖南浏东六个区的农民协会，正式组成浏东平民银行，行址设在浏阳县城。浏东平民银行是湖南省较早成立的规模较大、资本较多和业务较全的一家农工银行。其宗旨是"以制止高利借贷，提倡平民储蓄，活泼地方金融，增进工农生活为唯一之目的"。银行在六个区设立了分理处，每个分理处设经理、会计各一人，经办银行各项具体业务。浏东平民银行成立时，订有试办章程。章程规定浏东平民银行为股份有限公司，筹集股金 6 万元为银行的资金来源，这 6 万元股金，以 10 元为整股，1 元为零股，六个区平均各认 1,000 整股，由各区自行分配。章程又规定以六个区公有财产的不动产值 15 万元为信用保证金。银行经营的业务包括发行票币和发放贷款两个方面。

第一次国内革命战争时期，共产党结合农民运动的需要，还成立了浏阳金刚公有财产保管处、醴陵县工农银行、黄冈等地区信用合作社等金融机构（见表 3–1）。

表3-1　　第一次国内革命战争时期革命根据地部分金融机构一览表

金融机构名称	成立时间	地区	发行货币名称
浙江萧山衙前信用合作社	1924年1月	浙江萧山	—
湖南柴山洲特别区第一农民银行	1926年12月	湖南衡山	布币
湖南柴山洲特别区第二农民银行	1927年2月	湖南衡山	布币
湖南浏东平民银行	1927年1月	湖南浏阳	临时兑换券、信用券
湖南浏阳金刚公有财产保管处	1927年2月	湖南浏阳	有期证券
湖南醴陵县工农银行	1927年4月	湖南醴陵	—
湖北黄冈县农民协会信用合作社	1926年9—12月	湖北黄冈	流通券

资料来源：中国人民银行金融研究所、财政部财政科学研究所：《中国革命根据地货币（上册）》，第3页，北京，文物出版社，1982；姜宏业：《大革命时期农民政权的金融事业》，载《中国经济史研究》，1987（4）。

任何事物都有一个从萌芽产生到发展的过程，共产党的金融事业同其他事物一样，也有一个从萌芽产生到发展变化的过程。第一次国内革命战争时期农民政权的金融事业是共产党的初步尝试，是共产党金融事业的萌芽。在当时，农民政权金融机构对于发展农村经济、解决农民生活困难发挥了积极作用。后来由于革命失败，处在萌芽状态的金融事业遭到严重破坏。这段时期的金融事业虽然存在时间短暂，但为后来根据地金融事业的建立与发展提供了宝贵的历史经验。

二、革命根据地银行的逐步发展和首次统一

大革命失败后，共产党决定反击国民党的进攻，进行武装斗争，实行土地革命，建立革命政权，先后建立了以江西中央根据地为中心的湘鄂西、海陆丰、鄂豫皖、琼崖、闽浙赣、湘鄂赣、湘赣、左右江、川陕、陕甘、湘鄂川黔等革命根据地。当时，各革命根据地处于国民党势力的包围之中，军民日用必需品和现金极度缺乏。为在物质上保障军队的供给，改善人民群众的生活，巩固革命根据地，必须进行经济建设。而其中一项重要措施，就是建

立银行，发行货币，运用银行和货币这个工具，促进工农业生产，调节金融，稳定市场物价，粉碎敌人的封锁和破坏，支援革命战争，进一步扩大革命根据地。

1928 年 2 月，为便利贸易，广东海陆丰革命根据地成立了海陆丰劳动银行，发行了银票。1929 年 8 月，东固区委设立东固平民银行，由红军二、四团资助 4,000 元为基金，发行铜元票。1930 年，东固平民银行改为东固银行，成为赣西南苏维埃政府银行，并设立兴国、永新分行。同年 10 月，江西省苏维埃政府成立，又将其改组筹建为江西工农银行，随军营业。

1930 年 9 月，闽西工农银行成立，11 月 7 日，在龙岩正式开业，资本 20 万元，经营存款、放款、汇兑、贴现业务，发行货币，保管财政款项。1930 年以后，相继设立的根据地银行还有赣东北贫民银行、湘鄂赣省工农银行、湘赣省工农银行、鄂豫皖省工农银行、闽浙赣苏维埃银行，以及川陕省工农银行和陕甘省苏维埃银行等。

上述银行，都是分散的各自独立的。随着根据地的扩大，特别是井冈山中央革命根据地的建立，成立了中华苏维埃共和国临时中央政府，根据地银行曾出现过一度的统一，这就是 1932 年 2 月 1 日成立的中华苏维埃共和国国家银行。各革命根据地的银行如鄂豫皖银行、闽浙赣银行、川陕银行等相继改为国家银行的省分行，开始走向统一（见表 3 - 2）。

表 3 - 2　第二次国内革命战争时期革命根据地部分金融机构一览表

金融机构名称	成立时间	地区	发行货币名称
海陆丰劳动银行	1928 年 2 月	广东海陆丰	纸币（以华丰织布厂纸币加盖劳动银行印章发行）
东固平民银行	1929 年 8 月	赣西	铜元票
江西工农银行	1930 年 11 月	赣西南	铜币券
闽西工农银行	1930 年 9 月	闽西	银元票
赣东北贫民银行	1930 年 10 月	赣东北	银元票
湘鄂赣省工农银行	1931 年 11 月	湘鄂赣	铜元券、银洋票

金融机构名称	成立时间	地区	发行货币名称
湘赣省工农银行	1932 年 1 月	湘赣	银币券
中华苏维埃共和国国家银行	1932 年 2 月	中央苏区	银币券、银币、铜币
鄂东南工农银行	1932 年 5 月	鄂东南	铜币券、存款券
鄂豫皖省苏维埃工农银行	1932 年	鄂豫皖	银币券、银币
闽浙赣省苏维埃银行	1932 年 12 月	闽浙赣	银元票、铜元票
中华苏维埃共和国川陕省工农银行	1933 年 12 月	川陕	铜币券、银圆券
陕甘省苏维埃银行	1934 年 11 月	陕甘	铜币券、银币券
中华苏维埃国家银行西北分行	1935 年 11 月	陕甘	苏维埃纸票、银币

资料来源：千家驹、郭彦岗：《中国货币演变史》，第224页，上海，上海人民出版社，2005；渠汇川：《我党土地革命时期的货币》，载《财经研究》，1981（2），第78－86页。

各根据地银行和统一后的国家银行，在根据地经济建设和提供革命军政费用方面都发挥了非常重要的作用。因为革命根据地地处偏远山区，商品经济发展相当落后，可资动员集中利用的社会闲散的资金不多，所以银行作用的发挥，通常是通过发行货币表现出来的。

三、革命根据地银行的曲折发展

革命根据地的巩固和发展是根据地银行存在的前提条件，失去革命根据地，往往意味着将失去根据地银行。随着共产党对国民党第五次围剿的失败，在敌强我弱和"左"倾错误路线领导下，中央红军和其他红军主力不得不撤离中央根据地，进行二万五千里长征，向陕北转移。随着红军由南方向陕北的转移，南方各根据地银行，或早已停业，或先后结束。革命根据地银行的发展也经历了曲折的发展历程。

1934 年 10 月，苏维埃共和国国家银行随中央红军进行了二万五千里长征。1935 年 10 月到达陕北，与原在陕北的陕甘晋银行合并，改称为中华苏维埃共和国国家银行西北分行，发行苏维埃纸票、银币。国家银行西北分行为巩固和发展陕北革命根据地、保证红军的供给和商品流通做了大量工作。1937 年 9 月，中华苏维埃共和国国家银行西北分行改组为陕甘宁边区银行，总行设在延安，并设绥德、三边、陇东、关中四个分行。陕甘宁边区银行于成立之初，一方面组织法币在边区市场流通，另一方面组织所属光华商店发行"光华商店代价券"，补充调剂市场辅币的不足。

1937 年"七七事变"爆发，中国共产党的抗日民族统一战线政策促成了全民族抗日局面的形成。八路军、新四军在北方、南方相继挺进敌后，开辟了大片的抗日根据地。各根据地为了发展经济，解决部分军政费用的开支，巩固根据地，支持抗日战争，大都建立了自己的银行，发行了货币。日本投降前夕，各革命根据地的金融事业都有大的发展，在各自的战略区内开始由分散走向统一（见表 3 – 3）。

表 3 – 3　　　　　抗日战争时期革命根据地部分金融机构一览表

金融机构名称	成立时间	地区	发行货币名称
陕甘宁边区银行	1937 年 9 月	陕甘宁	边区银行券（简称边币）
晋察冀边区银行	1938 年 3 月	晋察冀	边区银行券（简称边币）
北海银行	1938 年 8 月	山东区	北海银行券（简称北海币）
冀南银行	1939 年 10 月	晋冀鲁豫	冀南银行券（简称冀南币）
鲁西银行	1940 年 4 月	冀鲁豫	临时流通券、本票（简称鲁西币）
西北农民银行	1940 年 5 月	晋绥区	西北农民银行券（简称西农币）
江淮银行	1941 年	苏中区	江淮币
淮海地方银行	1941 年	苏北	淮海币
鄂豫边区建设银行	1941 年	随县等地，后转大别山	建设银行币
淮南银行	1942 年	皖东	淮南币
盐阜银行	1942 年	苏北	盐阜币
淮北地方银号	1942 年	皖东北	淮北币
惠农银行	1942 年 10 月	江苏丹阳	惠农币

金融机构名称	成立时间	地区	发行货币名称
大江银行	1943 年	皖中	大江币
江南银行	1945 年春	茅山地区	抗币
浙东银行	1945 年 1 月	浙东	抗币、金库券

资料来源：千家驹、郭彦岗：《中国货币演变史》，第 225－226 页，上海，上海人民出版社，2005；王一成、达津：《简明中国银行史（五）》，载《中国钱币》，1997（1），第 58 页。

四、革命根据地银行的合并和统一

解放战争时期，是革命根据地银行事业发展壮大和逐步走向统一的时期。这一时期，也是中国人民银行总行筹建的关键时期。

东北解放区建立后，1945 年 11 月在沈阳成立了东北银行。在解放初期，由于东北解放区尚处于分割状态，故各地分别成立了合江银行、牡丹江实业银行、吉林省银行、嫩江省银行和辽东银行等。随着东北解放区的统一，1947 年这些银行均并入了东北银行。1945 年底，大连在所接收敌伪银行的基础上，成立了大连工业、农业、商业三家银行，不久合并成立大连银行，1947 年 4 月改名为关东银行，1949 年并入东北银行。原属晋察冀边区的冀热辽地区改由东北行政委员会领导后，1946 年成立了热河省银行，1948 年 2 月又设立了长城银行，长城银行后并入了东北银行。

1947 年 8 月 7 日，陕甘宁边区银行东渡黄河到晋西北。9 月 22 日至 24 日，陕甘宁、晋绥两边区领导召开会议，全面总结抗战以来边区的金融工作。10 月 6 日，陕甘宁边区银行与西北农民银行合并，称西北农民银行，以西北农民银行币为本位币。

石家庄市解放后，晋察冀边区银行总行和冀南银行总行于 1948 年 4 月迁入石家庄联合办公。由于晋察冀和晋察鲁豫解放区连成一片，1948 年 5 月，晋察冀和晋察鲁豫两个解放区的领导机构合并，组成中共华北局、华北联合行政委员会和华北军区。7 月 22 日，晋察冀边区银行和冀南银行合并，成立华北银行。

　　华南地区的潮汕解放区于1948年底成立了裕民银行，东江解放区1949年春成立了新陆银行，1949年7月，两家银行合并成立南方人民银行。

　　这一时期，银行的工作除了坚持稳定物价，开展对敌的货币斗争之外，还注重扶助生产，筹集钱粮，保障后方，支援前方战争。在一些中小城市相继解放后，解放区银行开展了城市金融业务，积极支持城市工商业恢复生产，清理、改造新解放区内的原金融机构，坚决打击扰乱货币金融的非法活动。同时，随着解放战争的胜利进行，成立全国性的银行和统一发行全国性的货币也提上了议程。

第二节　新中国中央银行建设思想的演变

总体而言，新中国中央银行的创建经历了一个较长的历史过程。在这一演进历程中，不可避免地受到了多方面金融思想的影响。作为共产党领导下的中央银行，马克思列宁主义的银行思想无疑对其具有直接的指导作用，而近代以来特别是国民政府时期的中央银行建设思想，也具有一定的借鉴意义。正是在此基础上，共产党通过自身的实践，不断积累总结经验，形成了自己的中央银行建设思想。

一、马克思列宁主义的银行国有化思想

马克思主义的金融思想自苏联十月革命后传入中国，在早期马克思主义经济学家的不懈努力下，马克思主义的金融思想逐渐被国人所认识，在中国的传播日趋深入。马克思认为"银行是资本主义生产方式的最精巧和最发达的产物"，"银行制度造成了社会范围内的公共簿记和生产资料的公共的分配的形式"。[1] 列宁也指出："银行是现代经济生活的中心，是全部资本主义国民经济体系的神经中枢。"[2] 可见，在资本主义社会，由于银行能够提供工商业发展需要的大量资金，与社会经济生活有着广泛的经济联系，因此能够成为社会的公共簿记和总账房，发展为调控社会经济的重要机构。有鉴于此，资本主义国家为实现自己干预经济生活的目的而首先开始利用大银行的形式，国家作银行的后盾并通过立法的形式保障它们的权利。

社会主义的生产社会化虽然是建立在生产资料公有制的基础上，但它仍需采取商品生产和商品交换的形式，因而商品生产者之间必然要发生一定的信贷关系，这也是社会主义银行存在的基本原因。马克思说："在由资本主义的生产方式向联合起来的劳动的生产方式过渡时，信用制度会作为有力的杠杆发生作用的。"[3] 马

---

[1]　马克思：《资本论》第3卷，第685－687页，北京，人民出版社，1953。
[2]　列宁：《列宁全集》第25卷，第320页，北京，人民出版社，1985。
[3]　马克思：《资本论》第3卷，第697页，北京，人民出版社，1953。

克思和恩格斯曾多次指出，巴黎公社最大的错误之一，就是公社没有夺取法兰西银行，使巴黎公社遭到失败。列宁对社会主义大银行的作用更是加以充分肯定："没有大银行，社会主义是不能实现的。""大银行是我们实现社会主义所必需的国家机关，我们可以把它当做现成的机关从资本主义那里夺取过来，而我们在这方面的任务只是把资本主义丑化这个绝妙的机关的东西斩断，使它成为更巨大、更民主、更包罗万象的机关。""这是全国性的簿记机关，全国性的产品的生产和分配的统计机关，这可以说是社会主义社会的一种骨干。"① 从列宁对大银行的分析中可以看出，他所指的大银行所代表的一层含义就是社会主义的国家银行。社会主义的国家银行应是由国家集中统一领导的，集中掌握全国的金融活动，成为联结国民经济的纽带。

马克思和列宁关于社会主义银行的思想，直接指导了前苏联国有银行的创建。十月革命后，苏联政府就控制了原国家银行，抽调一批熟悉银行工作的人员到国家银行工作，充实银行队伍，加强对国家银行的领导；除将原国家银行改造为社会主义国家银行外，还逐步对私营商业银行采取了国有化的措施。但十月革命后，苏联并未立即实行私营商业银行的国有化，只是对商业银行进行监督。由于私营商业银行对苏维埃政权的敌视和抵抗，促使政府加快了对私营商业银行国有化的步伐。1917 年 12 月 27 日，政府颁布了银行国有化的法令，宣布银行业由国家专营，将国家银行和所有商业银行合并，成立了俄罗斯苏维埃社会主义联邦共和国人民银行。马列主义银行国有化的思想和苏联国家银行的创建，对于中国共产党创建自己的银行也产生了深刻的影响，提供了思想理论基础。

二、近代以来的中央银行建设思想

近代中国关于建立中央银行制度的思想，经历了清末、北洋和国民政府三个历史时期的发展，不仅推动了中央银行制度在近代中国的建立，也对新中国中央银行的创建提供了直接的借鉴。

---

① 列宁：《列宁全集》第 26 卷，第 87 - 88 页，北京，人民出版社，1985。

　　清末时期的银行建设思想，是随着西方银行理论的传入，在外国银行入侵并操纵国家经济命脉，中国近代工业产生和初步发展，以及清政府财政日趋困难的历史条件下产生的。当时的思想家认为中国要发展工商业，必须创建银行，而且设立银行，是保证政府开支、筹措军费的必要条件，也是整理币制，抵制外国银行经济侵略的重要措施。清末时期也提出了建立中央银行的思想主张，如钟天纬于1884年提出由国家开设银行以解决国家造铁路需借外债、利息负担重的问题。1896年，容闳依据1875年的美国银行法，拟成《请创办银行章程》，主张参照美国银行章程建立国家银行。20世纪初，著名实业家张謇从推行钞币角度提出设立国家银行。当时的清朝户部尚书鹿传霖主张试办户部银行。他指出，试办户部银行既要博采各国银行之长，又要适合中国国情。为此，他参照各国银行章程草拟了试办户部银行章程32条，规定户部银行的业务为存放款，汇兑划拨公私款项，折受未满期限期票等；户部银行隶属户部，户部出入款项，均可由户部银行办理；户部银行拟印纸币，其所发纸币与国家制币无异等。①

　　北洋政府时期，学术界与政府部门认为中央银行的建立是政府整理财政的重要举措。如南京临时政府成立时，孙中山在就职宣言中就明确指出，民国政府始立，"既无确定可恃之财源，舍发行军钞、募集公债之外，更无济急之法。而欲行此策，非有金融机关不可"。因此，"组织中央银行实为今日财政第一要务"。② 建立中央银行是实行币制改革的重要前提。如1912年周学熙指出，中央银行即国家银行，有代政府管理国库、发行国币的义务，我国政府欲实行金汇兑本位，必须有最完备、最有信用的中央银行，方能收效。③ 建立中央银行是适应中国银行业发展的必然要求。周学熙认为，中国银行业不发达，大清银行距真正的中央银行相差甚远，私立商业银行资力薄弱，且与大清银行不相维系，大清银行迹近垄断，不能为商业银行之母，反与之竞争，致使私立商业银行"受天演而不能自立"。为此，要发达中国的银行业，必须"立中央银行之基

---

① 周葆銮：《中华银行史》，第3-7页，北京，商务印书馆，1920。
② 《中华民国第一届临时政府财政部事类辑要·钱法》。
③ 贾士毅：《民国财政史（上册）》第一编，第165页，北京，商务印书馆，1917。

础"，"筹商业银行之发达"。①

北洋政府时期，对于中央银行的兴办普遍主张实行资本民有，采取股份制形式，究其原因：一是由于股份制是当时各国中央银行所普遍采取的一种组织形式，二是出于对政府的不信任，担心资本若出自政府，会使政府财政操纵中央银行，使其失去独立性。

国民政府时期，中央银行于 1928 年 11 月 1 日成立，但由于其自身实力的薄弱和历史条件的限制，如何完善和改进中央银行成为这一时期的思想主线。当时理论界许多人认为，要想建立一个健全的中央银行，必须首先选择一种优良的中央银行制度模式，建立一套完善的组织结构。对于选择怎样的制度模式，则存在两种不同的看法：一是主张采取美国复合式中央银行制度。这种观点的代表人物是吴鼎昌、朱通九与徐日洪。他们认为，美国式中央银行制度适宜于幅员辽阔、各地金融情形差异、经济发展不平衡的国家。他们建议，将重庆、兰州、汉口、上海、广州、天津、沈阳等地作为准备银行区。在每一区域内，设立中央准备银行一所，作为该区的中枢金融机关。在首都设立中央准备银行管理局，作为全国最高金融监管机关。② 二是主张采用欧洲大陆单一式中央银行制度。持这种观点的人较多，他们认为单一式中央银行更合理，更能配合政府的经济金融政策，发挥中央银行应有的效能，而且也更适合中国国情。此种观点被国民政府所采纳。

对于中央银行职能不健全的状况及其不良影响，在 1942 年以前，理论界许多人提出了批评和改良的建议。如 1929 年，马寅初指出，中央银行不能集中准备金，难以控制金融市场；货币发行权分散，结果是纸币充斥，物价暴涨。他认为中央银行要尽其责任，必须改变现状，解决这些问题。与此相配合，政府必须尽快制定银行法和票据法，建立现代银行制度和完善的金融市场。③ 在理论界的积极倡导下，从 1938 年开始，国民党政府利用战时的特殊情况，相继颁布了《公库法》（1938）、《中央银行办理票据交换办法》（1942）、《统一发行办

①　马寅初：《中华银行论》，商务印书馆，1929。
②　吴鼎昌：《中国新经济政策》，第 142 页，天津，天津国文书报社，1927。
③　马寅初：《中华银行论》，商务印书馆，1929。

法》（1942）等一系列健全中央银行职能的法规和政策，使中央银行初步具备了中央银行的职能。

关于中央银行与政府的关系，当时政府部门和学术界普遍的看法是，中央银行与政府既要保持密切联系，又要具有独立性。如1928年11月1日，宋子文在中央银行成立仪式上指出，中央银行作为国家银行，"乃代为国家做事"，必须与政府保持密切联系。但中央银行握全国最高之金融权，其地位自应超然立于政治之外，方为合理，任何机关不能干预。[1] 1935年，马寅初在给崔晓岑《中央银行论》写的序言中认为："盖中央银行为代表国家之机关，与一国财政有密切的关系，故组织贵能实施国家之政策，而又不受政治变动之影响，与政府声气相通，而又不受当局的压迫。[2]

三、中国共产党在实践中形成的银行思想

中国共产党是重视思想与理论建设的政党。中国共产党开展一切工作，都是在一定的思想和理论指引下进行的，经济工作也不例外。自大革命时期始至解放战争时期，中国共产党在不同时期，将马克思主义银行思想与中国的实际有效结合，建立和发展了农民政权的银行、革命根据地的银行，开始了创建苏维埃国家银行的积极实践，在实践中不断总结积累经验，形成了中国共产党的银行思想体系，为新中国中央银行的创建奠定了良好的思想基础。具体来看，新中国成立之前，中国共产党银行思想体系又可以划分为三个阶段。

（一）银行建设思想的产生（1921—1927年）

早在中国共产党的开创时期，为适应农民运动政治和经济斗争的需要，中国共产党就已对农民政权的金融事业进行了积极的探索和实践，产生了银行建设思想的萌芽。1922年底，《中国共产党对目前实际问题之计划》中提出了"组织农民借贷机关"和实施低息借贷的建议。1923年，《海丰总农会简章》中

---

① 《申报》，1928年11月2日。
② 崔晓岑：《中央银行论·马寅初序》，第5页，北京，商务印书馆，1935。

也记载了"可设金融机关（以最低利及长期）以利农民"的规定。① 1924 年，随着中国共产党和国民党的第一次合作，革命统一战线的形成，银行建设思想得到了进一步发展。1925 年和 1926 年广东省两次农民代表大会在金融经济问题上都作出了明确规定：号召"农民作经济斗争"，在经济斗争中"反对高利贷与高利押"，作出了"创办农民银行（或叫信用合作社）"的决定。② 1926 年 12 月湖南省第一次农民代表大会在金融方面作出了两项重要决定：一是金融问题决议案，二是农民银行决议案。大会指出，"中国币制紊乱已极，农民及一切贫苦农民受影响极为深广"，因此要"禁止城乡商店或个人发行市票"，"请求政府设立农民银行，以最低利息借款给农民"。③ 这段时期金融思想的形成和发展不仅受益于两党统一战线的有利环境，而且受益于两位共产党人——彭湃和毛泽东的努力探索。彭湃是广东农民运动的先驱和领导者，他运用马克思主义思想结合中国农村实际，联系农民切身利益，制定了《海丰总农会简章》和《广东农会章程》，提出了"便利金融"和"办理农业银行"的思想。毛泽东于 1927 年初提出了"要成立地方银行，没收地主的金银财宝，存入地方银行"，指出"贫农不仅无土地，而且无资本。革命发展的结果，乡村富有阶级极端闭借，许多地方几乎断绝借贷关系，致使贫农社会惶惶不可终日，非有一具体政策，不能解决此资本缺乏问题"。他建议"努力设立农民银行等条件极低的贷款机关，以解决农民的资本缺乏问题"。④

（二）中央银行建设思想的萌芽（1927—1937 年）

第一次国共合作破裂和大革命失败后，中国共产党组织工农武装发动秋收起义，开辟革命根据地，建立苏维埃政权进行土地革命。这一时期，由于苏维埃中央临时政府的成立，中国共产党对创建自己的中央银行进行了积极的实践，产生了中央银行建设思想的萌芽。1931 年 11 月 7 日，在瑞金召开的中华苏维埃

---

① 李春涛：《海丰农民运动及其指导者彭湃》，载《海陆丰革命史料》第一辑，广州，广东人民出版社，1986。

② 《中共党史参考资料》，北京，人民出版社，1979。

③ 湖南省第一次农民代表大会《金融问题决议案》、《农民银行决议案》，1926 年 12 月。

④ 邓演达、毛泽东、陈克文：《对农民宣言》，1927 年 3 月 19 日。原载《湖北省农民协会第一次代表大会日刊》第 16 期。

第一次代表大会上，决定成立中华苏维埃共和国国家银行，并明确了对银行、信贷、货币和金融管理方面的政策。如：实行统一的货币制度，国家银行有发行货币的特权，外来的货币必须一律兑换成苏维埃政府发行的货币；对私人银行和钱庄，苏维埃机关派代表进行监督，禁止这些行庄发行货币等。① 可见，当时政府就已经有了"国家银行才有货币发行之权"的思想，而独占发行正是中央银行确立的重要标志之一。1932 年 2 月苏维埃国家银行成立后，毛泽东就指示要设法将各级的现金都集中到国库来，筹集资本，尽快发行苏维埃国家银行钞票，并强调"国家银行发行纸币，基本应根据国民经济发展的需要，单纯财政的需要只能放在次要地位"。② 国家银行在筹集资本的基础上，只有发行自己的纸币，统一中央苏区的货币，才能真正使苏维埃国家掌握自己金融事业的命脉，这也是毛泽东金融思想的一个重要组成部分。根据当时的《国家银行暂行章程》，苏维埃国家银行还承担了代理金库和发行公债的职责，从而在一定程度上履行了政府的银行职能。苏维埃国家银行是中国共产党在土地革命时期首次创建的中央银行，尽管受当时历史条件的限制，其作为中央银行的职能履行尚不完备，但它毕竟具备了中央银行的一些特征，开始了中央银行实践的有益探索，遗憾的是，它的实践进程由于第五次反围剿战争的失败而被终止。

（三）中央银行建设思想的兴起（1937—1948 年）

从抗日战争时期开始，中国共产党逐步成为一个成熟的革命党，在对中国社会经济性质进一步深化分析的基础上，全面探索建立新民主主义经济理论和经济纲领，而新民主主义经济理论和经济纲领的确立对新中国中央银行的建设产生了重大影响。1938 年 12 月，毛泽东在《中国革命和中国共产党》一文中，提出新民主主义革命"在经济上是把帝国主义者和汉奸反动派的大资本大企业收归国家经营"。③ 在 1940 年 1 月发表的《新民主主义论》中，明确提出大银行、大工业、大商业归新民主主义的国家所有，并引述了国民党第一次全国代表大会宣言中的一段话："凡本国人及外国人之企业，或者独占的性质，或规模

---

① 王一成、达津：《简明中国银行史（五）》，载《中国钱币》，1997（1），第 57 页。
② 《毛泽东选集》第 1 卷，第 134 页，北京，人民出版社，1991。
③ 《毛泽东选集》第 2 卷，第 647 页，北京，人民出版社，1991。

过大为私人之力所不能办者，如银行、铁道、航空之属，由国家经营管理之，使私有资本制度不能操纵国家之生计，此则节制资本之要旨也。""这就是新民主主义共和国的经济构成的正确的方针。"① 从上述论述可以看出，中国共产党已认识到大银行能够操纵国民生计，因此需要创办自己的中央银行，以掌控全国的金融资源。但其时，由于各抗日根据地被敌人封锁分割的缘故，暂无法建立统一的国家银行，因此在相对较大的已连成一片的根据地，如陕甘宁边区、晋察冀边区、冀鲁豫区、晋绥边区、山东区等均建立了区际的中央银行，在各自根据地内履行国家银行职能。如陕甘宁边区银行，作为陕甘宁边区政府的中央银行，在抗日战争期间，承担了"发展经济，支持财政，稳定金融"的核心任务。② 解放战争时期，革命根据地逐步扩大，过去分散的根据地逐渐连成一片。以往那种各区银行各自为政，货币各自发行的格局已不能适应新形势发展的需要，而且新中国成立后，也需要有统一的中央银行代表政府，接管官僚资本主义大银行，管理众多私营金融业，以更好地实现新民主主义经济纲领的需要，因此，成立统一的中央银行也就提上了日程。1947 年 1 月，华北财经会议提出了成立统一的中央银行，发行统一的货币等问题。1947 年底经中央同意，成立了中国人民银行筹备处，开始着手进行新中国中央银行组建的筹备工作。

以毛泽东为代表的中国共产党人，从实践和理论的结合上，不仅找到了一条适合中国国情的农村包围城市，武装夺取政权的中国民主革命道路，而且在建立革命根据地的过程中，其银行建设思想亦有了很大发展。毛泽东的银行建设思想，将马克思主义基本原理与中国革命的具体实践相结合，并不断总结分析，及时指导实践，有着丰富的内涵，为新中国中央银行的创建奠定了良好的思想基础。

---

① 《毛泽东选集》第 2 卷，第 679 页，北京，人民出版社，1991。
② 黄正林：《边钞与抗战时期陕甘宁边区的金融事业》，载《近代史研究》，1999（2），第192 - 223 页。

第四章 中央银行总行及其分支机构的创建

第一节 中央银行总行的创建

通过对根据地银行的分析，可以知道，作为新中国的中央银行——中国人民银行，不是在新中国成立以后才有的国家银行，也不仅限于在革命胜利后采取银行国有化道路形成的，而是在中国革命斗争中各个革命根据地银行逐步统一的过程中产生的，它与革命根据地银行是紧密相连、一脉相承的。

一、中央银行总行创建的三条机构主线：华北银行、西北农民银行、北海银行

1948 年 12 月 1 日，华北人民政府发出金字第四号布告："为适应国民经济之需要，特商得山东省政府、陕甘宁晋绥两边区政府同意，统一华北、华东、西北三区货币，决定：一、华北银行、北海银行、西北农民银行合并为中国人民银行，以原华北银行为总行。……"① 因此，考察中国人民银行总行的创建历史，不能不提到革命根据地的三个主要银行：华北银行、西北农民银行和北海银行。

华北银行由晋察冀边区银行和晋冀鲁豫边区的冀南银行于 1948 年 5 月合并组成。1937 年 8 月，中国共产党领导的八路军北上抗日，在华北敌后建立了第

---

① 中国人民银行金融研究所、财政部财政科学研究所编：《中国革命根据地货币（下册）》，第 97 页，北京，文物出版社，1982。

一个抗日根据地——晋察冀边区。1938 年 1 月，在河北省阜平县召开的晋察冀边区军政民会议上，阜平县农民协会提出了"筹设边区银行活跃金融案"，完县等县代表纷纷提出"从速筹设边区银行案"，为适应边区人民的迫切需要，会议通过了"边区为统治与建设经济得设立银行发行钞票"的决议案。根据会议决议，晋察冀边区于 1938 年 3 月 20 日在山西省五台县石嘴村成立了晋察冀边区银行，下设冀晋、冀中、冀热辽分行。1938 年 10 月召开的中共六中全会提出，有计划地与敌人发行伪币及破坏法币的政策作斗争，允许被隔断区设立地方银行，发行地方纸币。① 邓小平同志在《太行区的经济建设》一文中指出：我们的货币政策，也是发展生产与对敌斗争的重要武器。正是在此背景下，冀南行政公署于 1939 年 9 月 16 日，宣布成立冀南银行并发行冀钞，要求冀南银行成为"培养抗战经济的摇篮"和"保护人民利益的堡垒"。10 月 15 日，冀南银行在山西省黎城县小寨村正式成立，下设冀南、太行、太岳和冀鲁豫四个区行及 100 多个分支机构。1948 年 4 月，晋冀鲁豫边区和晋察冀边区合并为华北解放区，5 月冀南银行与晋察冀边区银行合并成立华北银行，总行设在石家庄。②

西北农民银行是在与陕甘宁边区银行合并的基础上成立的。1937 年 9 月，共产党在山西兴县开始创办兴县农民银行。所需的银行资金由"战地动员委员会"动员全县富户捐献。兴县农民银行成立后，发行了兴县农民银行币。1939 年，山西军阀阎锡山制造了反共的"晋西事变"，国民党继绝了对抗日根据地的供给，与此同时日军也加强了对根据地的军事扫荡。在恶劣的环境下，为在经济领域与敌人进行有效斗争，晋西北行政公署以兴县农民银行为基础，于 1940 年 5 月 10 日在兴县成立了西北农民银行并发行了西北农民银行币。1937 年 9 月，陕甘宁边区政府成立。同年 10 月 1 日，中华苏维埃共和国国家银行西北分行改组为陕甘宁边区银行，总行设在延安，设有绥德、陇东、三边、关中等分行。随着革命形势的顺利发展，1947 年，陕甘宁边区与晋绥边区统一为西北解放区。该年 3 月，陕甘宁边区银行随边区党政机关转移至山西。9 月，陕甘宁边

---

① 中央档案馆编：《中共中央文件选集》（11），第 615 页，北京，中共中央党校出版社，1987。
② 胡燕龙主编：《新中国金融史》，第 19 页，昆明，云南大学出版社，1993。

区银行与西北农民银行合并。

北海银行是山东解放区的地方银行。1938 年春，山东胶东地区的蓬莱、黄县、掖县三县民主政权建立，由三县和军队筹资并募集了部分民股，同年秋在地处北海之滨的掖县成立了北海银行，发行北海银行券。1940 年山东最高政权机关——战时工作推进委员会（后改为行政委员会）成立，在该会领导下，北海银行总行迁往鲁中区，并发还民股，改为完全由政府经营的银行，先后设立了胶东、滨海、鲁中、鲁南、渤海等分行。

华北银行、西北农民银行和北海银行作为新民主主义时期的革命根据地银行，在长期的实践中也为后来新中国中央银行的创建提供了有益借鉴。一是从货币统一方面来看，在成立之初，其辖区的货币种类繁多，各种货币流通的范围十分狭窄，相互分割开来的地区之间货币不能自由流通，严重影响了根据地之间的物资交流和贸易畅通。因此，发行根据地银行自己的货币、收回各种土杂货币、排挤和肃清敌伪货币从一开始就是三大银行的主要工作。随着抗战和解放战争的胜利推进，过去分割的革命根据地逐步连成一片，三大银行开始着手改变过去辖内根据地银行货币分散发行的局面，一部分地区试行固定比价、混合流通，一部分地区先确定一种货币作为本位币，停止其他货币的发行。通过不断实践，三大银行积累了货币统一的宝贵经验，这也为新中国中央银行成立后所采取的货币统一政策提供了借鉴。二是从管理金融市场方面来看，在解放战争时期，由于法币的恶性通货膨胀，金银日益成为商品交易实际的价值尺度和支付手段，在解放区也逐渐成为影响市场和物价不稳定的一个因素。各地开始也曾实行禁止金银买卖的办法，但是禁而不止，黑市成为公开的秘密。北海银行后来在辖内各地成立了交易所，采取所内公开交易，明码成交，现货交割，交易所进行登记的办法，掌握了上市金银的来龙去脉；建立行情通报网，灵活掌握牌价，适当地进行吞吐。实行这一整套办法之后，就由被黑市牵着鼻子走，转为可以掌握其动向并对其施加影响。这些成功经验，也为新中国中央银行所借鉴。

之所以在华北银行、西北农民银行和北海银行的基础上组建中央银行，并以华北银行为总行的主要原因为：一是华北银行、西北农民银行和北海银行作为新民主主义时期金融体系的重要组成部分，随着解放区的扩大，本身也有了需要统一的客观要求。二是华北、西北和华东解放区由于平津战役的胜利发展，已逐步连成一片，而且中央人民政府的大部分机构和人员均已迁至华北解放区。华北银行、西北农民银行和北海银行所在的根据地较早地实现了解放，较长时期内处在一个相对和平的环境，获得了较大的发展空间，其资金实力不断壮大，业务得以迅速发展，已具备了统一的客观条件。当然，这种选择也并不是要将其他根据地银行排斥在中央银行体系之外，而是限于当时客观条件的限制，只能由华北银行、西北农民银行和北海银行先行一步，组建中央银行，待全国得以解放后，再逐步将其他根据地银行纳入到中央银行组织体系之中，相应地改组为中央银行的分支机构。

二、新中国中央银行总行创建的历程

新中国中央银行总行的建立并不是一蹴而就的，而是在政府的直接领导下，经过充分的酝酿筹备组建起来的。它也经历了从筹备前的准备、筹备期及总行机构的建立到总行机构的进一步完善三个阶段。

（一）筹备前的准备工作

1947 年 4 月 16 日，中共中央决定在太行成立华北财经办事处（以下简称华北财办），统一华北各解放区财经政策，调剂各区财经关系和收支，并决定董必武同志为华北财经办事处主任。华北解放区财经工作的统一，也为金融的统一创造了条件。同年 5 月至 6 月初，在邯郸召开了有华东、晋冀鲁豫、晋察冀、晋绥、陕甘宁边区等代表团参加的华北财经会议（也称邯郸会议）。会议指出："各解放区的货币贸易关系，应即进行适当调整，便利人民的物资交流，使我对敌经济斗争力量加强，步调一致。会议决定，……各区货币应互相支持，便利兑换。"[1] 根据这次会议的精神，1947 年 7—8 月，晋察冀边区银行、山东北海银行和冀南银行在德石路、津浦路沿线的沧州、泊镇、德州、深县、宁晋、新河等地区建立了货币联合兑换所。这些措施有助于各解放区之间金融货币的交

---

[1]　《华北财经会议决议》，1947 年 5 月。

流,大大方便了群众,促进了物资交流和金融发展,也为日后货币的统一、建立统一的银行做好了先期准备。

(二) 筹备期的工作及中央银行总行的建立

固定比价、自由兑换的方式,在一定程度上便利了群众的生活和生产需要,但随着各根据地市场交易和经济往来的日益频繁,自由兑换的方式也难以适应实际的需要,人们更希望有统一的货币流通于市场。为适应形势的变化,1947年9月14日,华东局工委张鼎丞、邓子恢致电华北财办:"建议立即成立联合银行或解放区银行以适应战争,愈快愈好。"12月2日,董必武根据这个建议致电中央,建议组建中央银行,发行统一货币。电报说:"已派南汉宸赴渤海找张(鼎丞)、邓(子恢)商议建立银行的具体办法。银行的名称,拟定为中国人民银行。是否可以,请考虑示遵。名称希望早定,印钞时要用。工委已同意。"中央接到董必武电报后,认为一方面由于当时全国解放区财政、贸易、税收等尚未集中统一,仍分归各解放区管理经营,因此对于是否能有足够物资力量保障新货币的稳定,不致引起金融波动风险,没有充分的把握;另一方面,中央银行建立并发行货币后,担心中央银行是否有供给各区大量新币的能力,同时是否也会产生汇兑不便的问题。因此,中央10月8日复电华北财办并请董必武考虑:"目前建立统一的银行是否有点过早。进行准备工作是必要的。至于银行名称,可以用中国人民银行。"[1]

华北财办认真研究了中央的上述意见,也认为当时建立各解放区统一的银行的条件还不具备,因此决定先成立中国人民银行筹备处,进行准备工作。中国人民银行筹备处由南汉宸负责,先后调入何松亭、石雷、孙及民、秦炎、武子文、王厚溥、赵善普、武博山等进行筹备工作。筹备处在南汉宸的领导下,为中国人民银行的成立和人民币的设计、印制、发行进行了大量卓有成效的工作。1948年4月召开华北金融贸易会议,分析了当时的政治、经济、军事形势,会议指出,在尚未成立中国人民银行的情况下,"我们准备于东西边境上设立两区银行的联合办事处,来掌握货币比价,并用有计划的物资调拨及财政调拨,

---

① 邓加荣、韩小蕙:《南汉宸传》,第 331–334 页,北京,中国金融出版社,1993。

来平衡两地区间的物资交换和货币兑换数量，以保持比价相当稳定，准备于一年以内完成华北各解放区货币的统一工作。"① 至于整理地方货币、发行统一货币的步骤，会议决定："总的原则是先统一本区之货币（东北、华北、西北、中原、华西、华南），然后由北而南，先是东北和华北，其次是西北和中原，然后是华西和华南，最后以中国人民银行之本位币之发行实现全国之大统一。"②

华北财经委员会第一次会议原定 1949 年 1 月 1 日成立中国人民银行，开始发行人民币。后来由于人民解放战争发展很快，当时的政治、经济、军事形势迫切要求发行统一的货币，以便利城乡物资交流，支援军需采购，安定人民生活。为此，1948 年 11 月 18 日，董必武主持召开了华北人民政府第三次政务会议，议题之一就是"成立中国人民银行、发行统一货币"问题。经过认真讨论，会议最后作出关于"发行统一货币，现已刻不容缓，应即成立中国人民银行，并任命南汉宸为中国人民银行总经理，一面电商各区，一面加速准备"的决议。③ 11 月 22 日，华北人民政府向所属各级政府发出金字第一号"为成立中国人民银行、发行统一货币"的训令。12 月 1 日又发出金字第四号布告，宣布中国人民银行正式成立和人民币开始发行。

（三）中央银行总行机构的进一步完善

中央银行为履行职能、适应金融业务发展的需要，按照国家银行的职能和业务类别，内设相应的管理机构。1948 年 12 月 1 日总行成立时，以货币发行和经理财政库款为主，内设 5 个处，分别为人事处、秘书处、货币发行处、会计处、业务处，下辖 18 个科，总行机关职工 126 人。1949 年迁址北平以后，为了全面开展银行业务，充实了银行业务管理机构，总行内设机构增到 17 个处，分别为办公厅、计划处、业务处、放款管理处、农业放款管理处、国外业务处、专业银行管理处、贵金属处、检查处、会计处、发行处、金融行政管理处、组织预算管理处、人事处、总务处、印制管理局和顾问室，④ 机关职工增至 974

---

① 《华北金融贸易会议综合报告》，1948 年 5 月。
② 华北金融贸易会议《关于统一新中国货币问题》，1948 年 5 月 8 日。
③ 《华北人民政府第三次政务会议记录》，1948 年 11 月 18 日。
④ 《中国人民银行总行组织机构表》，1949 年 12 月，中国人民银行电子档案。

人。至 1952 年 4 月，各地区行已全面运转。总行内设机构由处室改为司局，分别为办公厅、计划司、会计司、信贷局、货币发行局、私人业务管理局、农村业务管理局、国外业务管理局、印制局、监察局、华北业务管理局、人事司和教育司等。① 可见，为配合中央银行业务量的增长，政府对中央银行的组织机构体系逐步加以完善，确保了其有效履行发行的银行、政府的银行等各项职能。在国民经济恢复时期，中央银行积极运用货币政策，调控宏观经济，努力开展各项业务，为国民经济的恢复、为以后大规模经济建设提供了金融组织服务体系保障。

---

① 戴相龙主编：《中国人民银行五十年：中央银行制度的发展历程》，第22页，北京，中国金融出版社，1998。

第二节　中央银行分支机构的组建

随着解放战争的顺利进展，需要在新的解放区接管官僚资本主义银行，组建我们自己的中央银行分支机构，形成完整的中央银行组织机构体系，以实现对全国金融业的管理，支持国民经济的全面恢复。

一、边接管，边建行

以国民政府时期"四行二局一库"（中央银行、中国银行、交通银行、中国农民银行、中央信托局、邮政储金汇业局、中央合作金库）为代表的官僚资本金融机构，对外依附于帝国主义，为帝国主义的经济侵略服务，对内则利用其政治和经济上的特权，滥发纸币，投机倒把，大肆掠夺和积聚财富。因此，按照中共没收官僚资本为国家所有的总政策，人民政府对官僚资本金融机构采取了接管的政策；在新解放区，对官僚资本经营的"四行二局一库"、国民政府的省市地方银行、官商合办银行、资本全部属于官僚资本的商业银行（如山西裕华银行、亚东银行等），采取了官僚资本归国家所有，机构接管的措施。

在此过程中，针对官僚资本金融机构组成的不同情况，人民政府采取了差别化的接管措施：一是资本全部没收，进行停业清理，如中央银行、中国农民银行、邮政储金汇业局以及一些省市县银行等。二是没收官股，保留私股权益，改组成专业银行和公私合营银行，如将中国银行、交通银行改组为专业银行，将新信托储蓄银行、中国实业银行、四明商业储蓄银行、中国通商银行改组为公私合营银行。到1950年1月，全国各主要城市共接管官僚资本银行机构191个，接收银行工作人员15,528人（见表4-1）。

对于停业清理的银行并不立即解散，而是根据需要，把接管官僚资本金融机构与建立中央银行分支机构结合起来，在接管的基础上，利用原有银行机构的营业地点和人员办理业务，或改为中央银行的营业部门，或根据业务发展需要，按行政区划重新建立中央银行分支机构。如对所有国民政府中央银行、地方银行及其下属机构，均改编为中央银行的分行、办事处和分理处。

表4-1　　　　　　各主要城市接管官僚资本主义金融机构统计表

单位	合计	武汉	天津	重庆	广州	上海	北京
中央银行	20	5	1	2	3	1	8
中国银行	20	5	5	2	—	3	5
交通银行	26	7	8	2	1	2	6
中国农民银行	30	7	5	7	1	1	9
中央信托局	5	2	—	—	—	1	2
邮政储金汇业局	5	—	—	—	4	1	—
中央合作金库	8	—	2	1	1	2	2
省银行	41	14	8	9	—	—	10
市银行	12	—	3	—	7	—	1
其他官僚资本银行	6	—	1	1	—	4	—
官商合办银行	5	—	—	—	—	5	—
接管机构总计(个)	191 (其他13)	40	38 (其他5)	27 (其他2)	17	26 (其他6)	43
接管职工总计(人)	15,528	794	1,197	1,250	353	10,671	1,263

　　资料来源：中国社会科学院、中央档案馆编：《1949—1952 中华人民共和国经济档案资料选编金融卷》，第66-67页，北京，中国物资出版社，1996。

二、改组原根据地银行

　　早在土地革命和抗日战争时期，中国共产党领导的根据地就建立了人民自己的银行。经过陆续合并、撤销、新建，到解放战争胜利前夕，各解放区有各自独立经营、分散管理的银行30多家。[①] 组建中央银行以后，原华北银行、北海银行、西北农民银行的各分支机构也于12月1日一律改为中央银行的分支机

――――――――――

　　① 戴相龙主编：《中国人民银行五十年：中央银行制度的发展历程》，第20页，北京，中国金融出版社，1998。

构。其他解放区的银行，随着战争的发展，相继按行政区划的设置，也成为中央银行的分支机构。

三、总区分支四级建制组织机构体系的初步形成及其进一步完善

在边解放、边接管、边建行和边办银行业务的过程中，本着集中统一、城乡兼顾、提高效率、力求精简的方针，中央银行机构的设置与行政系统尽可能一致，形成了初期中央银行总、区、分、支行四级建制的组织机构体系（见表4-2）。截至1949年12月，中央银行建立了华东、中南、西北、西南4个区行，[①] 40个省、市分行，1,200多个县（市）支行及办事处。[②]

表4-2   中央银行分支机构及其主要职责表

中央银行机构层级	设址	主要职责	上下级领导关系
区行	设于大行政区人民政府所在地	依据总行的政策方针和计划，组织领导区内各级行处工作；指导监督区内各专业行与保险公司的工作；经理大行政区的区金库；组织辖区内金融行政管理工作	受总行直接领导，并受大行政区人民政府（或军政委员会）的指导，对下直接领导区内各分行
省分行	设于省人民政府所在地	设立营业部，直接经营省会市区内的金融业务；依据总行区行的计划和指示，具体组织并领导所属行处的工作；组织辖区内金融行政管理工作；指导监督并协助各专业银行和保险公司工作；经理省级金库并办理省级机关及企业的现金管理及划拨清算等工作	受区行直接领导并受省人民政府的指导，对下级直接领导省内各中心支行及支行

---

① 东北解放较早，初期保留了原东北银行建制，1951年4月1日改组为中国人民银行东北区行。
② 《当代中国》丛书编辑部：《当代中国的金融事业》，第42页，北京，中国社会科学出版社，1989。

续表

中央银行机构层级	设址	主要职责	上下级领导关系
市分行	设于中央及大行政区直辖市	设立营业部及街道办事处，直接经营银行业务；经理市金库并办理市级机关及企业的现金管理划拨清算等工作；掌管本市金融行政管理工作	受总区行的领导，并受同级政府的指导，对下直接领导所属各部及街道办事处
支行	分为中心支行与支行两种，中心支行设于专署所在地，支行主要设于县政府所在地	支行为具体经营金融业务之行；中心支行除经营当地业务外，对辖内支行并负责领导或督导，其领导范围限于与专署联系而组织推动本区内全面性工作	中支受分行直接领导并受专署指导，支行受分行领导及县政府指导外，在工作计划与业务进行上并受中心支行的领导或督导。中支与支行对下分别直接领导所属分理处及营业所
街道办事处	设于城市之主要街道	为经营具体业务的省市分行派出机构，本着精简普遍执行综合业务原则，由主管分行为之划定业务区域	省分行所设之街办由营业部领导，市分行所属之街办由市分行直接领导，街道办事处对下领导分理处

资料来源：中国社会科学院、中央档案馆编：《1949—1952中华人民共和国经济档案资料选编金融卷》，第54—56页，北京，中国物资出版社，1996。

区行设于大行政区人民政府所在地，受总行直接领导，并受大区人民政府（或军政委员会）的指导，对下直接领导区内各分行。省级分行设于省级人民政府所在地，为省内管辖行，受区行直接领导，并受省人民政府指导。依据各省人口、县数和一般经济条件，省分行机构规定为四个等级。省内各中心支行及支行受省分行直接领导。建立比较早的内蒙古人民银行在1951年4月1日改组为中国人民银行内蒙古自治区分行。以后，新疆维吾尔自治区银行改组，并入中国人民银行新疆自治区分行。支行设于县级政府所在地，依据所在地人口多寡分为五个等级。多数按县的建制设立了支行，边远县和重要的工矿区设立办事处。城市主要街道设立了办事处或分理处。

为进一步完善机构设置，1951年1月25日，第二届全国金融会议作出了有关机构设置问题的决定，按照"精减层次，提高效率"的原则，逐渐加强分行对支行的领导，缩减中心支行一级的管理职责。会议提出要取消中心支行的会计单位，如分行所辖支行不多，交通较为方便者，应即取消中心支行。因工作需要有保留必要者，要由区、分行根据具体情况，逐项规定其职权，明确其责任。① 到1951年底，总行、区行、分行、支行四级机构基本建成，一个上下贯通、遍布全国的中央银行组织机构体系初步形成。

四、支持农村金融发展，在乡村地区普建银行机构

1951年，中央银行召开了全国第一届农村金融会议，为配合农村金融发展，帮助农民从各方面解决资金困难、推进农业生产，会议提出了"机构推下一层"的问题，即国家银行的机构必须由县一级再推下到区乡集镇一级。② 要求不仅各区、省行必须成立农村金融工作部门外，而且各县都要根据实际情况选择几个集镇（首先在特产区）设集镇营业所或工作小组，以集镇作为据点，流动于管区内，开展农村金融工作。根据会议要求，中央银行各地县级支行于重要集镇开始设立固定的营业所或流动的工作组，以配合农村金融工作的开展。

---

① 中国社会科学院、中央档案馆编：《1949—1952中华人民共和国经济档案资料选编金融卷》，第57页，北京，中国物资出版社，1996。

② 《南汉宸在第一届全国农村金融会议的总结报告》，载《中国金融》，1951（7），第18页。

第三节　新中国中央银行的特点

一、一元式的中央银行

一元式中央银行制度是相对于二元式中央银行制度而言的，它主要指一国只设立一家统一的中央银行行使中央银行的权力和履行中央银行的全部职责。中央银行机构自身上下是统一的，机构设置一般采取总分行制，逐级垂直隶属。中央银行的总行或总部通常都设在首都，根据客观经济需要和本国有关规定在全国范围内设立若干分支机构。一元式中央银行制度的特点是权力集中统一、职能完善、有较多的分支机构。中国的中央银行就是采用一元式组织形式。此特征与国民政府的中央银行是较为相似的。同样，世界上大多数中央银行也均采取此种模式。

二、双重性的中央银行

新中国成立初期，我国的中央银行是一家集中央银行职能和商业银行职能为一身的机构。它既承担着货币发行、经理国库、制定货币政策和监督管理金融机构等职责，同时也像其他银行一样，吸收存款、发放贷款。这种双重性的中央银行制度在中央银行发展的初级阶段是比较常见的，如英格兰银行、国民政府时期的中央银行。回顾世界其他国家中央银行的发展史，部分国家的中央银行在早期发展阶段，均由政府授予了一般商业银行的经营业务权利。这不仅是因为这些国家的中央银行是在商业银行的基础上演变而来，而且也是政府出于集中资金、发展生产、实现工业化的需要而采取的办法。新中国中央银行在成立的初期也是如此，一方面其要代表国家行使中央银行职能，另一方面也要从事商业银行的业务，更好更快地吸收资金，重点支持国民经济的恢复和发展。

三、全部资本为国家所有的中央银行

从资本构成来看，中央银行可分为全部资本为国家所有的中央银行、国家股和商股相混合的中央银行、全部股份为非国家所有的中央银行、无资本金的中央银行和资本多国共有的中央银行。一般来说，历史比较久远的中央银行大多为私营银行或股份银行演变而来，最初的资本金大多为私人投资或股份合作。随着中央银行地位的上升和作用的增强，为了更好地行使中央银行职能，许多国家认为排除私人股本更为适宜，所以国家通过购买私人股份的办法逐渐实行了中央银行的国有化，如加拿大银行于 1938 年、法兰西银行于 1945 年、英格兰银行于 1946 年、荷兰银行于 1948 年、挪威银行于 1949 年、印度储备银行于 1949 年、德国联邦银行于 1958 年[1]分别被本国政府将其全部股本收归国有。新中国中央银行的产生具有一定的特殊性，它不是在历史悠久的大商业银行基础上演变而成，而是由各革命根据地分散的小银行，通过合并组建的。不同于中国近代史上的中央银行，新中国的中央银行的资本构成中没有商股，是全部资本为国家所有的中央银行。作为新中国中央银行前身的华北银行、西北农民银行和北海银行，均是由各行所在的根据地政府直接创建的。新中国成立后，将各地官僚银行资本变为国家资本，作为开办中央银行各级分支机构的资本。

---

① 王广谦：《中央银行学》，第 25 页，北京，高等教育出版社，2000。

第四节　新中国中央银行创建的现实原因

一方面，马列主义的银行建设思想和毛泽东的新民主主义经济理论为新中国中央银行的创建奠定了思想基础；另一方面，新中国中央银行的组建也有其诸多的现实原因。

一、国民经济恢复和发展的需要

解放前的中国，是一个封建生产关系占据支配地位的广大农村与帝国主义、官僚资本操纵经济命脉的城市相结合，所构成的贫穷落后的经济体系。这个经济体系的显著特点是生产力水平低下，经济结构畸形，资本总量低与官僚资本相对集中，城乡之间与区域之间发展极不平衡和市场发育水平低。在长期遭受严重的战争创伤之后，这些特点更加突出，并且进一步出现了生产萎缩、通货膨胀、市场紊乱等严重局面。"帝国主义长期控制着我国的主要经济命脉，把中国作为他们掠夺原料、倾销商品和输出资本的市场。在抗日战争以前，帝国主义垄断了中国煤产量的70%，铁产量的95%以上，航运吨位的73%（其中外洋航线占83.8%）和绝大部分的公用事业，并且控制着我国的金融、保险和对外贸易。它们使用各种特权，攫取惊人的高额利润。"[①] 解放前我国部分重要物质的最高产量，钢只有92.3万吨，原煤6,188万吨（主要集中于日本占领的东北），粮食为15,000万吨，棉花85万吨，远远落后于主要资本主义国家。而到经历数年战乱后的1949年，工农业产品的产量更是明显低于历史上最好水平（见表4-3），基本生产资料严重不足，生产资金匮乏，国民经济陷入濒临崩溃的边缘。

[①]　薛暮桥等：《中国国民经济的社会主义改造》，北京，人民出版社，1959。

表4-3 旧中国主要工业和农产品的历史最高年产量与1949年比较

产品	单位	解放前最高年产量		1949 年产量	1949 年占解放前最高年产量的比例（%）
		年份	年产量		
电力	亿度	1941	59.6	43.1	72.3
原煤	万吨	1942	6,188	3,243	52.4
原油	万吨	1943	32.1	12.1	37.7
钢	万吨	1943	92.3	15.8	17.1
生铁	万吨	1943	180.1	25.2	14
硫酸	万吨	1942	18	4	22.2
烧碱	万吨	1941	1.2	1.5	125
纯碱	万吨	1940	10.3	8.8	85.4
化肥	万吨	1941	22.7	2.7	11.9
机床	万台	1941	5,390	1,582	29.4
水泥	万吨	1942	229	66	28.8
纱	万吨	1933	44.5	32.7	73.5
布	亿米	1936	27.9	18.9	67.8
机制纸	万吨	1943	16.5	10.8	65.4
卷烟	万箱	1947	236.3	160	67.6
糖	万吨	1936	41.4	19.9	48.1
粮食	万吨	1936	15,000	11,218	74.79
棉花	万吨	1936	85	44.4	52.24
大牲畜	万头	1935	17,151	6,002	35

资料来源：国家统计局编：《伟大的十年（中华人民共和国经济和文化建设的成就统计）》，第92页，北京，人民出版社，1959；《中国农村统计年鉴（1989年）》，第100、132、143页，北京，中国统计出版社，1989。

因此，新中国成立后，如何尽快恢复和发展国民经济成为党和政府的中心任务。而要进行大规模的经济重建，促进工农业的发展，资金的筹集和有效分配无疑是成功的关键。在当时财政收入十分有限的条件下，就更需要发挥中央银行扶持生产的作用，集中国家的资金，通过信贷，有效支持企业的生产和经营，通过迅速及时地银行清算，加快资金周转，活跃商品流通，重塑市场信心，促进国民经济的恢复和发展。

二、统一货币发行和治理通货膨胀的需要

清末以来，随着帝国主义的侵略和封建政治的解体，我国的币制即开始陷入混乱状态。1935 年国民党政府币制改革以前，市场上除了银两、银元混用外，不少地方银行（主要为省行）、外国银行、私营行庄也都发行过在市场上流通的纸币（尚不包括各革命根据地和伪满蒙政权发行的货币）。仅就银元来说，就有鹰洋（因上有鹰的图案而得名，又称"墨西哥洋"）、龙洋（因上面有龙的图案而得名，清政府铸造）、大头银洋（又称"袁大头"，上有袁世凯头像，北洋政府铸造）、船洋（因上面有帆船图案而得名，南京国民党政府铸造），此外还有英国、法国、日本过去发行的银元；如果再算上地方政府铸造的成色低的各种银元，其种类达几十种之多。

1935 年国民党政府的币制改革，试图结束混乱，实现货币统一，使我国的货币走上现代制度。但是不久爆发的日本全面侵华战争，不仅使国民党的货币统一落空，而且法币（纸币）的发行，反而为国民党政府实行通货膨胀政策提供可能。从 1937 年 6 月到 1948 年 8 月，法币发行量从 14.1 余亿元增至 664 万余亿元，上升了约 47 万倍，同期上海的物价指数上涨了 492.7 万倍。物价指数上涨，超过了货币发行指数的 10 倍以上（见表 4 - 4）。

表 4 - 4　　　上海法币发行数量、发行指数与物价指数的比较

时间	上海物价指数 （1937 年 1—6 月为 1）	发行指数	发行额（10 亿元）
1937 年 6 月	0.99	1	1.41
1937 年 12 月	1.24	1.16	1.64
1938 年 12 月	1.15	1.64	2.31
1939 年 12 月	3.08	3.04	4.29

续表

时间	上海物价指数 （1937 年 1—6 月为 1）	发行指数	发行额（10 亿元）
1940 年 12 月	6.53	5.58	7.87
1941 年 12 月	15.98	10.71	15.10
1942 年 12 月	—	24.40	34.40
1943 年 12 月	—	53.46	75.40
1944 年 12 月		134.36	189.5
1945 年 12 月	885.44	731.62	1,031.9
1946 年 12 月	5,713.13	2,641.8	3,726.1
1947 年 12 月	83,796.04	23,537	33,188.5
1948 年 8 月	4,927,000	470,705.39	663,694.6

注：上海物价指数自 1942 年 6 月至 1945 年 8 月，只有用伪中储券计算的指数，因此未列上。

资料来源：中国社会科学院、中央档案馆编：《1949—1952 中华人民共和国经济档案资料选编金融卷》，北京，中国物资出版社，1996。

　　国民党政府在其统治的最后几年中，为了支持其内战，弥补巨额财政赤字，日益加剧增发纸币；法币崩溃后，又从 1948 年 8 月 21 日起按 300 万元法币兑换 1 元金圆券的比率，发行金圆券。截至 1949 年 5 月，在不到一年的时间内，金圆券的发行从 2 亿元增至 67.9 余万亿元，纸币发行量增加了将近 34 万倍。国民党政府在其最后暂时盘踞的西南、华南地区又发行了银圆券来维持财政支出需要。但银圆券流通的地区很小，只经过几个月的时间，就随着人民战争的胜利被清除出市场流通领域。抗战胜利以后，在国民党统治区，尽管国民党政府实行币制改革和禁止金银、外币流通，要求人民将其兑换成国民党政府发行的纸币，但是并不能阻止金银、外币的广泛流通。在城市，金银、外币实际上已经取代了金圆券成为市场流通中的等价物；在乡村，由于银元、铜币等硬通货不足，以物易物在市场流通中的比重越来越大，粮食、布匹在许多地方成为市场交换的等价物。剧烈的通货膨胀也为外国货币占领我国市场打开了大门。除了美钞、港币广为流通外，在市场上还流通着英镑、法郎、叻币（新加坡币）、越币、葡币、印度卢比、缅币等各式各样的外币，除苏联及东北亚国家外，几乎周边国家和华侨较多国家的货币在中国市场流通中都被派上用场。

另一方面，在 1948 年前，各解放区的货币种类依然繁多，如晋察冀用的是边币，晋冀鲁豫用的是冀南币，山东用的是北海币，西北用的是农民币，东北用的是东北币。尽管已在各解放区着手进行固定比价、自由兑换的工作，但随着解放战争的胜利发展，各解放区已逐步连成一片，不同种类货币的流通给人民的生活和商品的流通带来了诸多不便。在这种形势下，迫切要求统一货币发行和货币流通，逐步改变各解放区战争环境下那种各自为战的、地域性的金融工作状况。正如南汉宸在向毛泽东汇报时所提出的："建立全国统一的银行和货币势在必行。我们不能像八国联军进北京那样，各带各的票。"

因此，客观上需要成立中央银行，以便肃清各种敌币和外币，发行统一的货币，稳定通货膨胀，便利人民生活，促进经济生产。

三、管理金融机构的需要

新中国成立前，不仅存在着以国民党官僚资本控制的"四行二局一库"，还有相当数量规模较小的私营金融机构，如一些小银行、钱庄、信托公司等。以上海为例，解放前夕，所有官僚资本的国家银行、省市银行及官商合营银行共有 17 家，私营银行、钱庄及信托公司 200 家，外商银行 13 家，总计 230 家。[①]在战时通货膨胀情况之下，大多数银行生存主要是依赖投机与高利贷。投机包括买卖黄金、美钞、美汇，以及囤积纱布或粮食等重要商品。放款不是主要业务，银行的资金及大部存款移入后账，然后用于投机囤积。存款利息远低于物价指数，黄金、美钞、外汇以及纱布、粮食等却成为物价上涨的先导，中间的差额是银行的投机利得。高利贷是低利吸收存款，高利贷出，中间利差扩大。在通货膨胀、金融物价混乱的过程中，银钱业得到了畸形的发展，它们不是靠着扶植生产、融通资金的所得，而是靠着经营高利贷、囤积倒把以取得高额的

---

① 《上海市金融沿革及一九五○年概况》，载《档案与史学》，1994（2）。

投机利润。银钱业为投机者吸取资金，成了投机者的温床。因此，亟需有一中央银行，一方面合理引导私营金融业的健康发展，防止其进行投机活动，引导其将资金投向企业生产等方面，另一方面加强对私营金融业的管理，对于不符合发展要求、过度投机的银行和钱庄给予坚决清理，以更好地稳定金融市场。

社会主义银行总的说来是以贯彻社会主义生产目的，注意流通分配对生产的反作用，促进社会主义经济建设为其宗旨的。在众多银行中，有了中央银行就能够更好地推动全国的金融工作，统一管理与协调全国的金融机构。它通过综合灵活地运用货币、信贷、外汇、利率等经济手段来活跃经济、调剂金融、稳定物价，从而达到预期目的。

第五章 银行主导型的金融体系与中央银行的职能定位

第一节 金融体系的界定与类型

金融体系是一个经济体中资金流动的基本框架，它是资金流动的工具、市场参与者和交易方式的综合体，换言之，金融体系主要由金融工具、金融中介和金融市场组成。这一概念界定可以从西方国家早期金融体系的形成和演变中找到依据。

在 18 世纪初期前，早期的金融体系经历了三个阶段：一是金融体系的产生阶段（公元前 7 世纪到公元 13 世纪）。这一时期金融体系的主要特征是：金融工具局限于贵重金属或金融货币；贷款被用于个人消费需要，农业生产和贸易融资；金融中介局限于货币兑换者、货币借贷者和银行。最早的金融体系之一产生于美索不达米亚（Mesopotamia）。到公元前 7 世纪，银币已成为唯一的货币，为提供消费需要和耕种的种子，地主、商人以及庙宇和皇室财库开始发放贷款。如果借款者违约，他们的家庭会被迫成为放贷人的奴隶。在古希腊，雅典人创造并发展了功能超出简单支付系统的金融体系，这个金融体系在公元前 6 世纪开始发展，并在公元前 4 世纪取得了实质性的进展。流通过程中存在着大量来自希腊其他城市和波斯的各种银币，由此导致了货币兑换者的产生，并且出现了接受存款、发放消费贷款和船押贷款（Bottomry Loans）的银行。古罗马帝国的金融体系有了更加进一步的发展，人们使用金币和银币，货币兑换者显得更为重要，他们在全国范围内转换货币。货币借贷者除了向无节制挥霍的富人发放消费贷款，也贷款给那些暂时面临困难的小农场主。二是金融体系的发展阶段（公元 13 世纪到 15 世纪）。这一时期金融体系的主要特征是：金融工具更为多样化，包括贸易信贷、抵押和政府及公司债券；金融机构包括早期类型的银行和保险公司，政府和公司债务的交易较为有限，主要发生在非正式市场上。在西欧一些城市，为了方便商人在集市上进行国际贸易，人们发展了记录每个商人在集市期间发生的权益和负债的系统，集市结束时，集市的官员将确认权益和负债记录，只有净支付才结算货币。随后，在意大利北部城市，人们又将这种簿记清算推进了一步，发明了汇票，从而成功推动了现代意义上的商业银行的产生和发展。到 14 世纪，佛罗伦萨、巴迪和佩鲁齐的银行发展到相当大的规模，并在欧洲其他地方扩展其分支网络。与此同时，在意大利北部，海运保险变得十分重要，人寿保险也被引入。此外，在有限程度上，合伙企业和公司还可以交易。三是金融体系的较为成熟阶段（公元 15 世纪到 18 世纪）。这一时期金融体系的主要特征是：金融市场更加正式化。政府通过金融机构，如中央银行，更多地涉足金融市场。从 15 世纪开始，由于战争造成的违约或者其他政治事件引起的金融危机，导致金融中心性频繁变动。1521 年，法国费朗西斯一世没收了佛罗伦萨人在巴黎、里昂和波尔多的财产，并在 1529 年不支付佛罗伦萨银行家的债务，使佛罗伦萨失去了金融中心的地位。在接下来的一段时间内，威尼斯成了金融中心。1620 年起，阿姆斯特丹开始长时期占据金融中心地位，这一地位的取得，得益于 1608 年阿姆斯特丹证券交易所和 1609 年阿姆斯特丹银行的创建。1668 年，瑞典政府接管了创建于 1656 年的瑞典银行，后者成为世界首家中央银行，并开始发行货币。

在 18 世纪前，金融体系在各国并未存在明显的区别，尚未产生不同的类型。而 1719—1720 年发生的两件相互关联的事件——英国的南海泡沫和法国的密西西比泡沫事件成为金融体系发展的分水岭。这两个国家采取的两种截然不同的应对措施，促使两种不同类型金融体系形成：以英国为代表的市场主导（Market–based）的金融体系，以法国为代表的银行主导（Bank–based）的金融体系（Franklin Allen，Douglas Gale，2002）。这种区分主要是基于金融中介和金融市场在金融体系中的重要性大小，以及两者在资源配置中所起的作用大小。在英国，金融市场（这里说的"金融市场"是指组织化的证券市场，如股票、债券、期货合约和期权市场）历史悠久，且起到了重要作用，在南海泡沫事件发生后初期，英国政府对股票市场进行了严厉的管制，出台了《泡沫法》，规定联合股份公司的成立必须具备皇室特许证，而特许证必须通过国会批准才能获得。这项法律在1824年予以废止，这样无须专门的国会批准就可以自由地成立公司，导致上市公司的大量增加。再加上大不列颠和世界其他地区的铁路建设以及对资本大量的需求，英国资本市场很快就得到了迅速发展。法国在密西西比泡沫事件后，政府设立了一个官方交易所来管理和规范股票市场，法国大革命的爆发使得该交易所关闭。虽然该交易所随后开始运作，但其股票市场在整个19世纪和20世纪的大部分时间里都没有得到实质性的发展，典型事例是1842—1845年为法国铁梅筹资的第一批债券是在伦敦股票交易所发行的。简言之，市场主导型的金融体系，相比较金融中介，企业融资以直接融资为主，金融市场在资源配置中起着更为重要的作用。而银行主导型的金融体系，相比较金融市场，企业融资以间接融资为主，金融中介在资源配置中起着更为重要的作用（见图5－1）。

	美国	英国	日本	法国	德国
金融市场：	最重要	最重要	发达	相对不重要	不重要
银行：	竞争性集中度	低 ——————————————————→			高
外部公司治理：	敌意接管	敌意接管	主银行系统	开户银行系统	

资料来源：［美］Franklin Allen，Douglas Gale：《比较金融系统》，第4页，北京，中国人民大学出版社，2002。

图5－1 金融体系概览

关于是否存在金融体系的区分，也有学者提出了不同意见。C. Mayer 在1988年和1990年发表的两篇论文中，提出了一个重要的问题：各国的企业是如何融资的？通过分析得出一个不同的结论：在美英等主要发达国家的企业资金来源结构中，企业内部资金是最重要的，在外部资金来源中，银行贷款是最重要的，而股权融资的比重通常较小。[①] 这一结论使得金融体系的划分变得比较困难，因为至少从企业融资的角度来看，各国的金融体系差别并不大。J. Corbett 和 T. Jenkinson 基本沿用了 Mayer 的资金流量分析方法，将统计期间扩展为1970—1994 年，从企业融资的角度否定了金融体系的差别。[②] Mishkin 认为世界各国金融体系的结构和功能都是十分复杂的。一个国家金融体系存在着许多不同种类的机构：银行、保险公司、互助基金、股票和债券市场等，而银行是我们经济中最大的金融中介机构。他进一步补充了 Mayer 的结论，发现：在美英等主要工业国家中，发行股票并非工商业企业融资的最重要来源；发行可流通证券不是企业为其经营活动融资的主要方式；间接融资，即有金融中介机构参与其间的融资，比起直接融资，即工商企业在金融市场上直接融资，其重要性要大出数倍；银行是工商业外源融资的最重要来源。[③]

金融体系存在的根本原因在于其能以最经济合理的方式满足社会经济的需要，能够有效实现储蓄向投资的转化功能，承担动员储蓄、融资和资源配置等基本职能。即使不同的金融体系中企业资金来源近似，也不能否定不同的金融体系的存在，因为金融体系的功能不仅是提供资金，更重要的是在提供资金的过程中如何实现有效资源配置等功能。简言之，问题不在于融资的数量，而在于融资的效率。基于此，本书采用 Franklin Allen 和 Douglas Gale 的金融体系分析框架，即以金融中介（主要是银行机构）和金融市场（主要是股票市场）在金融体系重要性的不同来区分金融体系的类型。尽管此分析框架主要是以西方发达国家的实践为背景，但由于其来自金融体系形成和演变的历史分析，因此对我国仍具有较好的借鉴意义。根据 Allen 和 Gale（2002）的划分标准，美、英

---

① C. Mayer（1998），"New issues in corporate finance"，European Economic Review，32：第 1167 – 1189；（1990）"Financial system，corporate finance，and economic development"，in R. G. Hubbard ed. Asymmetric Information，Corporate Finance and Investment，the University of Chicago Press.

② Cobbett，J. & T. Jenkinson（1997），"How is investment financed：A study of Germany，Japan，the United Kindom and the United States"，the Manchester School Supplement：第 69 – 93 页.

③ Mishkin：《货币金融学（第六版）》，第 174 – 175 页，北京，中国人民大学出版社，2005。

是市场主导型的代表，而德、日、法则是银行主导型的典型。那么新中国成立之初的金融体系究竟属于何种类型，在此种金融体系内中央银行又扮演了什么角色？由于这与中央银行职能作用的发挥有着密切的联系，因此需要对此进行深入、细致的分析。

第二节　金融中介与金融市场重要性对比分析
——以银行机构和股票市场为例

一、银行机构

国民经济恢复时期的银行机构主要包括中央银行、专业银行（中国银行及交通银行等）、公私合营银行、私营金融业、外国银行和农村信用合作组织。

中央银行：这是全国金融机构的主管部门，新中国成立初期，按照"边接管、边建行"的方针，迅速组建起遍布全国范围的"总—区—分—支"四级组织机构体系。

专业银行：中国银行的前身是清光绪年间的大清银行，它正式成立于 1912 年，当时为官商合作银行。1928 年成为国民党政府的国际汇兑银行，1935 年以后被国民党官僚资本控制，其时，官股占三分之二，商股占三分之一。交通银行也是历史悠久的老牌银行，创建于 1908 年，当时创办的动机是为了募款赎路，挽回利权，之后成为专司经理轮、路、电、邮四政收支的专业银行，国民政府时期，被国民党官僚资本控制。不同于中央银行、中国农民银行等其他官僚资本银行，中国银行和交通银行在全国信用很高，在国外还有分支机构，且在资本组成中，除了官僚资本外，还有民族资本。因此，考虑到中、交两行的特殊性，中央确定了"对中、交两行在解放后办成国家专业银行"的特殊政策。在接管两行时，采取了"保留原名义、原机构、原封复业、稳步改造，尽快恢复营业"的方针。中国银行、交通银行在接管后，中央没收其官股，保留私股权益，改组董事会。改组后的中国银行和交通银行分别成为中央银行领导下经营外汇业务和工矿交通事业长期信用业务的专业银行。

公私合营银行：早期的公私合营银行是指公股占 50% 以上的新华银行、四明银行、中国实业银行及中国通商银行。由政府派出公股董事与私股派出的代表一起组成董事会，改组为公私合营银行，后陆续有 13 家较大的私营银行先后改组为公私合营银行。在国民经济恢复时期，公私合营银行在中央银行的政策指导下，经营一般银行业务，成为公私金融业之间的桥梁和中央银行业务上的助手。

私营金融业：中国的私营金融业是民族资本的金融业，在历史上曾对促进民族资本工商业的发展发挥过积极作用。但在国民政府统治后期，由于长年战争和恶性通货膨胀的影响，难以正常经营存放汇业务，大多数私营金融业从事投机活动，也造成了私营金融业的畸形发展。新中国成立时，全国的私营银行、钱庄、信托公司及其分支机构共有 1,032 家。[①] 它们大都具有业务衰退、资力薄弱和投机性大的特点。考虑到解放初期私营工商业在国民经济中还占有相当大的比重，在国家银行尚无余力和私营工商业建立广泛信用关系的情况下，私营金融业可继续在信用领域里发挥一定的补充作用，以利于发展生产和恢复国民经济。因此，对于私营金融业，国家没有采取直接剥夺的政策，而是实行利用、限制和改造的政策。一方面允许它们正当经营，获得一定的利润，发挥其有利于国计民生的一面；另一方面打击和限制其从事投机、不利于国计民生的经营活动。之后，国家引导私营金融业实行联放、联营、联管，最终走向全行业公私合营的道路。国民经济恢复时期，私营金融业对于恢复发展生产、活跃城乡物资交流发挥了一定的作用。

外国银行：鸦片战争后，资本主义国家纷纷来华开设银行，凭借其政治、经济特权，在中国发行货币，垄断国际汇兑，操纵金融外汇行市，控制中国对外贸易等，对旧中国进行经济掠夺。因此，取消外国银行在中国的特权，不仅关系到国家经济上的独立自主，而且也关系到政治上的主权问题。因此，新中国成立后，我国政府明确了"取消外国银行特权，允许其在遵守中国政府法令的条件下继续营业，对其合法权益，给予保护；指定中国银行为外国银行的专职管理机构，加强对外国银行管理"等政策，采取了"规定和限制外国银行业务范围；督促清偿旧欠，维护中国债权人的利益"等具体措施。由于特权丧失，垄断利润立即消失，业务迅速萎缩，绝大多数外国银行相继申请歇业，到 1952 年底，外国银行继续营业的只有汇丰银行、渣打银行等 6 家。

---

① 杨希天主编：《中国金融通史（第六卷）》，第 22 页，北京，中国金融出版社，2000。

农村信用合作组织：建立和发展农村信用合作组织，依靠群众自己的力量，解决群众生产和生活上的困难，发展和壮大集体经济，支持农民走社会主义道路，这是党的一贯政策。中国的农村信用合作组织也有着较长的发展历史，早在第二次国内革命战争时期，就在革命根据地进行了积极的实践。1951 年中央银行提出"积极发展信用合作"的方针，决定通过重点试办，取得经验，逐步推广。经过两年的实践，信用合作事业得到了初步发展。到 1953 年，共建立了9,400 多个信用社，20,000 多个信用合作组，3,000 多个供销社内部的信用部；入股农民 6,000 多万户，吸收股金 1,200 多万元，存款 7,400 多万元，贷款7,700 多万元。[①] 农民依靠自己的力量，解决了生产和生活上的资金困难，促进了农业互助合作运动的开展，被农民称为自己的"小银行"。

二、股票市场

国民经济恢复时期的股票市场经历了"关闭—开放—关闭"的过程。1949年初天津解放以后，一方面由于过去国民党的长期恶性通货膨胀和战时经济政策导致正当工商业萎缩，市场投机猖獗，另一方面人民币信用尚未得以建立。因此，天津市场的大量游资就转入股票市场进行投机，严重干扰了正常的商业、金融活动，造成市场混乱。在这种情况下，天津市军管会在进城之初，就明令停止证券交易活动。由于股票买卖被视为非法活动，受到工商部门的严厉取缔，因此这部分社会游资又转向商品市场，从而增加了商品市场的压力，给稳定物价、疏导游资的工作增加了困难。同时，尽管公开的股票买卖被禁止，但黑市交易却难以杜绝。鉴于此，政府认为，对于证券交易，与其严加取缔，不如公开开放，以便在政府调控下，吸收部分社会游资，减轻其对商品市场的冲击；同时，开放股市，也有利于稳定私营工商业者的情绪，消除其疑虑，调动其恢复和发展生产的积极性。因此于 1949 年 6 月 1 日，政府恢复设立了天津市证券交易所，并正式开业。1950 年 2 月 1 日，基于同样原因，北京市证券交易所也正式成立开业，上市股票则为天津证交所上市股票中的部分股票。

---

① 杨希天主编：《中国金融通史（第六卷）》，第 29 页，北京，中国金融出版社，2000。

天津证交所 1949 年 6 月 1 日开业后，市场活跃，证券行情围绕物价起伏。上海解放后，1949 年 6 月 20 日申汇开放，上海物价波动直接影响天津，股票价格随之波动，交易活跃。当时股票价格涨落的依据仍与解放前相同，即追随物价的变化而又落后于物价。如以 1949 年 6 月股票价格为 100，到年底只涨到 479.9，而零售物价指数 6 月份为 100，至年底则涨到 1,327.7。此外，股市行情的上涨也落后于存款利息，如启新洋灰公司股票每交易单位 6 月 7 日收盘行市为 39,500 元，8 月 31 日为 88,500 元，得利 124%，而同期如以一般存息日拆每千元 5 元复利计算，则应得本息 115,299 元，得利 166%。由于上述原因，加上解放后社会游资减少并由集中转为分散，因此即使在交易所开业初期股市活跃时，每日成交数量也仅为解放前的一半左右。1949 年平均每天成交额为人民币 11 亿余元，而实际交割金额平均每天为 1.08 亿元，占成交额的 9.8%。这说明在证券交易中，买空卖空、套取现利的占大多数，真正通过买股票投资的人很少。自 1950 年 6 月国家开始调整工商业以后，城乡物资交流畅通，市场需求转旺，加上物价趋于稳定，因此社会上的大部分游资转向资金短缺的生产流通环节，结果证券市场日趋冷落。天津证交所 1950 年的交易额大大低于 1949 年，北京证交所 1950 年底的成交额与 4、5 月份相比，则减少 50%。不少经纪人因亏损或无利可图而倒闭或歇业。1952 年政府最终关闭了各地的股票市场。

三、银行机构与股票市场的重要性比较

对于银行机构与股票市场在金融体系的重要性的比较，可以从两方面进行考察：一是融资的数量，二是融资的效率。

从融资的数量来看，1950 年国家银行、合营银行和私营行庄向私营事业累计发放贷款 15.49 万亿元，而天津证券交易所成立当年所有股票的成交总量为 1,970.73 亿元，[①] 企业从银行机构与从股票市场的融资量之比为 78.6∶1。也就是说，通过银行机构的间接融资，比起通过股票市场的直接融资，其融资规模

---

① 中国社会科学院、中央档案馆编：《1949—1952 中华人民共和国经济档案资料选编金融卷》，第 371-495 页，北京，中国物资出版社，1996。

和数量均要大得多。

　　融资的效率又可从融资的成本、融资的范围、融资的效果三方面来分析。从融资成本来看，一般来说，直接融资与间接融资相比，由于不用支付利息等中介费用，对于融资方的上市企业而言，其融资成本要比间接融资低。但对于提供资金的投资者而言，如果其在股票市场上的投资回报低于银行存款利息，则投资者将很可能撤出资金。新中国成立初期的股票市场并不景气，其股票行情的上涨幅度还落后于存款利息，在此情况下，为留住投资者，融资方不得不采取增加股息分红等方式，而这必会增加融资方的成本。从融资范围来看，股票交易所仅设在北京、天津等少数几个大城市，而且上市的企业数量极少，占全国企业的比例微乎其微，这种融资范围很狭窄。而银行机构有着机构网点多、与工商企业联系密切等诸多优势，通过银行机构融资的范围要远比股票市场宽广。特别是在广大的农村地区，受当时信息、交通、通信技术条件的限制，大量的小企业、小工厂不可能通过股票市场进行融资，通过广泛的农村信用合作组织和银行机构进行融资是当时有效的选择。从融资效果来看，国民政府时期高通胀形成股票市场的投机性对新中国成立以后的股票市场也产生了负面影响，不以价值投资为导向，而以投机套利为目的是当时股票市场的一个显著特点，甚至部分上市公司从股票市场筹集的资金不是用于生产的需要，而是转身投入到股市进行投机，这种融资对于企业的健康发展是没有任何帮助的，对于一国的经济发展也没有任何促进效应。而银行机构在国民经济的恢复和发展中扮演了重要角色，国家银行通过集聚资金，重点支持了国有工商业的发展；各专业银行按照分工，将资金重点投向了外贸、交通设施建设和基建投资等方面；私营金融业紧密联系私营工商业，利用贷款等方式为私营工商业的发展提供资金支持。可见，银行机构作为金融体系的主体，在促进经济发展方面发挥了无可替代的作用。

　　综上所述，国民经济恢复时期的金融体系无疑属于银行主导型的金融体系。也就是说，市场融资的渠道主要是银行机构，而非股票市场，银行机构在金融体系中的地位，对促进国民经济恢复和发展所起到的作用要比股票市场重要得多。那么，在这种银行主导型的金融体系中，中央银行又处于什么地位呢？

第三节　中央银行在银行主导型金融体系中的地位

一、以中央银行为核心的金融体系

从上述银行机构体系的分析可知，在国民经济恢复时期，我们不仅有属于国营经济性质的中央银行，属于国家资本主义经济性质的公私合营银行，属于合作社经济性质的农村信用合作组织，还有属于私人资本主义经济性质的私营金融业。多种成分并存，并不代表多种成分并重。作为无产阶级专政的社会主义国家，为确保金融发展的社会主义方向，必然要促进作为中央银行力量的逐步壮大，确保其无论是在政治地位还是在经济总量上都发挥主导性作用，更好地引导其他成分的金融机构为社会主义建设服务。

在多种经济成分并存的金融体系中，作为国家的中央银行——中国人民银行无疑是整个金融体系的中枢和核心，占据主导地位，领导和管理着全国的金融体系。首先，中央银行根据政府授权，掌握了对全国金融业的管理和领导权。1949 年，中国人民政治协商会议共同纲领中强调：金融事业应受国家严格管理；货币发行权属于国家；禁止外币在国内流通；外汇、外币和金银的买卖，应由国家银行经理，依法营业的私人金融事业应受国家的监督和指导；凡进行金融投机、破坏国家金融事业者，应受严厉制裁。1950 年 11 月，政务院批准试行的《中国人民银行试行组织条例》规定：中国人民银行作为政务院内阁组成部门之一，受政务院领导和政务院财政经济委员会的指导，与财政部保持密切联系，主管全国货币金融事业。政府为中国人民银行承担国家银行的职责提供了法律制度保障，明确了中国人民银行为全国金融业的管理机关。其次，中央银行控制着国家的金融命脉。没收官僚资本，接管"四行二局一库"，将其转变为中央银行内设机构和分支机构。改组中国银行和交通银行，由国家银行行长和副行长分别担任两行的董事长，控制了两行的人事权，取得两行的领导权。组建公私合营银行，派出公股代表与私股代表组成董事会，并逐步加大对公私合营的领导权。这一系列措施使中央银行掌控了国家的金融命脉，确立了在新中国金融体系的核心主导地位。

在以中央银行为核心的金融体系内，各银行机构在中央银行的统一管理监督下，分工明确，形成了专业化的金融体系。中央银行作为国家金融业的最高管理机关，履行中央银行职能。而中国银行则是在中央银行领导下，负责经营外汇的专业银行，采取指定银行制度，对外汇业务实行专业化。交通银行为在中央银行领导下，管理国家对公私合营企业的投资和办理国家预算对国营企业的基本建设拨款及长期信用的专业银行。公私合营银行在中央银行领导下，执行政府金融政策法令，经营一般银行业务，同时对私营金融业进行广泛的联合，并开展正当的竞争。私营金融业在中央银行的监督管理下，集中私人资金，对私营和合营经济提供广泛的存贷款和汇兑业务，扶助私营工商业的发展。农村信用合作组织是在广大农村地区解决农民生产中困难的卫星式小银行。

二、以中央银行为核心金融体系的选择原因

中国在国民经济恢复时期之所以形成以中央银行为核心的多元化、银行主导型的金融体系，有其内在根源，是多种因素综合作用的结果。

（一）新民主主义经济理论的确立及其影响

1. 新民主主义经济理论的确立

正如其他理论一样，新民主主义经济理论也经历了孕育、形成、发展和成熟的过程。1917—1937 年是新民主主义经济理论的孕育和探索时期。从一大到二大，中国共产党对中国革命的认识，经历了由直接进行社会主义革命到先进行民主革命，再进行社会主义革命的转变。大革命失败后，中国共产党被迫走上农村包围城市，武装反抗国民党的道路。在革命根据地，中国共产党开始独立领导经济斗争和新民主主义经济建设。1938—1946 年是新民主主义经济理论的形成时期，随着根据地在地域上不断扩大、新民主主义建设经验的积累，中国共产党形成了较为完整成熟的新民主主义理论体系，并突出体现在毛泽东的《中国革命与中国共产党》、《新民主主义论》等著作中。1947—1948 年是新民主主义经济理论的发展时期，在军事胜利的基础上，伴随中国共产党控制和领

导的地区范围扩展到全国，中国共产党也将新民主主义经济形态扩展到全国范围。1949—1952 年是新民主主义经济理论的成熟时期，中国共产党开始全面实施新民主主义纲领，构建了多种经济成分并存、市场与计划并存的典型的新民主主义经济体制格局，社会生产力迅速恢复和发展。

2. 新民主主义经济与新中国金融体系的选择

新民主主义经济理论的确立，无疑对新中国金融体系的形成产生了决定性的影响。首先，从经济成分上看，新民主主义社会存在国营经济、合作社经济、个体农业和个体手工业经济、私人资本主义经济和国家资本主义经济等五种经济成分，这是中国共产党基于中国国情的客观认识和分析后而提出来的。金融体系作为经济体系的重要构成部分，其模式的选择必然要受到新民主主义经济制度的影响，客观上必然要求有相应的多种成分并存的金融体系，针对不同的业务对象提供多样化的金融服务，共同促进经济的恢复和发展。因此，国家银行、专业银行、公私合营银行、私营金融业和农村信用合作社先后应运而生，形成了多元化的金融体系。其次，从经济成分的相互间关系上看，五种经济成分并存的新民主主义经济形态中，有社会主义性质的国营经济，其虽然在国民经济中所占比例不大，但已掌握国家的经济命脉，在国民经济中居领导地位，起决定作用。其他经济成分是整个国民经济的重要组成部分，是一支不可忽视的力量，各种经济成分在国营经济领导下，分工合作，各得其所。五种经济成分的相互关系，折射到金融体系，必然要形成一种以国家银行为核心，领导与扶助专业银行及公私合营银行，监督与管理私营金融业的金融体系。最后，新民主主义的经济纲领和指导方针为金融体系的创建提供了直接的政策依据。毛泽东认为，大银行、大工业、大商业，即有关国家经济命脉和足以操纵国计民生的事业，均由国家统一经营，建立国营经济的目的，是为了使私有资本经济不能操纵国民之生计。[①] 对于私人资本主义经济，毛泽东认为，在中国，没有资产阶级性的彻底的民主革命，没有私人资本主义经济的发展，要想在半殖民地半封建的废墟上建立起社会主义社会来，是完全不可能的。因此，毛泽东强调，

---

① 《毛泽东选集》第 2 卷，第 678 页，北京，人民出版社，1991。

在新民主主义国家制度下，除了国家自己的国营经济，劳动人民的个体经济和合作经济之外，一定要让私人资本主义经济在不能操纵国民生计的范围内获得发展的便利，才能有益于社会的向前发展。在此基础上，中国共产党提出了新民主主义经济纲领，作为整个新民主主义经济革命和建设的指导方针：一是没收大银行、大工业、大商业为国家所有；二是没收地主的土地，分配给无地和少地的农民；三是允许不操纵国计民生的资本主义经济基础存在与发展。新民主主义经济纲领的全面实施，为新中国金融体系的创建提供了最为直接的政策依据和支持，如国家银行对官僚资本果断采取了没收的方式，按照"边接管，边建行"的原则，通过接管官僚资本银行建立起国家银行的网络体系。对私营金融业采取了限制、利用和改造的政策，一方面鼓励和扶持私营金融业有利于国计民生的一面，另一方面限制私营金融业不利于国计民生的一面。

（二）政府的经济职能定位及其影响

1. 政府的经济职能理论

西方资本主义关于政府的经济职能，存在两大流派：一是主张政府不干预或尽量少干预经济。这个流派以亚当·斯密的"守夜人"理论为基础，在 1929 年世界经济危机和罗斯福推行新政前，一直占据主导地位。后来虽然凯恩斯的政府干预理论占了上风，成为主流，但以哈耶克为代表的反击和 20 世纪 70 年代以后西方经济出现滞胀的现实，使得限制政府干预的"新自由主义"重新走向历史舞台中央，并得到迅速发展。二是主张政府应该干预经济。此理论以市场失灵和赶超战略为基础，从汉密尔顿、李斯特、亚当斯到凯恩斯形成了比较完整的理论和政策，成为战后至 20 世纪 60 年代西方经济学的主流。直至今日，部分经济学家仍然强调政府在经济发展中不可替代的作用，如斯蒂格利茨指出："政府的显著特征——拥有全体社会成员和强制力——使政府在纠正市场失灵方面具有某些明显优势。"[1] 至于马克思主义关于政府经济职能的理论，马克思和恩格斯认为，社会主义社会政府的经济职能是建立在生产的社会化、公有制和计划经济之上的，是资本主义生产方式已经不能容纳的社会化大生产的管理者。

---

① 斯蒂格利茨等：《政府为什么干预经济》，第 74 页，北京，中国物资出版社，1998。

由于生产的社会化和政府与人民的上下一致，政府完全可以实行最有效的计划管理，可以避免生产社会化与私有制矛盾所导致的西方国家的弊病。对于按照这种理念建立起来的以公有制和计划经济为基础的政府，可以称之为统制型政府或全能型政府。不同于西方资本主义的政府干预理论，其对经济的干预是全方位的，在资源配置中不是市场而是计划发挥基础性作用。前苏联社会主义模式就是按照上述理念建立起来的。

2. 新中国政府经济职能的定位与金融体系的选择

列宁指出："社会主义革命和资产阶级革命的区别就在于，在资产阶级革命时，现成的资本主义生产关系的形式已经具备；而苏维埃政权，即无产阶级政权，却没有这种现成关系。"[1] 社会主义经济制度的产生与历史上一切以私有制为基础的经济制度的产生方式的根本不同之处在于，社会主义经济制度是通过无产阶级夺取政权，建立无产阶级专政的国家，运用无产阶级的国家机器，对旧生产关系进行革命以后建立的。因此，是先有无产阶级专政的国家，后有社会主义经济制度。作为经济制度的重要表现形式，金融体系当然也是由政府创立的，政府的经济职能定位必然决定着金融体系的模式与演变。

虽然新中国政府是以马克思列宁主义为指导思想，但是在当时中国这样一个人口众多、以传统农业为主并且经济发展极为不平衡的大国，在新中国成立之初，要实现马克思、列宁所设想的在经济上实行全面统制的"全能政府"，仍然是很困难的，这需要经历一次剧烈的制度整合，即后来的"社会主义改造"。在此之前，中国需要一个恢复的过渡期。基于中国国情的实际需要，中国共产党选择了新民主主义的发展道路，采取了与苏联不同的对待民族资产阶级的政策，努力促进私人经济在经济发展中的有益作用，注重发挥市场在资源配置中的作用。在国民经济恢复时期，政府对于经济干预的广度和深度是较为有限的。可以说，政府的经济职能定位是"有限的政府干预"。1949 年 9 月 29 日，中国人民政治协商会议第一届全体会议通过的《共同纲领》为此提供了法律支持和制度保障。《共同纲领》规定："以公私兼顾、劳资两利、城乡互助、内外交流

---

[1] 《列宁选集》第三卷，第 455 页，北京，人民出版社，1972。

的政策，达到发展生产、繁荣经济之目的。国家在经营范围、原料供给、销售市场、劳动条件、技术设备、财政政策、金融政策等方面，调剂国营经济、合作社经济、农民和手工业者的个体经济、私人资本主义经济和国家资本主义经济，使各种社会经济成分在国营经济领导下，分工合作，各得其所，以促进整个社会经济的发展。"① 1949—1952 年，从政府经济职能的范围上看，虽然政府直接经营的经济成分即国营经济成分在不断增加，但在国民经济中所占比重仍是有限的。如 1952 年，国营和合作社工业产值占工业总产值的比重为 44.7%，国营和合作社商业在批发商业中占的比重为 63.2%，在零售商业中的比重为 42%。② 从政府参与经济的职能身份来看，政府是以多种身份参与和组织经济生活的，即作为国有经济的直接所有者和经营者，作为整个经济运行的调节者和对非公有制经济成分的干预者等。从政府经济职能的实现方式看，虽然采用了直接的行政命令、指令性计划甚至军事手段干预经济运行，但主要是采用经济手段和市场手段调节经济运行。

"有限干预" 政府的一个主要特征就是尊重市场的经济规律，政府的干预以不损害市场机制正常运行为基本前提。新中国成立之初，市场上存在着众多的个体经济和私有经济，民族资本金融业也占据着重要地位，为充分调动市场各方的力量，共同致力于国民经济的恢复，政府仍要借助民族资本金融业在促进民族资本经济和其他经济事业发展等方面的作用。因此，政府建立了以中央银行为主导的多元化金融体系，一方面需要通过中央银行领导和控制全国的金融业，重点在金融机构监管和市场宏观调控方面发挥作用，努力支持国营经济的恢复和发展，保证基础经济行业、部门的正常运转，保障人民基本利益；另一方面，需要扶植民族资本金融业的发展，发挥民族资本金融业在市场中的积极作用，鼓励和支持民族资本金融业为工商经济（主要是私营和合营经济）提供存贷款、汇兑等业务，促进国民经济各行业生产的恢复和发展。

---

① 中央档案馆编：《中共中央文件选集》（14），第 737 页，北京，中共中央党校出版社，1987。
② 国家统计局：《我国的国民经济建设和人民生活》，第 12，23 - 24 页，北京，中国统计出版社，1958。

（三）意识形态及其影响

1. 意识形态理论

意识形态是由相互关联的包罗万象的世界观构成的。不同的意识形态起源于地理位置和职业专门化。最初，它是经验各异的相邻的人群在地理上的分布。这种各异的经验逐渐结合成语言、习惯、禁忌、神话和宗教，最终形成与其他人群相异的意识形态。职业专门化和劳动分工也导致了对于现实的相异的乃至对立的观点。意识形态决定一个国家的制度变迁是否具有合法性，或者能否为公众所接受。如果占支配地位的意识形态旨在使人们相信现存的规则与正义是共存的，相应地，要使人们出于一种道德感来遵守这些规则，而且要使人们确信只有通过人们参与改变现行体制的活动，一个公正的体制才能到来。[①] 意识形态对于金融体系的选择同样扮演了重要的角色。

2. 意识形态与金融体系的选择——以发达国家为例

北美独立战争是一次彻底的反殖民主义反封建主义的资产阶级革命，它对英国在北美的殖民统治和国内的封建势力以毁灭性打击。因此，在美国确立了资本主义生产方式以后，资产阶级的"自由、平等、民主"等社会意识迅速取代了"君主至上、独裁强权"等封建社会意识，私有产权思想根深蒂固，任何触犯私有产权和市场经济的言行都会被视为不合法。这对美国金融体系的演变影响十分深远。Alexander Hamilton 受到他在英格兰银行经历的影响，在独立战争后就提倡建立一个分支遍布全国的大型联邦许可银行，美国第一银行（1791—1811 年）由此诞生，随后是美国第二银行（1816—1836 年）。但是，这些机构所代表的权力集中形式一直受到了公众的质疑，遭到私营银行的反对，最终注定了两家大型银行被解散的命运。这种对任何类型的强权金融机构的厌恶情绪，避免金融机构过大日益成为社会的主流意识，因此在很长一段时期内，美国采取了抑制银行业集中的制度措施，建立了分散的银行体系。在解释德国的全能银行体系时，联邦卡特尔办公室主席指出，"在经历了历史上的经济惨淡期后，德国人对'安全'有着某种狂热的信念，始终维持低风险是德国银行客

---

① 诺思：《经济史中的结构与变迁》，第 56 – 60 页，上海，上海人民出版社，2003。

户的行事准则，而全能银行体系正好提供了这样的保护伞"，"如果我斗胆提出取消全能银行体系，那么大多数人都会认为我疯了"。

3. 意识形态对于我国金融体系选择的影响

具体到中国来说，意识形态对金融体系选择的影响，主要表现在儒家思想和共产党经济金融思想的影响。一方面，儒家思想对我国社会的影响是根深蒂固的，使得中国人历来就形成对国家权力认同或对非国家社会势力的排斥，以及源远流长的等级均衡和平均主义倾向，造成了我国几千年不变的小农家庭经济制度，地权与产权思想的软弱和中央集权制度长期化等。① 儒家的"仁政"思想和整体意识转化为一种国家发展主义，从而使中央集权政治制度和政府管制经济在我国具有合理性。儒家的政治经济思想中具有强烈的人伦色彩，他们关注的重点不是人与自然的关系，而是人与人之间的关系，强调人在社会政治经济关系中的定位，即我国封建社会统治者和士大夫们推崇的"君君、臣臣、父父、子子"的关系。这种人伦文化形成了中国人独特的人格权威，而不是法制权威。在家庭内部，每一个成员的地位由他所处的伦理秩序决定。父母是家庭的权威，族长是家族的权威，子女要听父母的，全族要听族长的。这种关系推演到国家政治生活中的结果是，在每一级的政府，所有成员均要听行政首长的。这种严格的等级秩序形成了中国特殊的政治意识：一是在一种靠既定或世袭的权威下，人们对政治漠不关心，对权威保持一种消极的忠诚和恪尽义务的宿命观点；二是由于权威被视做是秩序和道德的象征，人们又需要权威，依赖权威。这种文化伦理决定了中国社会对中央集权制度具有更强的需求倾向和动力。在这种集权政治下的社会经济特征是政治和社会的中心，并长期影响中国经济的发展。因此，这种意识形态影射到金融领域，必然会要求形成高度集权的国家银行制度体系。另一方面，共产党在长期的革命斗争中，尝试创建了各式银行机构，在实践中，共产党也充分认识到了银行在经济发展中的特殊作用。在新中国成立前夕，出于对中国半殖民地半封建社会的国情以及在这一特殊国

---

① 这里需要特别说明的是，笔者并不是否定儒家文化。儒家文化有许多有利于经济发展的美德，如节俭、勤奋、适应性强、善于处理人际关系、重视教育等。

情基础上形成中国特定经济状况的客观分析，中国共产党确定了新民主主义经济制度，明确了国民经济恢复时期的发展方向，在此基础上，也形成了"以中央银行为核心的，多种经济成分金融机构并存"的金融思想。也就是说，社会主义社会必须建立属于社会主义的中央银行，通过中央银行对整个金融体系进行集中统一管理，这不仅是巩固政权和平衡财政的重要基础，也是战后国家集中资金实行工业化的客观需要。

第四节　中央银行的职能定位

　　上述分析表明，国民经济恢复时期金融体系是一个以中央银行为核心的金融体系。这种金融体系的最大特点是中央银行占据主导地位，多种成分的金融机构并存，分工合作，各得其所。进一步透视这种金融体系，可以发现中央银行的部分职能定位。首先，新民主主义经济理论和经济纲领的确立，必然要求建立政府主导型的金融体系，而且处在新民主主义社会阶段的国民经济恢复时期，为充分调动各方积极性，共同致力于国民经济的恢复和发展，必然要允许多种经济成分的存在，客观上也需要运用市场手段去管理和调节经济运行。在此时期的政府尚不能成为全能型政府，只能对经济金融领域进行有限干预。因此，政府要借助中央银行来贯彻执行政府的理念和政策方针，实现政府对金融业的管理，确保政府掌控金融经济命脉。从另一角度理解，中央银行作为国家银行，需要履行政府的银行的职能。其次，各种成分和形式的金融机构的存在，客观上需要中央银行加强监督和管理，确保金融市场的稳定性和金融机构竞争的有序性，特别是要引导私营金融业的发展方向，发挥其有利于国计民生的一面，限制和打击其不利于国计民生的一面。这也说明中央银行作为特殊的银行，要履行银行的银行的职能。

　　实际上，从传统的、一般角度归纳，中央银行具有"发行的银行、政府的银行、银行的银行"三大基本职能。《共同纲领》和后来颁布的《中央人民政府中国人民银行试行组织条例》对此予以确认。《共同纲领》规定：金融事业应受国家严格管理。货币发行权属于国家。禁止外币在国内流通。外汇、外币和金银的买卖，应由国家银行经理。依法营业的私人金融事业，应受国家的监督和指导。凡进行金融投机、破坏国家金融事业者，应受严厉制裁。1950 年 11月 21 日，政务院批准公布了《中央人民政府中国人民银行试行组织条例》，规定中国人民银行承担的职能要点为：（1）掌管货币印制与发行，调剂货币流通；（2）动员与集中货币资财，办理长短期放款及投资；（3）通过现金管理、划拨清算，对国家机关、国营企业、合作社的财务经营进行统计与监督；（4）管理与经营外汇及贵金属，办理国际收支与清算；（5）掌管金融行政，监督私营、公私合营及外商金融业，管理金融市场；（6）经理国库，执行国家预算之出纳事宜；（7）办理国家债券之发行事宜；（8）领导专业银行及国营保险公司。可见，中国人民银行作为中央银行，被赋予了三大基本职能：一是"发行的银行"，中央银行代表国家负责货币的发行，独享货币发行权；二是"政府的银行"，中央银行要负责经理国库，办理国家债券发行等；三是"银行的银行"，中央银行要监督私营、公私合营及外商金融业，同时为金融业机构提供划拨清算的服务。

那么，在国民经济恢复时期，中央银行三大职能是如何履行的，其效果又如何呢？这些需要给出进一步的答案。

第六章　发行的银行——人民币制度的建立

第一节　中央银行统一货币发行的必要性分析

一、理论意义

在商品经济中，中央银行通过国家制定的法律或特殊规定独享货币发行特权并承担特定的责任。这是商品经济和金融业自身发展的内在要求，也是国家加强对经济、金融管理的需要。

在国家将货币发行的特权赋予中央银行之前，商业银行普遍发行各自的银行券代表金融货币在经济中流通，银行券的持有人可以到发行银行兑换金属货币。银行券的发行和流通给商品经济带来了比金属货币流通时更为便利的条件，但是也给经济社会带来了一些新的问题。首先，银行券是发行银行的一种信用货币，当发行银行因竞争、经营不善、破产等原因不能保证自己所发行银行券及时兑现时，银行券的信誉便会受损，并会带来社会经济的混乱。其次，各发行银行因其自身的实力、资信状况不同造成了其发行的银行券在经济社会中的接受程度不同，实力强、信誉好的银行所发行的银行券的流通性强，被接受程度高，而实力弱、信誉差的银行所发行的银行券在流通中受到很大的限制。再次，银行券的分散发行，多种信用货币的同时流通与一般等价物这一货币的本质属性产生矛盾，也给社会的生产和流通带来不便。最后，银行券的分散发行不利于在经济社会中货币供应失衡的情况下调节货币供求。由于银行券是一种信用货币，如果银行提供的货币超过经济社会的客观需要，就会影响经济发展，甚至引起经济和社会的动荡。

因此，中央银行作为一国金融中枢，独享货币发行特权十分必要：一是发行统一，使在全国范围内流通的货币整齐划一，不致造成货币紊乱，有利于商品经济的发展。二是中央银行集中发行，可据以进行调节和控制，使货币数量与社会需要尽可能相适应，减缓通货膨胀。三是中央银行可以凭其相对独立的地位，在一定程度上限制政府滥发钞票的要求，避免经济危机。四是有利于加强中央银行的金融实力，掌握资金来源，从而便于控制一般银行的信贷活动，左右信贷规模。[①] 总之，中央银行独享货币发行特权，可以通过调控货币发行量来调节社会总需求，稳定通货，以此促进经济的发展。

二、近代以来的历史借鉴

从近代以来中国中央银行发展演变的历史看，享有货币发行权，是政府赋予中央银行重要特权之一，而且政府更希望借助于中央银行实现货币发行的统一。

新中国成立之前，具有代表性的承担中央银行职能的为大清银行、中国银行和国民政府中央银行。早在大清银行创办之时，《大清银行则例》明确规定，"大清银行有代国家发行纸币之权，有代国家发行新币之责，应随时体察市面情形，向度支部请领新币、由部核准，知照造币厂分别发放，以资流动"[②]。因为"整齐币制"是大清银行创办的主要目的，所以清政府的最大愿望就是使大清银行最终独揽发行大权。1906 年 8 月，监督张允言认为"中央银行为户部出入之枢纽，而发行纸币为银行应有之特权，所以东西各国户部之与银行有息息相关互相维系之理"，呈请户部，"嗣后凡遇银行解部款项及部库发放款项之时，应请饬知大库准其搭放本行纸币，以符奏章，则部款更可流通，银行信用愈为昭著，于国家财政不无裨益"。[③] 1908 年 4 月，张允言又请度支部（1906 年 9 月由户部改组）下令各省推行大清银行纸币。以上两项建议均被批准。而且清政府

---

①　王国：《现代货币银行学概论》，第 211 页，南京，南京大学出版社，1990。
②　孙祥贤：《大清银行行史》，第 170 页，南京，南京大学出版社，1991。
③　孙祥贤：《大清银行行史》，第 170－171 页，南京，南京大学出版社，1991。

对外国银行就中国纸币发行所提出的"质疑"予以"决不致有所危险"① 的保证，显而易见其对大清银行发行权的竭力维持。1910 年 5 月，度支部奏定《兑换纸币则例》，欲以大清银行统管发行兑换事宜以统一纸币，指出："发行纸币固属国家特权，而政府要不可自为经理，近世东西各国大都委之中央银行独司其事，诚以纸币关系重要，倘发行之机关不一，势必漫无限制，充斥市尘，物价因之奇昂，商务遂以不振，贻害于国计民生何堪设想。现拟将此项纸币一切兑换发行之事统归大清银行管理，无论何项官商行号概不准擅自发行，必使纸币于纷纭杂出之时而立收集权中央之效。"② 可见，清政府此时已欲意集中纸币发行权于大清银行，并将这种统一发行权与国计民生联系在一起，深化了有关中央银行的理论认识，实为难能可贵。只可惜在当时，腐败的清末政府已无力推行。事实上在大清银行存在的几年中，交通银行、中国通商银行、信成银行、浙江兴业银行、四明银行等官商银行都经政府批准享有发行权，地方银行也纷纷发行纸币，这种情况必然阻碍大清银行纸币的发行与流通，导致清末纸币发行权的分散。此外，外商银行地位特殊，"事实上几皆享有发钞之权"，更使清末纸币发行统一的设想"徒具条文，鲜收实效"。③

民国伊始，北洋政府无力集权，市场上纸币发行混乱分散。当时"财政与银行互为表里，各新设银行莫不以辅助财政之功，取得发钞之权。而各省省银行亦率多就其特殊势力、发行钞票"，④ 致使发行漫无计划，几无信用可言。而外国钞券更是无处不在，1924 年以前，在华发钞的外商银行主要有汇丰银行、汇理银行、麦加利银行、花旗银行、正金银行、台湾银行、朝鲜银行、华比银行、有利银行、美丰银行、友华银行、德华银行等诸银行。有鉴于此，北洋政府在加强中国银行发行权的同时，试图回收其他银钱行号的发行权。1915 年 8 月，《兑换券条例草案》规定，"兑换券由中国银行发行，以国币兑换之，但于一定期限内得代以各地通用银元"，"自本条例施行后，新设银钱行号均不得发

---

① 孙祥贤：《大清银行行史》，第 172 页，南京，南京大学出版社，1991。
② 孙祥贤：《大清银行行史》，第 173 页，南京，南京大学出版社，1991。
③ 崔晓岑：《中央银行论》，第 245 页，北京，商务印书馆，1935。
④ 崔晓岑：《中央银行论》，第 245 页，北京，商务印书馆，1935。

行兑换券。旧有行号经特别条例准其发行者，暂各照其原条例办理。其未经特别法律规定，而前已发行者，得暂以各该行号最近六个月内平均发行数为限，不得逾额增发；并须有现款准备，至少五成，余额以保证准备充之"。[①] 同年 10月公布《取缔纸币条例》，又特别规定，除中国银行外，"本条例施行后，凡新设之银钱行号，或现已设立尚未发行纸币者，皆不得发行"，而此前有特别条例规定允许发行纸币的银钱行号，"于营业年限内仍准发行，限满应即全数收回"，无特别条例规定的，"以最近三个月平均数目为限，不得增发，并由财政部酌定期限，分饬陆续收回"。[②] 1917 年，《中国银行兑换券法草案》确定中国银行兑换券有无限法价，凡官款出入及一切商民交易均与国币一律通用。1920 年修正《取缔纸币条例》，以便于纸币集中发行。但因条件不备，未能实行。而当时纸币发行却日渐混乱，呈准北洋政府取得发行权的银行多达数十家。[③] 1921 年，币制局有鉴于此，认为"银行发行纸币，关系币制、金融，均极重要"，"查世界各国纸币发行制度，不外集中与多数两种。我国幅员广袤，中央银行实力未充，集中制一时尚难实行，而多数制亦易滋流弊"，[④] 因此提出把各省地方银行集中起来成立银行公库，发行公库兑换券的动议，结果是仍未实行。尽管如此，这已充分显示出政府为集中发行权所做的努力。

国民政府定都南京后，面对政局不稳、统一待定的局面，深感整理财政，发展经济的迫切。1928 年全国经济会议和财政会议通过了关于整理纸币与硬币、废两改元的提案，将组织国家银行、集中所有纸币发行作为整理财政的一项重要内容，指出"全国发行权应属于国家银行，其现在各银行所发纸币，应予相当期内加以限制"。[⑤] 由此可见，政府试图将发行权集中于中央银行，据此维持币制统一，整理财政，稳定金融，进而谋求政治、经济、军事的巩固，显示出当局对发行集中重要意义已有相当程度的认识。同年 10 月，国民政府颁布《中

---

① 《中国银行行史资料汇编》，第 917 – 918 页。
② 《中华民国金融法规档案资料选编》，第 93 – 94 页。
③ 国民政府行政院档案，中国第二历史档案馆藏。
④ 《中华民国金融法规档案资料选编》，第 124 页。
⑤ 《中华民国货币史资料》，第二辑，第 65 – 66 页，上海，上海人民出版社，1991。

央银行条例》，将"遵照兑换券条例发行兑换券"，"铸造和发行国币"作为特权之一授予中央银行。[①] 另又在《中央银行章程》中特别规定，"中央银行有协助国民政府统一币制，调剂金融之责……由国民政府授予铸造及发行国币之特权"。[②]

中央银行成立时，中国币制正处于清末民初以来新旧交错、杂糅并存的混乱状态。国民政府建都南京后，虽然于1928年公布《国币条例草案》，确定以银元为本位币，但银元银两"两元"并存情况依然如故，出现了"两元"并用的双重币制。银两依然在流通中占据重要地位，如海关照例使用银两——海关两、关银（即俗称关平）计值，且银两种类繁多，各地银两单位、名称、重量、成色均不相同。至于银元，亦因分铸于各造币厂而使成色、重量多有差别。于是在流通中不仅存在"两元"兑换问题，还存在元与元、两与两之间的兑换问题。在纷乱的币制中，中央银行所发行的国币很快就被流通中形形色色的铸币所淹没。而且就纸币而言，一个不可否认的事实是，中央银行钞券只是众多银行钞券中的一种，且中央银行的纸币发行量远不如中国银行和交通银行的发行量。中央银行1928年发行量为11,712,923元，1930年达22,669,228元，到1933年则达71,063,301元。其发行数量远不如中、交两行，1928年中国银行发行量为172,304,027元，交通银行为68,026,114元；1930年中行为203,847,444元，交行为82,893,785元；1933年中行为183,726,997元，交行为93,004,611元。[③] 有鉴于此，国民政府于1933年实施了"废两改元"，并先从上海试点，然后推向全国。"废两改元"澄清了纷乱的货币市场，是中国币制现代化进程中一个重要步骤，亦是币制统一的一个重要环节。它统一了计量单位，克服了税收及商品交换过程中的人为损失，有利于财政统一与经济发展，从而为货币发行的集中与统一奠定了基础。

"废两改元"实行以后，中央造币厂所铸的银本位币归中央银行独家代理发

① 《中华民国金融法规档案资料选编》，第533页。
② 《中华民国金融法规档案资料选编》，第534页。
③ 卓遵宏：《中央银行之筹建及初期发展》（1927—1935），《中华民国建国八十年学术讨论集》第四册，第49页，北京，近代中国出版社，1991。

行，本位币的铸造及发行已告统一。作为采取银本位制的中国，其时国内产银并不丰富，因此世界市场上银价的涨落必对中国的货币和经济产生重要的影响。20 世纪 30 年代前期，美国政府推行白银政策，就是在整个货币准备金中，达到金三银一的比例，使白银的存额占全部通货价值的 1/4。为此，美国政府大量收购白银，世界银价急剧上升，引起中国白银的大量外流。而大量白银的流出严重影响了币值的稳定，产销、投资、物价均产生了剧烈震荡。自 1935 年上半年始，各地先后爆发了金融危机，这对国民政府政权的巩固带来了极大威胁。在此背景下，国民政府实施了法币政策。1935 年 11 月 3 日，国民政府发布《财政部改革币制令》，规定"以中央、中国、交通三银行（1936 年 2 月又增加中国农民银行）所发行之钞票定为法币。所有完粮纳税及一切公私款项之收付，概以法币为限，不得行使现金"，要求"所有银元持有人，立即将其交存政府，照面额换领法币"。① 法币政策的实施，结束了中国币制紊乱的历史，实现了币制统一，摆脱了世界银价波动的影响，方便了商品交换。将白银收归国有，防止了白银的进一步外流，稳定了法币的外汇价格，有利于开展国际贸易，便于增加货币流通量，使物价回升，刺激了工农业和国民经济的发展。

实施法币政策后，国民政府本拟立即由中央银行统一货币发行，当时的财政部长兼中央银行总裁孔祥熙在实施法币政策的宣言中指出，政府欲将中央银行改组为中央准备银行，使其"惟于二年后，享有发行专权"。② 后因抗战全面爆发，此计划中辍。进入战时状态后，国民政府急需要对全国金融进行统制，然而因中央银行实力不足，难当此任，因此国民政府于 1939 年对 1937 年在上海成立的四行（中央银行、中国银行、交通银行、农民银行）联合办事处予以改组，简称四联总处，使其成为高居"四行"之上的最高金融领导机关，并得以用特殊行政权力驾驭四行，扶助中央银行完善职能。1942 年，四联总处理事会根据蒋介石关于"限制四行发行钞券，改由中央统一发行"③ 的指示，颁布了《中、中、交、农四行业务划分及考核办法》，将四行业务专门化，赋予中央银

---

① 《财政部实行新货币有关文电》，载《革命文献》第 28 辑，第 522 页，1978。
② 《中华民国史档案资料汇编》第五辑，第一编（四），第 317 页。
③ 《四联总处史料》上，第 560 页。

行"集中钞券发行"的特权，由此取得独占发行权。稍后颁布的《统一发行实施办法》规定，"由政府命令，自本年七月一日起，所有法币之发行，统由中央银行集中办理"，"中、交、农三行在本年六月三十日以前所发行之法币，仍由各该行自行负责，应造具发行数额详表，送四联总处、财政部及中央银行备查"，"中、交、农三行订印未交及已交未发之新券，应全部移交中央银行集中库保管"，"中、交、农三行因应付存款需要资金，得按实际情形提供担保，商请中央银行充分接济，并报财政部备查"，"中、交、农三行三十一年六月三十日以前所发钞券之准备，应规定期限，由各行缴中央银行接收"，"各省地方银行之发行，出财政部规定办法限期结束"。① 从 1928 年成立中央银行至 1942 年最终完成货币的统一发行，经历了长达 14 年的演变历程。统一发行后，中央银行能够以集中支配权力有效控制货币发行量，可视各地资金需求多寡作灵活弹性发行，更可应国家紧急事变作紧急供给，对于调剂金融市场、支持抗战发挥了重要作用。但由于在统制经济条件下，中央银行缺乏相应的独立性，需要落实政府的指令和意图，无法避免增发货币对政府垫款，以弥补财政赤字，因此，尽管中央银行的统一发行维持了战时财政，但过多地发行货币也造成了物价上涨。抗战结束后，由于国民政府发动全面内战，财政赤字居高不下，愈演愈烈，严重失衡的财政便更直接地依赖银行加以调节，而银行则以增发钞票给予支持，无节制的货币发行最终引发了恶性的通货膨胀。

　　统一货币发行是中央银行的基本职能，也是确保中央银行居于一国金融体系核心地位的先决条件。从大清银行、中国银行到国民政府的中央银行，在创建中央银行之初，政府均将统一货币发行，由中央银行独享发行权作为努力的重要目标。而受当时社会政治、经济、金融条件的限制，大清银行、中国银行和早期国民政府中央银行努力的效果并不显著，均未完成货币的统一发行。直至抗战后期，为配合统制经济政策的实施和战时财政的需要，政府最终将货币发行权集中至中央银行。但由于国民政府财政赤字的长期恶化，向银行透支的不断增加，币值稳定最终无以为继，难以避免走向崩溃的命运。近代以来中央

---

① 《中华民国金融法规档案资料选编》，第 457—458 页。

银行在统一货币发行过程中所积累的宝贵经验，自然为新中国政府所借鉴，于是货币发行权的集中和统一必然成为新中国中央银行的主要职能。

三、新中国中央银行统一货币发行的客观现实原因

无论是从理论意义，还是从历史的经验借鉴上看，统一货币发行都是确立一国中央银行地位的基本前提。从世界范围内来看，第二次世界大战后对于新组建的中央银行，往往一开始均由国家赋予其独享货币发行的特权。统一货币发行，对于巩固政权、平衡财政、稳定币值、促进国民经济有计划的健康发展具有重要意义。而对于饱受战争创伤和恶性通货膨胀之苦的中国，统一货币发行，创建自己的货币制度，更有其客观现实的原因。

（一）结束多元分散货币发行格局的需要

在新中国中央银行发行统一的货币前，市场上仍是多元分散性的货币发行格局，货币发行的混乱局面并没有得到根本改观。在共产党领导下的革命根据地有自己银行发行的货币，在国民政府统治区有其中央银行发行的法币（1948年8月至1949年7月为金圆券，1949年7月至大陆解放为银圆券）。而在各个革命根据地，由于长期处于被封锁、包围、分散不相连的状态，无法发行统一的货币，因此，不同的革命根据地均有所在地银行发行的地方性货币，货币种类繁多，流通范围相对狭窄。在新中国中央银行成立前，各革命根据地根据战争形势的发展，努力在已连成一片的解放区实施本区内货币的统一发行和流通，取得了较好的效果，如华北区冀南币、边币、北海币、西农币先后固定比价，统一流通，在便利商民往来与物资交流上发挥了很大作用。但在货币制度上仍然存在着两个亟待解决的问题：一是货币复杂。四种货币，几百种票版，印制技术不精，易于造假，群众不但对假票难以识别，就是对各区货币亦有折算之苦。且各区货币都有习惯上的地区性，亦不能作为统一货币的基础。二是面额太小不便流通。由于十年战争的消耗，生产减退，各区货币的购买力实已逐渐降低。一张千元冀钞仅相当于战前的一角钱（实际购买力不超过三斤小米），一元则仅为战前的一毫，公私款项在收付携运上均极感不便，市场交易亦受影响。公私企业为点款而增设许多人员，银行以十分之四的人员从事出纳工作尚感不

足。因此就滞碍了金融流转，不便于商品流通，浪费了人力、物力，大有碍于生产。① 并且由于原有革命根据地数量较多，地方性的货币种类比较繁杂，受战争等因素的影响，难以在短期内实现所有货币的统一。因此，直至新中国中央银行成立和接管平津前，各解放区仍存在着 8 种主要货币，即晋察冀边币、冀南币、北海币、西北农民币、陕甘宁贸易公司流通券、东北币、长城币、内蒙古人民银行币，时称货币上的"八国联军围平津"。即使是在国民党政府统治区，由于外资银行长期享有发行货币的特权，市场上还流通着相当数量不同种类的外币。货币不统一，种类多，比价不一，不仅直接影响着军需调度和供应，还影响着贸易发展和物质交流，从而不利于市场的稳定。因此，多元分散性的货币发行格局已不适应于当时中国革命和经济发展的需要，客观需要统一货币发行。

（二）稳定币值，保持物价稳定的客观需要

在国民政府统治期间，由于军费浩繁，为弥补巨额的财政赤字，政府当局主要依靠大量印发钞票的方式（见表 6 – 1）。

表 6 – 1　　　　1946—1948 年国民政府赤字、银行垫款和钞票增发

单位：百万元法币

年份	赤字	银行对政府垫款	钞票增发额
1946 年	4,697,802	4,697,802	2,694,200
1947 年	29,329,512	29,329,512	29,462,400
1948 年 1—7 月	434,565,612	434,565,612	341,573,700

资料来源：张公权：《中国通货膨胀史》，110 页。

1945 年 8 月抗战结束时，法币的发行额是 5,569 亿元，② 比 1937 年 6 月最初发行的 14.1 亿元增加了 392 倍，增加幅度已不小，但与以后的发行量相比简直是小巫见大巫。1945 年底，法币发行量已突破 1 万亿元大关，达到 10,319 亿

---

① 《华北银行总行关于发行中国人民银行钞票的指示》，中国人民银行金融研究所、财政部财政科学研究编：《中国革命根据地货币（下册）》，第 96 页，北京，文物出版社，1982。

② 杨培新：《旧中国的通货膨胀》，第 60 页，北京，生活·读书·新知三联书店，1963。

元，而到了 1948 年 8 月，发行量更是高达 6,636,946 亿元，比 1945 年底又增长
了 642 倍。[①] 币值已贬到不及它本身纸价及印刷费的价值。伴随着政治、军事、
经济的巨大危机而来的法币危机，致使国民政府在 1948 年 8 月采取了以金圆券
为中心的币制改革，以 1∶300 万的比例用金圆券收兑无限膨胀了的法币，并规定
了金圆券的发行总限额为 20 亿元，每元的通货金圆券含纯金 0.22 公分。但政府
当局很快就自食其言，1948 年 12 月，金圆券的发行量已达 81.9 亿元，超过发
行限额 4 倍多。1949 年 5 月上海解放前夕，更猛增至 825,165 亿元，是发行限
额的 41,258 倍（见表 6-2）。

表 6-2　　　　　　　金圆券发行额与发行指数（1948—1949 年）

时间	发行额（元）	指数（1948 年 8 月 = 100）
1948 年 8 月	296,817,201	100
1948 年 9 月	956,752,494	322
1948 年 10 月	1,595,386,691	537
1948 年 11 月	3,204,321,603	1079
1948 年 12 月	8,186,333,371	2758
1949 年 1 月	20,821,562,771	7014
1949 年 2 月	59,663,510,771	20101
1949 年 3 月	196,059,526,871	66053
1949 年 4 月	5,437,394,166,690	1831899
1949 年 5 月	82,516,544,976,180	27800459

资料来源：中国社会科学院、中央档案馆编：《1949—1952 中华人民共和国经济档案资料选编金
融卷》，第 5-6 页，北京，中国物资出版社，1996。

如此天量的发行额和火箭式的增长速度，必然避免不了物价飞涨，币值猛
跌情况的发生。根据国民政府主计部统计局的统计，1946 年全国零售物价平均

---

① 中国社会科学院、中央档案馆编：《1949—1952 中华人民共和国经济档案资料选编金融卷》，
第 3 页，北京，中国物资出版社，1996。

总指数比抗战前的物价水平上涨了 4,300 倍，1947 年更增为 37,300 余倍，两年中月增长率为 17.8%。[①] 以法币与黄金、美元相比，其贬值的速度则更为惊人。1948 年 2 月，每两黄金合 2,200 万元，7 月即合 1.1 亿元，8 月超过了 6 亿元。1 美元与法币官价、黑市的兑率，1946 年底分别为 3,350 元和 6,063 元，1947 年底分别为 77,636 元和 149,915 元，至 1948 年 8 月则分别达 7,094,625 元和 8,683,000 元。[②] 实行金圆券改革后，货币的进一步贬值导致了物价飞涨情况更加恶化，全国批发物价指数，1949 年 1 月为限价时的 85.7 倍，2 月为 834 倍，3 月 19 日为 2,900 倍。[③] 而在此期间人们生活的主要食品价格上涨尤为猛烈，以南京为例，从 1937 年到 1949 年的 12 年中，南京的大米上涨了 5,000 多亿倍，豆油上涨了 8,000 多亿倍，麦粉上涨了 6,000 多亿倍，食糖上涨了 8,900 多亿倍。[④] 1948 年 10 月 9 日《大公报》以《涨价传奇录》栏目报道："有二人到饭店吃饭，吃完付账时，饭店要涨价一倍，二人不肯多付，发生了一场争吵。"1949 年 4 月 19 日《救国日报》消息："市场昨陷混乱，物价狂涨，瞬息万变。"

币值大幅贬值，物价疯狂上涨，使国民政府的货币信誉一落千丈，部分国民政府统治区的人民已开始拒绝使用国民政府发行的纸币，开始以黄金和银元作为一般等价物，更多的农村地区更是采取了物物交换的原始方式，这实际上是货币制度发展的一种倒退。同时物价疯狂上涨给广大人民带来了一场灾难。诚如列宁所指出的："滥发纸币是最坏的一种强迫公债，它正在使工人和贫民生活状况最为恶化。"[⑤] 当时广大劳动人民的生活状况是"工资增加像蜗牛，物价上涨像气球"，"早晨糠饼两手捧，晚上糊粥照人影"。其时，物价飞涨已推翻了社会秩序和政治信心，迫使各阶层人民不得不团结起来与政府斗争，人们纷纷起来进行抗议、罢工、罢课、罢市。物价疯狂上涨带来的社会动荡直接动摇了国民政府政权的稳定，其统治处在风雨飘摇之中。正是在此历史背景下，共产

① 南京国民政府资源委员会档案，藏中国第二历史档案馆。
② 陈孝威：《为什么失去大陆》下册，第 430 页，台北，台湾文海出版社。
③ 黄元彬：《金圆券的发行和它的崩溃》，《文史资料选辑》第 8 辑。
④ 根据 1950 年中央贸易部编印的《物价参考资料》中的有关数据计算得出。
⑤ 《列宁文选》第 2 卷，第 124 页，北京，人民出版社，1955。

党领导的政府在统一全中国后，有必要发行我们的货币，肃清国民政府发行的纸币，确立我们发行货币的法定地位。同时更要稳定我们所发行货币的币值，保持物价相对稳定，重塑广大人民对纸币的信心，更好地恢复和发展新中国的国民经济。

第二节 统一货币发行与人民币制度 在全国范围的确立

新中国的货币统一，也经历了由多元化分散货币发行格局到一元化货币发行格局的转变历程。从统一货币发行的对象来看，可分为两部分：一是统一各解放区发行的货币，二是取缔和收兑国民党政府发行的货币。统一货币发行为人民币制度在全国范围的确立奠定了扎实的基础。而为进一步巩固人民币制度，建立健全人民币的本位货币地位，政府与中央银行联合使用经济和行政的手段，有效禁止了金银计价流通和外币流通，推行人民币下乡，从而最终实现了全国范围的货币统一。

一、统一各解放区发行的货币

新中国统一货币发行的历史渊源可以追溯到第二次国内革命战争时期。1931 年 11 月，中华苏维埃共和国临时中央政府建立了中华苏维埃共和国国家银行，在中央革命根据地所辖各地建立了分行和支行，被中央政府赋予发行钞票的特权，在中央苏区统一发行、统一流通。后其在长征中改组为中华苏维埃共和国国家银行西北分行，1937 年根据国共合作的需要改名为陕甘宁边区银行，其原发行的货币也由陕甘宁边区银行收回。此后由于抗日战争的爆发，共产党在敌后创建了众多的抗日根据地，各分散的根据地为了发展生产、支持战争的需要，大都建立了自己的银行，发行了自己的货币。而自抗战胜利后直至新中国成立之初，在全国范围内完全实现对各解放区货币发行的统一和流通则经历了三个不同的阶段。

第一阶段，在本区内部的统一，建立区际间的货币联系（1945 年 8 月至 1946 年底）。抗日战争胜利后，根据地扩大了，彼此被分割的状态被打破，部分根据地也连成一片。随着生产的发展，物质的交流，商民往来日益增多，而原来的区域性的银行和货币已不能适应实际的需要。因此，一些大的解放区开始着手进行了本区内的货币统一。如华中银行于 1945 年 8 月成立之后，统一发行华中币，同时收回原分散在江、浙一带的 9 家革命根据地银行（江淮银行、淮南银行、盐阜银行、淮海银行、淮北银行、江南银行、浙东银行、大江银行和建设银行）发行的货币。晋察冀边区以边币统一了冀中、冀热辽等地区发行的各种流通券。晋冀鲁豫边区以冀南币统一了鲁西币及太行、太岳版的各种票币。

为有利于解放战争的进展，并为适应各解放区之间贸易物资往来的需要，中央政府建立了解放区之间的货币往来关系，并为适应各解放区之间贸易物资往来的需要，建立了解放区区际间的货币联系，按照"互相支持，互不流通，公平交换"的原则，进行兑换和通汇。1946 年晋察冀、晋绥、山东渤海和晋冀鲁豫等地银行先后划定了通汇范围，在指定的通汇地点进行区际间的通汇和货币兑换工作。

第二阶段，实行固定比价，混合流通，并逐步扩大流通区域（1947 年 1 月至 1948 年 11 月）。1947 年春，人民解放战争取得了重大胜利，即将转入全面反攻。土地改革已在各区开展，有的大体完成，农村经济正在发生重要变化。各解放区不断扩大和巩固，商民往来、物质交流日益频繁，而各解放区之间的货币不相互流通状况已逐渐成为一种阻碍，亟需改变。在此背景下，1947 和 1948年，先后在河北邯郸近郊冶陶镇和石家庄召开了华北财经会议和华北金融贸易会议。两次会议分别指出："各解放区的货币贸易关系，应即进行适当调整，便利人民物质交流，使我对敌经济斗争力量加强，步调一致。……各区货币应相互支持，便利兑换……""为着生产的发展，繁荣经济，便利各地区的物资交流，避免交换中的不应有的损失，我们必须使我们的货币相当稳定，并把各地区的货币统一起来。"① 根据会议精神，各解放区实行了固定比价，混合流通，并逐步扩大了混合流通区域。首先是在区际间接壤地带划定货币混合流通市场，规定各自发行的货币在混合地带有流通、兑换、携带、保存四大权利。如 1947

---

① 石雷：《新中国本位货币——人民币的诞生及新中国货币的统一》，载《金融与经济》，1986（10），第 42 页，1986（11），第 59 页。

年7—8月，晋察冀边区银行、北海银行、冀南银行在德石路、津浦路沿线的沧州、泊镇、德州、深县、宁晋、新河等接壤地区建立联合兑换所和货币混合流通区。规定在混合流通区域内，各种解放区的货币可以自由地流通、携带、保存和兑换，但如到对方区内，则还须按一定的比价兑换成对方的货币。然后将混合流通的区域扩大到各解放区内，不再仅限于接壤地带。1947年10月24日，中共中央批准了华北财经会议报请的各解放区货币兑换比价（见表6-3），并规定按照批准的兑换比价，各解放区货币，可以互相流通。[①] 到1948年11月，华北、华东和西北三大解放的货币已实现了固定比价，混合流通。最后，实行固定比价、混合流通以后，为了逐步减少货币种类，便于统一货币，各地区又进一步实行只发一种货币而停发另一种或其他货币的措施。如在西北区，停止发行陕甘宁商业流通券和陕甘宁边区银行币，只发行西北农民银行币；在华北区，停止发行晋察冀边币，只发行冀南币；在华东区，停止发行华中币，只发行北海币。这样，到1948年11月，除中原解放区的中州农民银行券、东北解放的东北银行券以及冀察热辽解放区的长城银行券仍在各自地区成为独立的货币外，华北、西北、华东三大解放区已经初步完成了本区内货币的统一，实现了三区之间的自由流通，为全国货币的统一创造了良好的条件。

---

① 《华北金融贸易会议综合报告中关于货币政策与货币斗争问题》，中国人民银行金融研究所、财政部财政科学研究所编《中国革命根据地货币（下册）》，第91页，北京，文物出版社，1982。注：根据《华北银行总行为规定北币与农币、冀币与陕贸券、华中券的关系的通知》总业货字第七号规定：一、北币与西农币关系问题：北币与西农币规定固定比价，互不流通，即北钞不在西北区流通，西农钞不在华东区流通。如西农币流至华东区，或北海币流至西北区，则由当地银行进行兑换，比价固定为北海币一元西农钞二十元。二、冀钞与陕甘宁贸易公司流通券关系问题：冀钞与陕贸券（包括陕甘宁边区票），规定固定比价，陕贸券不在华北区流通。如陕贸券流至华北区，则须经过银行兑换。比价规定为冀钞一元等于陕贸券二十元或陕甘宁边区银行票四百元。三、冀钞与华中券关系问题：华中券与冀钞规定固定比价，互不流通。如华中券流至华北区，则由当地银行兑换。冀鲁豫黄河南陇海线附近地区因来往贸易较多，且已混合流通，故可准许华中券与冀钞等价相互流通。流通范围由冀鲁豫分行会同行署根据当地情况具体划定，报告总行。比价固定为冀钞一元等于华中券一元。

表 6 – 3　　　　　　各解放区货币兑换比价表（1947 年 10 月）

货币种类	冀南币	晋察冀边币	北海币	西北农民银行币	华中银行币	陕甘宁贸易公司流通券	陕甘宁边区银行币
冀南币	—	1:10	1:1	1:20	1:1	1:20	1:400
晋察冀边币	10:1	—	10:1	1:2	10:1*	1:2*	1:40*
北海币	1:1	10:1	—	1:20	1:1*	1:20*	1:400*
西北农民银行币	20:1	2:1	20:1	—	20:1*	1:1*	1:20*
华中银行币	1:1	1:10*	1:1*	1:20*	—	1:20*	1:400*
陕甘宁贸易公司流通券	20:1	2:1*	20:1*	1:1*	20:1*	—	—
陕甘宁边区银行币	400:1	40:1*	400:1*	20:1*	400:1*	—	—

资料来源：根据中国人民银行金融研究所、财政部财政科学研究所编：《中国革命根据地货币（下册）》，北京，文物出版社，1982，第 91 页中有关数据整理。标 * 比价为笔者根据相关比例关系推算得出。

第二阶段，人民币的诞生和统一发行，固定比价，以人民币逐步收回各解放区发行的货币（1948 年 12 月至 1951 年 4 月）。尽管华北、西北、华东解放区实现了固定比价，混合流通，但流通中的货币种类依旧繁多，即使是同种货币，其面额不一，版式也多样复杂，比价不同，折算不便，这种状况给部队作战和解放区的经贸往来造成了很大影响。因此，客观上要求货币发行和流通加快统一的步伐，更须有全国范围内的统一货币，以适应当时经济发展和人民解放战争胜利发展的需要。"华北各解放区货币的统一，仍没有把我们的货币问题完全解决。货币问题的完全解决，还有待于人民解放战争的完全胜利。"[1] 而到了1948 年冬季，辽沈战役、济南战役已经胜利结束，淮海战役正在进行，平津战

---

[1] 《华北金融贸易会议的综合报告》，中国社会科学院、中央档案馆编：《1949—1952 中华人民共和国经济档案资料选编金融卷》，第 27 页，北京，中国物资出版社，1996。

役即将开始，东北全部、山东大部分地区已经解放，长江以北广大解放区已经连成一片，人民解放战争胜利在望。同时，"中国人民银行筹备处"经过近一年的筹备，已做好了发行统一货币的各项准备。此时货币统一的条件和时机均已成熟。

1948年11月18日，华北人民政府召开第三次政务会议，商讨"成立中国人民银行，发行统一货币"的议案，并任命南汉宸为中国人民银行总经理。华北人民政府经与山东省政府、西北区政府协商，报经党中央批准，于1948年12月1日，向社会各界发出金字第四号布告，统一华北、华东、西北三区的货币。华北银行、北海银行、西北农民银行合并为中国人民银行，以原华北银行为总行，即日起发行中国人民银行钞票（以下简称人民币[①]），定为华北、华东、西北三区的本位货币，统一流通。同日，刚成立的中国人民银行在河北省石家庄市发行了第一批人民币——10元券、20元券、50元券共三种票币，华北、华东、西北三大解放区也同时发行。中国人民银行的成立和人民币的发行，开创了中国金融史上的新纪元。华北人民政府布告规定，"所有公私款项收付及一切交易，均以人民币为本位币"。[②] 人民币"不但统一华北、华东、西北三区的货币，且将逐步统一所有各解放区的货币，成为新中国战时的本位货币"。[③] 人民币的发行标志着新中国货币制度的开端。

人民币的发行只是统一的货币制度建立的开始，为统一各解放区的货币，实现人民币的统一发行和流通，确立人民币的本位币地位，我们又采取了两步走的策略。首先是采取了固定比价、混合流通的过渡办法。华北人民政府根据各解放区主要物质的物价水平，合理计算出相应的比价，规定了人民币与各种解放区货币的比价。人民币对冀南币、北海币均为1:100，对晋察冀边币为1:1,000，对西农币为1:2,000，并强调，人民币发行之后，冀南币、晋察冀边币、

---

① 华北人民政府布告中原称新币，这里为便于理解，统一称为人民币。
② 《华北人民政府布告金字第四号》，中国人民银行金融研究所、财政部财政科学研究所编：《中国革命根据地货币（下册）》，第97页，北京，文物出版社，1982。
③ 《华北人民政府布告金字第四号》，中国人民银行金融研究所、财政部财政科学研究所编：《中国革命根据地货币（下册）》，第96页，北京，文物出版社，1982。

北海币、西农币（以下简称旧币）逐渐收回。旧币未收回之前，旧币与人民币固定比价，照旧流通，不得拒用。① 由于上述旧币比价相对人民币较低，在流通中实际上充当了人民币的辅币功能，当时在一定程度上有利于人民生活和物质交流的实际需要。然后是逐步收兑各解放区的货币。中国人民银行筹备处于1948 年 8 月在《关于发行统一新货币意见书》中提出："关于印制方面尚无问题，唯钞票纸的供给，尤须考虑，按现在估计，明年华北区自造印钞纸 15,000令，东北可购到 10,000 令，而向敌区采购的至多不过 5,000 令，合计印钞纸明年的供给量，仅在 30,000 令左右，每令可裁票纸 4 万小张，按 3 万令计算，共裁票纸 12 万万小张，假如每张新币票面以 20 元计算，再以新币 1 元换冀钞 50元则 12 万万小张可印制新币 240 万万元，按每元比价冀钞 50 元，可值冀钞 1 万万 2,000 万元，如此除供明年增加发行之用外，估计尚有一小部分力量，可用以收回旧币。"② 尽管中央银行在成立之初就已规定要逐步收回各解放区的货币，但由于收回的条件尚不具备，因此，在人民币发行之初，大量的解放区货币与人民币还是固定比价，混合流通。直至 1949 年 5 月，由于印制人民币的物质条件逐渐转好，中央银行才发出《收兑旧币通令》，③ 采取各种方式和方法开始有计划地逐步收回各解放区的货币。如 1949 年 4 月，以 1:100 的比价开始收兑华中币，同年 11 月，以 1:3 的比价收兑中州币。考虑到各解放区发行的货币都是人民政权自己发行的货币，因此在用人民币统一发行和流通的过程中，人民政府不仅对当时各大解放区的货币，而且对早在土地革命时期和抗日战争时期各革命根据地发行的货币，均一视同仁，采取了"固定比价、混合流通、逐步收回、负责到底"的方针。正如当时担任中央银行总经理的南汉宸所说："人民政府不但对中国人民银行新币负责，而且对一切解放区银行过去发行的地方货币负责。将来我们收回地方货币的时候，一定按照现在所规定的比价收兑，兑到

---

① 《华北人民政府布告金字第四号》，中国人民银行金融研究所、财政部财政科学研究所编：《中国革命根据地货币（下册）》，第 32 页，北京，文物出版社，1982。

② 中国社会科学院、中央档案馆编：《1949—1952 中华人民共和国经济档案资料选编金融卷》，第 29 页，北京，中国物资出版社，1996。

③ 尚明：《当代中国的货币制度与货币政策》，第 37 页，北京，中国金融出版社，1998。

最后一张为止。"① 至 1950 年 4 月已收回的旧币合人民币 239.5 亿元，占发行总额的 82.95%。②

　　因东北地区解放较早，工业基础较好，物价比较稳定，新中国成立前夕为使其不受关内战争和物价的影响，尽早地恢复生产进行建设，以更好地在财政上支援全国，所以当时中央决定暂时保持东北区原来的货币制度。到 1951 年，由于我国物价已基本稳定，抗美援朝的胜利也使东北有了稳定的环境，因此同年 3 月 20 日，政务院颁布了《收兑东北币和内蒙古人民银行发行的地方流通券》的命令，规定人民币与东北币和内蒙古地方流通券按 1:9.5 的比价收兑。同时规定，自 1951 年 4 月 1 日起，东北地区和内蒙古地区，一切计价、记账、契约等，均改为以人民币为法定本位货币。1951 年 4 月 1 日以前的债权债务关系，均按规定比价折合人民币计算清偿。东北币和内蒙古人民银行地方流通券的收兑工作又分成两个阶段进行：4 月 1 日至 4 月 30 日（内蒙古至 5 月 31 日）为第一阶段，在此期间，一方面收兑，另一方面仍允许东北和内蒙古地方流通券流通，以保证生产和交换正常进行，5 月 1 日至 31 日（内蒙古为 6 月 1 日至 7 月 31 日）为第二阶段，在此期间，停止东北和内蒙古地方流通券流通，可无限制兑换。这次货币统一由于人民币币值稳定和准备充分，进行得非常顺利，没有引起社会震荡和物价波动，就东北来看，从 4 月 1 日至 6 月底（为照顾偏僻地区，政府将兑换期限延长至 6 月底），共收回东北币 154,527 亿元，占东北币发行总额（162,000 亿元）的 95% 以上。③ 至此，各解放区的旧币收兑和货币统一工作基本结束。

二、取缔和收兑国民党政府发行的货币

（一）取缔和收兑国民党政府发行的货币

　　在全国解放前夕，国民党政府于 1948 年 8 月发行的金圆券仍在一些大城市

---

　　① 《人民日报》，1949 年 1 月 19 日。
　　② 尚明主编：《新中国金融五十年》，第 41 页，北京，中国财政经济出版社，2000。
　　③ 中国社会科学院、中央档案馆编：《1949—1952 中华人民共和国经济档案资料选编金融卷》，第 41 页，北京，中国物资出版社，1996。

中广泛流通。1949 年 7 月，国民党政府又在广州和重庆发行银圆券。这些国民党政府发行的货币继续在市场流通，不仅阻碍了人民币完全占领市场，而且由于其急剧贬值，给广大人民带来了重大损失。因此，人民政府对国民党政府发行的货币实行坚决、迅速、彻底肃清的方针，在新解放的地区，首先明令禁止金圆券等货币的流通，其次为了照顾工人、农民、职员、学生的利益，对金圆券等货币采取排挤为主、收兑为辅的方针，在解放战争早期将收兑的金圆券等货币迅速输送国统区换回物资。在解放战争后期，为了保护广大群众不受损失，规定了人民币与金圆券限期兑换的时间和方法。而随着金圆券的急剧贬值，人民政府在新解放区将兑换比价不断调低，规定的收兑期限越来越短（见表 6 - 4）。

表 6 - 4　　　　　　几个城市人民币与国民党政府货币收兑比价表

（1949 年 1 月至 1950 年 1 月）

城市	收兑日期	收兑比价
天津	1949 年 1 月 21 日至 2 月 19 日	1:6（人民币:金圆券）
北京	2 月 2 日至 2 月 22 日	1:10（人民币:金圆券）
太原	4 月 26 日至 5 月 1 日	优惠价 1:8,000（人民币:金圆券） 一般价 1:10,000（人民币:金圆券）
南京	4 月 29 日至 5 月 5 日（原定为 5 月 8 日完成）	1:2,500（人民币:金圆券）
上海	5 月 30 日至 6 月 5 日	1:100,000（人民币:金圆券）
广州	11 月 1 日	1,500:1（人民币:银圆券）
重庆	12 月 10 日至 1950 年 1 月 5 日	100:1（人民币:银圆券）

资料来源：黄鉴晖：《中国银行业史》，第 236 页，太原，山西经济出版社，1994；中国社会科学院、中央档案馆编：《1949—1952 中华人民共和国经济档案资料选编金融卷》，第 174 - 178 页，北京，中国物资出版社，1996。

从表 6 - 4 中可以看出，1949 年 1 月 21 日，天津市人民币与金圆券的兑换比价为 1:6，收兑期限近 30 天；2 月 2 日，北京市人民币与金圆券的兑换比价为 1:10，收兑期限为 20 天；南京市是 1:2,500，限期为 10 天；到 5 月上海解放时，兑换比价已调整为1:100,000,收兑期限仅为7天。到1950年初,国民党政府发行的货币在解放区内已被基本肃清。在收兑过程中,为提升人民币的影响力,树立人民币的权威,人民政府还明确规定,中央银行所发行的人民币,为解放区统一流通的合法货币。所有完粮纳税以及一切公私款项收付、物价计算、账务、债务、票据、契约等均须以人民币为计算及清算本位,不得再以金圆券或黄金银元及外币为计算及清算本位。并且强调在暂准流通期间,人民有权自动拒用金圆券,任何人不得强迫其收受。可见由于金圆券急速贬值,人们对其争相排斥,避之唯恐不及。因此,解放后各地收兑金圆券,在很短时间内便告结束,金圆券很快就在市面绝迹。事实上,收兑金圆券的工作,不过是给失去货币效用的纸币"料理后事"而已。

(二)取缔和收兑少数民族地区发行流通的货币

对于少数民族地区,考虑到少数民族群众长期形成的心理和习惯,为照顾少数民族的利益,安定人心,尽快稳定币值,恢复市场,人民政府对少数民族地区发行流通的货币采取了不同的政策。如新疆和平解放后,人民政府并没有立即以人民币取代当地货币——银元票①,而是决定继续保留银元票为新疆合法的临时流通货币,并采取了三方面的措施:一是割断银元票与银元的直接联系,停止兑现;二是以银元票统一新疆的货币,规定原三区流通的"三区期票"②停止发行,按照与银元票1,250:1的比价在全疆范围内混合流通,并逐步收回;三是为支持新疆经济的尽快恢复,在初期适当调高银元票与人民币的比价,以促进内地物资输入新疆,后随着新疆经济的逐步好转,再合理调整比价关系,使之符合客观比价。从1950年到1951年,比价由1:500调整到1:350。经过两年多的时间,新疆经济已得到初步恢复和发展,物价水平日趋稳定,货币统一的条件和时机也趋于成熟。因此,人民政府于1951年10月1日发出布告,在新疆发行印有维吾尔文字的人民币,以人民币350元兑换银元票1元的比价收回

---

① 银元票为新疆省国民政府为解决国民党中央政府发行金圆券飞速贬值问题,稳定本区内物价,而于1949年币制改革后发行的货币。

② 1944年11月伊犁、塔城、阿勒泰三区爆发少数民族人民反对国民党政府统治的革命武装斗争,后建立了三区革命政权,并于1945年发行"三区期票"。

银元票，收兑期为 3 个月，至 1951 年底，人民币已成为新疆流通领域内的唯一货币。

至此，除台湾、西藏因情况特殊仍允许当地货币、银元和人民币混合流通外，[①] 全国市场已基本完成了货币的统一。

三、人民币市场的进一步稳定和巩固

（一）禁止外币流通，肃清外币影响

由于历史和政治等诸多原因，新中国成立前后境外货币（主要是美元和港币）仍在中国境内市场上流通和自由买卖。当时美元主要流通于各大城市，约 3 亿元，港币主要流通于华南各地，约 5.8 亿元。[②] 因此，禁止外币在境内市场上流通，是巩固人民币制度、稳定金融的重要前提。各地解放后，当地人民政府也先后颁布了外汇管理办法，明令禁止外币计价流通和私下买卖。其采取的主要措施有：取缔外国银行在中国发行货币权和垄断中国外汇经营权；规定合理牌价，收兑各种外币，禁止一切外国货币在中国市场流通和私相买卖；规定凡持有外币者，必须在一定时期内按规定牌价到中央银行或指定机构兑换人民币，或以外币存款形式存入银行；取缔和打击外币黑市交易，对违法活动，采取没收或强制兑换手段；加强外汇统一管理，一切外汇业务，包括国际贸易结算、国际汇兑、外汇买卖都需要由中央银行及其指定机构办理。

1949 年 6 月 8 日，上海市军管会为重申严禁外币在市场计价流通，发出布告："兹据华东区外汇管理暂行办法第六条之规定：凡持有外币之商民人等，限于外汇交易所成立后半个月内，向中国银行按牌价兑换人民币，或存入中国银行取得外汇存单，凭存单向指定之外汇交易所自由交易，并重申严禁以外币在市场计价流通……"[③] 截至 1949 年底，仅上海、天津两地就兑换 860 多万美元、

---

① 1959 年 8 月 10 日西藏自治区筹备委员会发出布告，决定以人民币限期收兑藏币，即日起禁止藏币流通。

② 尚明主编：《当代中国的货币制度与货币政策》，第 39 页，北京，中国金融出版社，1998。

③ 中国社会科学院、中央档案馆编：《1949—1952 中华人民共和国经济档案资料选编金融卷》，第 183 页，北京，中国物资出版社，1996。

670 多万港元，其他外币折合 200 多万美元。

由于港币在广东等华南地区流通范围很广，是计价和流通的主要手段之一，并与侨汇紧密结合，影响根深蒂固，且港币流通数量巨大，所以收兑和肃清难度大。因此，1949 年 11 月 18 日，广州市军事管制委员会在布告中声明："严禁一切外币计价、流通或私相买卖，但准许外币持有人，向本市中国人民银行及其指定机构，办理原币存款或按牌价兑换人民币。但对于港币，因其在国民党反动统治广东期间，流通甚为普遍，久已深入农村，全部兑换人民币，尚须时日，为维持市场交易起见，可在短期内按照银行牌价，暂时行使，使人民获有兑换的充裕时间。但一切税收，公营及公用事业机关必须使用人民币，同时人民有拒用港币之自由。"① 具体来说，对肃清港币采取了三步走的策略：首先，采取以排挤为主的方针，一方面允许港币在市场上流通，同时压低港币与人民币的兑换比价，迫使港币流回香港；另一方面通过开展大规模的宣传教育，打击港币黑市，缩小港币流通范围。然后，对港币由排挤为主转为大量收兑为主，组织力量收兑港币。最后，禁止港币在市场上流通。

由于实行了先禁止外币流通，继而采取有步骤的肃清政策，并抓紧时机开展存兑工作，自 1950 年 3 月后，外币广泛流通的局面大大改观：一是停止了外币流通，外币黑市仅限于个别零星活动，且基本上为我牌价所控制，一扫国民党统治时期外币横流、物价波动的情形；二是由于银行大力开展存兑工作，加上允许有管制的自备外汇进口，外币存留民间者已为数不多，在全国范围内基本上制止了外币在国内市场上的流通。

（二）采取行政和经济手段相结合的方式，迫使金银退出流通领域

解放前，通货膨胀严重，货币急剧贬值。人民群众为了避免损失，纷纷采用金银计价流通，金银成为市场流通的主要货币。据估计，新中国成立前国内市场流通和民间收藏的黄金约为 500 万两，白银（包括银元）5 亿两。② 解放初期，由于人民币尚未占领全国市场，市场上以金银计价流通的现象十分普遍，

---

① 中国社会科学院、中央档案馆编：《1949—1952 中华人民共和国经济档案资料选编金融卷》，第 182 页，北京，中国物资出版社，1996。

② 杨希天等编：《中国金融通史第六卷》，第 36 页，北京，中国金融出版社，2002。

金银在相当广的范围内充当了流通手段，特别是在广大农村地区银元的使用更为广泛。同时金银投机倒卖活动猖獗，助长了市场物价的飞涨，给人民币的稳定、经济的发展带来混乱。因此，要有效巩固人民币市场，除了肃清国民党政府发行的货币、外币外，还必须禁止金银计价流通，加强对金银的管理，打击金银投机。

为使人民币尽快驱逐金银，占领市场，同时又不至于引起人民币过量发行，人民政府采取了禁止金银流通和差别兑换的政策，并运用行政和经济的手段，成功迫使金银退出了市场流通。

1949 年，华北、华东、华中和华南各区人民政府先后颁布了《金银管理办法》，规定并采取了以下主要措施：一是严禁以金银计价、流通和私下买卖，金银由中央银行统一管理。凡属金银的买卖、兑换、配售，统一由国家银行办理。二是中央银行挂牌收兑银元，并几次适当提高牌价，鼓励人民兑换。到 1949 年底，上海收兑银元 108 万多枚，北京收兑 22 万多枚，[①] 其他各地也积极进行了收兑。同时为了避免大量收兑金银而过多地投放货币，给不稳定的市场物价增加压力，国家不急于收兑在地主、资产阶级手中的大量金银，并且规定了较低的收兑价格。而对人民群众手中持有的小量金银，在需要出售时银行按照适当价格进行收兑。三是明确规定金银饰品业（私营金店、银楼等）的业务范围。禁止其从事生金银的买卖，其饰品原料由中央银行配售，并进行严格的监督管理。

为制止金银投机，各地人民政府在颁布《金银管理办法》后，即组织行政力量严厉查缉金银投机活动。1949 年 3 月 4 日，北平市军管会查缉银元黑市，在 3 天内拘捕银元贩子 380 人。1949 年 6 月初，上海的投机分子以证券大楼为大本营，利用电话网与全市各个据点进行联络，报喊行情，哄抬价格，从 6 月 1 日至 10 日的 10 天内将银元价格抬高了两倍，从而带动了物价的上涨。在这种情况下，根据中央《关于打击银元使人民币占领市场阵地的指示》，上海市人民政府于 6 月 10 日立即行动，在投机分子集中活动的高峰时刻，一举查封了证券

---

① 尚明主编：《当代中国的金融事业》，第 46 页，北京，中国社会科学出版社，1989。

大楼，缉获现行投机分子1,000余人，拘捕其中情节严重的200余人，对其他的投机据点也一并取缔。在此前后，人民政府还广泛开展宣传教育，发动人民群众声讨银元投机，坚决拒用银元，取缔了街头巷尾的银元黑市交易。随后，南京、武汉、杭州等其他大城市也开展了打击银元的斗争并取得胜利。同年12月5日，广州市人民政府组织了2,000余人，对地下钱庄和炒卖金银、外币摊档（当地称其为"剃刀门楣"）集中的地段进行了大清查，查获地下钱庄170家、"剃刀门楣"498个，对1,016个投机分子分别给予惩处或教育释放。①

这些政策措施的实施，到1950年基本解决了金银计价流通的问题，割断了长期以来形成的金银与物价的联系，把分散的金银集中到国家手中，增加了国家的外汇储备，保证了生产建设对金银的需要，迫使金银退出市场流通领域，为人民币市场的进一步巩固扫清了一大障碍。

（三）推行人民币下乡，占领农村市场

由于国民党政府实行恶性通货膨胀政策，纸币迅速贬值，广大农民和商人为保护自己的利益，纷纷拒用纸币，在市场交换中使用银元等硬通货，一些地区甚至实行以物易物。人民解放军渡江前，解放战争是先解放乡村后解放城市，在金融和贸易方面，人民币由于币值相对稳定，在乡村地区已为广大农民所接受，城市一解放，人民币占领城市流通市场是比较容易的。渡江以后，情况则不同了，由于我们是先占城市，后占乡村，而城乡均是银元市场，乡村非但不能帮助城市推行人民币，而且本身人民币的推行也十分困难。如果说在城市解放后，人民政府主要采用行政手段快速有效地禁止了金银流通，使人民币迅速占领了市场，那么对于幅员广大的农村来说，以经济手段为主使人民币占领市场则是最佳选择，因为行政命令为主不仅实施成本过高，而且会损害广大农民的利益。人民币下乡，要遵循"向老百姓要什么，给群众什么"的指导思想，因此必须将人民币下乡和物资下乡结合起来进行，逐渐改变农民心中"银元优势"的观念，使人民币站住脚跟。在人民币币值基本稳定的前提下，人民政府采取了以下主要的经济措施：一是政府在乡村征收的各种税费，除公粮外，一

---

① 尚明主编：《当代中国的金融事业》，第51页，北京，中国社会科学出版社，1989。

律收取人民币，以促使人民币的流通；二是中央银行积极扶持城乡运销事业，畅通城乡物资流通，通过农贷和押汇（埠际押汇和进出口押汇），使人民币深入农村；三是通过大力开展城乡物资交流，即鼓励工业品下乡和大量收购农副产品，使人民币取代银元和实物交换，占领农村市场。1950 年至 1951 年，经过上述财政、金融、贸易三大经济手段的促进，银元基本退出市场流通，以物易物的比重和范围也大幅缩小，人民币最终深入农村。据调查，1950 年前人民币尚未占领新解放区农村，而到 1952 年底，农民持有的人民币已达 14.2 万亿元，占当时人民币流通总量的 51.6%。[①]

① 中国社会科学院、中央档案馆编：《1953—1957 中华人民共和国经济档案资料选编金融卷》，第 815 页，北京，中国物资出版社，2000。

第三节　人民币制度的特点

新中国是一个完全独立的社会主义国家，经济上的统一性是我国经济的基本特征。人民币作为社会主义经济的重要工具，必然要适应社会主义经济发展的需要，反映新中国政治和经济上的特征，因此，人民币与旧中国的货币相比，有三方面的显著特点。

一、人民币发行的统一性

旧中国金融市场上多种货币混杂流通，国民党政府在实施法币政策后，币制得到初步统一，发行也趋于集中，但是从当时情况看，除中央银行、中国银行、交通银行、农民银行四行有法币发行权外，各省地方银行普遍有发行小额及辅币券的权力，货币流通情况仍较为混乱。即使是在 1942 年国民党政府赋予中央银行独享货币发行权后，金银和外币仍在较大市场范围内流通，因此多种货币混杂流通的局面并没有根本改变。

从源流上来说，新中国的人民币制度是解放区货币制度进一步发展的产物，它充分吸取了解放区银行发行货币的经验，在一开始就赋予了中央银行掌管发行人民币的权利，使货币的发行更加集中统一。新中国成立后，在统一解放区货币和国民党政府货币的基础上，彻底肃清了金银计价流通和外币流通，结束了货币流通的紊乱状况。人民币成为市场上流通的唯一货币，中央银行成为国家唯一发行货币机关，负责集中统一印制和发行人民币，管理人民币流通，从而真正实现了全国货币的统一。

为保证货币发行权集中于中央银行，便于统一人民币的发行和调度，1949 年 10 月政务院财经委员会颁发了《关于建立发行库的决定》。根据这一决定，中央银行于 1950 年 10 月制定并颁发了《中国人民银行发行库制度》，[①] 规定发行库为中央银行组成部分之一，分别在总行、省市分行、中心支行设总库、分库、支库三级机构，一般县支行酌设保管库。明确了总、分、支和保管库的职责分工。总库主要根据全国发行计划，管理发行基金，依市场需要，办理货币调整事宜；拟定全国发行库各种制度，并进行管理检查等事宜；根据全国出纳计划，办理业务缴存解拨之款项及各分库款项调拨事宜。分库、支库和保管库主要根据上级库的出入库凭证、办理库款收付及库款运送事宜，并根据核准之出纳计划，接收业务缴存及解拨款项，办理汇总报告事宜，并依据实际需要，办理大小票之调整兑换事宜。

建立发行库制度，还要求各地印币厂印制的币券必须如数交发行库，发行库实行垂直系统独立的会计制度。强调发行库款之收付及保管，均为人民币。其他货币及金银实物，无总库命令，均不得出入库。由此可见，发行库制度的确立以及各级发行库的建设，从制度和操作层面进一步确保了货币发行的集中和统一。

二、人民币的物质本位性

旧中国几千年来一直以白银为货币，先是以银两为本位，国民党政府实施"废两改元"后过渡为以银元为本位。此后又进行了三次主要的币制改革，先后发行了法币、金圆券和银圆券。法币是金本位汇兑制，与英镑、美元直接挂钩，规定法币 1 元折合英镑 14.5 便士或 0.295 美元。同时"为使法币对外汇价按照目前价格稳定起见，应由中央、中国、交通三银行无限制买卖外汇"，[②] 其虽然没有规定法币的含金量，但由于英镑和美元都是以黄金为基础的货币，因此法币的价值基础依然是黄金，是黄金的价值符号。国民党政府把在国内收兑的白银换成黄金存放英美两国，作为法币发行的准备金。据统计，抗战前中国存在

---

① 中国社会科学院、中央档案馆编：《1949—1952 中华人民共和国经济档案资料选编金融卷》，第 118 页，北京，中国物资出版社，1996。

② 周伯棣：《白银问题与中国货币政策》，第 180 页。

伦敦的法币准备金有 2,500 万英镑，存在纽约的约有 12,000 万美元。[①] 之后发行的金圆券和银圆券分别属于金本位和银本位的货币，均直接规定了其法定的含金量或兑换牌价。

不同于旧中国的货币制度，新中国的人民币具有物质本位性。人民币的币值不与黄金、外币挂钩，不规定人民币的含金量，人民币也不能自由兑换黄金，黄金价格的变动对人民币的购买力没有直接的影响。在发行之初，即申明人民币不与金银相联系，而以丰富的生活资料供应为保证。1948 年 12 月 7 日新华社发表社论《中国人民银行发行新币》，宣布解放区的货币从它产生的第一天开始，"即与金银完全脱离联系"，并提出用作货币保证的不是金银，而是"比金银更可靠的粮食、布、棉以及其他生产和生活所必需的重要物资"。[②] 多年的解放区货币斗争经验证明，政府所掌握的粮食、棉布等日用必需品是货币最可靠的保证，不需要依靠黄金，货币是各种商品的一般等价物，它不一定要同金银联系，也可以同其他商品联系。它作为一种价值符号，一种流通手段，完全可以把它的价值基础建立在与之交换的各种商品上。因此，保证人民币币值稳定的基础不是黄金，而是掌握在国家手中的按固定价格投入流通的大量的商品，这是人民币价值最重要的保证。

人民币制度也不同于社会主义国家苏联的卢布。斯大林在关于《政治经济学教科书》的谈话中强调，货币是黄金的符号，并为卢布规定含金量，其所以强调黄金，是因为苏联盛产黄金，约占世界产量的五分之二。中国的人民币没有规定含金量，而是以国家信用为发行基础，其汇率主要是依据各国货币的实际购买力确定的。实际上当时人民币的购买力较高，"人民币单位价值甚至高于卢布。"[③]

三、人民币的相对稳定性

国民党政府统治时期，出于积累官僚资本和维护其统治的需要，长期实行

---

① 尚明、吴晓灵、罗兰波：《银行信用管理与货币供应》，第 46 页，北京，中国人民大学出版社，1992。

② 《人民日报》，1948 年 12 月 7 日。

③ 杨培新：《南汉宸与新中国金融制度的创建》，载《中国金融》，2004（8），第 61 页。

通货膨胀政策。恶性的通货膨胀引起了物价暴涨，币值大跌，导致了无论是在城市还是在农村，人们普遍怀有"存物不存钱"的心理。货币除在城市中尚有部分流通手段的职能外，其价值尺度、支付手段和储蓄手段的职能作用大部分消失。而人民币制度建立后，长期保持了相对稳定的购买力。因为其时物价是建立在国家拥有雄厚的物质储备，并按稳定的价格投入市场的基础之上的，同时建立了以中央银行为核心的社会主义金融体系，统一管理了金融业，使货币流通的计划性日益加强，这为币值稳定提供了坚强后盾。尽管在1949年到1950年3月间，由于财政赤字，货币发行过多的原因，人民币的币值出现了波动，但政府和银行采取了有效措施，很快解决了通货膨胀的问题。之后，随着物价日趋平稳，城乡交流日益增加，人民币流通范围不断扩大，城乡储蓄存款不断增加，人民币的价值尺度、流通手段、支付手段和储蓄手段的职能得以恢复。

经济的稳定和发展，货币职能作用的恢复和完善，使得银行的作用随之加强，信用业务也得以迅速发展。1949年底到1950年12月底，银行贷款余额占货币发行量比例由18.3%提高到了131.6%，[①] 增加了7倍。这表明多年来通过财政渠道创造信用货币的情况已得到根本改变，人民币的发行由财政发行转向信用发行，基本消除了财政对银行透支的现象，这也进一步确保了人民币币值的稳定。

---

① 尚明、吴晓灵、罗兰波：《银行信用管理与货币供应》，第87页，北京，中国人民大学出版社，1992。

第四节　中央银行统一货币发行的客观评价

统一货币发行是一国银行成为中央银行的重要标志，也是履行政府的银行、银行的银行职能的前提条件。对于久经战争之痛、饱受恶性通货膨胀之害的中国，统一货币发行对于平息通货膨胀，尽快走向物价稳定、经济恢复和发展的道路更有重要的意义。

由于旧中国特殊的国情，其时货币发行极为混乱，不仅有国民党政府发行的货币，各解放区银行发行的不同货币，还有相当数量的金银和外币在市场上流通。因此，当时中央银行统一货币发行的任务十分艰巨，遇到了很多棘手的问题。如确定货币间的比价问题，合理确定人民币与国民党政府发行货币、解放区银行发行货币之间的比价水平，是统一货币的关键。因为如果货币间的比价水平制定得不合理，与市场实际交换水平相差较远，都会不利于货币间的混合流通及收兑，从而影响到统一货币的进程。如人民币与其他货币的比价水平定得过高，将会遭到持有其他货币群众的抵制；如人民币与其他货币的比价水平定得过低，将会导致人民币的超量发行，不利于物价水平的稳定；再如与银元斗争的问题，特别是在新解放区，由于国民党政府实行长期的通货膨胀政策，纸币的信誉已一落千丈，广大群众均乐意使用银元等硬通货，银元的流通量和流通范围日益增加，逐渐成为市场上的本位货币，而国民党政府发行的纸币在一定程度上已被视为银元的辅币在流通。广大群众对纸币普遍不信任的心理，使人民币与银元的斗争变得更加复杂，占领新解放区的货币市场变得困难重重。

中央银行自筹备时就注重收集各地的物价指数和货币发行指数，通过实践，总结出了确定合理比价的依据：一是双方物质和货币供求关系；二是群众交换中存在的自然比价；三是几种主要必需品（如粮食、棉花、纱布和盐等）物价平均指数，并且随着各地经济发展和物价的变化，及时调整原规定的比价水平。如在人民币发行1个月后，华北人民政府又公布了人民币对各解放区货币新的比价水平，如人民币对冀南币、北海币和华中币的比价由原有的 1：100 调整为 1：700。在收兑国民党政府发行的货币时，及时根据市场的变化，不断调高人民币对金圆券的兑换比价，使之与市场上的自然比价基本一致，保障了市场的稳定性，为最终统一货币创造了良好条件。而在人民币与银元的斗争中，中央银行果断采取了经济和行政手段"双管齐下"的措施，首先制定法律，明确从法律上禁止银元流通，其次是配合政府有关部门，严厉打击银元投机。但这还仅是"治标"，不能"治本"，要想让人民币占领市场，必须消除广大群众对纸币不信任的心理，树立人民币的信用。多年来广大群众对纸币抵制的最主要原因就在于纸币与物质的脱节。一则纸币贬值速度太快，二则物质缺乏，涨价速度惊人。因此，中央银行一方面通过掌握货币流通规律，努力使货币发行与市场需求结合，以稳定币值；另一方面准备了大量物质作为发行保证，以保证持有人民币的群众，可以在任何时期、任何市场获得他们所需要的各种生活物质，使广大群众从一开始的抵制逐步转变到接受并乐意使用人民币。

新中国的货币统一是近代以来币制改革最为彻底也是最为成功的一次，建立起了纸币本位的信用货币制度，并保持了长期的稳定性。人民币作为市场上唯一流通的货币，一切公私交易均以人民币为本位货币，其价值尺度、流通手段、支付手段和储蓄手段等职能得以有效发挥。不同于国民党政府时期（1942年前）多家银行享有货币发行权的格局，新中国从一开始就由中国人民银行独享人民币的发行权，各解放区银行自中国人民银行发行人民币之日起，就开始停止发行原有的货币，其货币由中国人民银行按照固定比价用人民币逐步收回。集中统一的"一元化"发行格局解决了分散发行的种种弊端，从而在社会经济发展中可以发挥更大的作用：一是中央银行独享货币发行权，有利于其根据政府需要，视各地资金需求，灵活弹性发行，在全国范围内调节货币供应量，更好地支持国民经济的恢复和发展。二是中央银行独享货币发行权，可以逐渐壮大其金融实力，巩固其居于金融体系的核心地位，使其成为有效管理全国金融业的机构，在政策规定的轨道内平稳运行，进一步巩固国家政权。中央银行可以其坚实的金融实力，承担起"银行的银行"职能，通过货币供应、存贷款业务、存款准备金等措施，引导私营金融业的业务能够配合国家金融政策，减少抵触行为。三是货币发行效率和质量显著提高，有利于反假币斗争，进而稳定人民币市场。各解放区货币种类繁多，同种货币又存在各式的版别，并且货币印制质量粗糙，易被造假。统一货币发行后，中央银行可以集中力量加强研究，简化版式类别，提高印制质量，增加了造假的难度，有效防止了假币对人民币市场的冲击。

第七章 政府的银行——国家银行职能的发挥

从世界各国的经验来看，中央银行产生的一个重要原因就是它与政府之间存在着密切的经济关系，是政府权力运作的结果。以政府为服务对象，为其提供各种金融服务，是中央银行的重要职能之一。因此，中央银行又被称为政府的银行。世界上绝大多数国家的中央银行都具备这一职能，但是在不同的国家、不同的时期，中央银行这一职能的内容有所不同。

中央银行具有政府的银行的职能，主要通过以下几个方面得到具体体现：一是代理国库。国家财政收支一般不另设机构经办具体业务，而是交由中央银行代理。二是代理政府债券的发行。为调剂政府收支或弥补政府开支不足，许多国家的政府经常利用发行政府债券这种形式。中央银行通常代理政府债券的发行以及办理债券到期时的还本付息等事宜。三是制定和实施货币政策，调控金融经济运行。

第一节 代理国库

一、国库制度的含义和类型

国库是国家金库的简称，负责办理国家财政预算收支，担负着国家预算资金的收纳和库款的支拨、代理政府债券的发行与兑付、反映国家预算执行情况的重任。而国库制度则指对国家预算资金的保管、出纳及相关事项的组织管理与业务程序安排。一般而言，国家根据其财政预算管理体制和金融体制，确立和实施相应的国库制度。[①]

从世界各国对国家财政预算收支的组织管理及业务实施情况来看,可大致分为独立国库制和委托国库制两种基本的国库制度。独立国库制是指国家特设经管国家财政预算的职能机构,专门办理国家财政预算收支的保管、出纳工作。委托国库制是指国家不单独设立经管国家财政预算的专门机构,而是委托银行(主要是中央银行)代理国库业务,银行根据国家的法规条例,负责国库的组织建制、业务操作及管理监督。[②]

目前多数国家实行委托国库制,如美国和英国均是实行委托国库制的国家。18 世纪末期美国的一些大银行即代理政府管理金库、调拨资金等重要事项。1913 年颁布的《联邦储备法》以法律形式授权美国的中央银行——联邦储备银行代理财政筹集、保存、转移支付国库资金。作为世界上最早从事中央银行业务的银行,经理国库是英格兰银行的重要职责之一。英格兰银行为政府开设并管理专门的国库账户,所有经政府授权的收入和支出均须通过国库账户,国库存款表现为英格兰银行的负债。英格兰银行对国库资金的有效管理,保证了英国政府预算收支的顺利执行。

二、中央银行代理国库的理论意义

从国际惯例上看,实行委托国库制的国家中,多是将国库主管权交由财政部专司,而将国库事务处理权交由中央银行专司。由中央银行代理国库,不仅有助于利用其政府银行的特殊身份及便利条件,且对提高国库管理效率及宏观经济政策的制定与实施具有重要意义。

(一)国库资金事关国民经济发展及社会安定大局,客观上需要一个可以代表国家贯彻执行财政金融政策,代为管理国家财政收支并为国家提供各种金融服务的职能机构,专门代理国家金库。而作为政府的银行,中央银行最具资格,而且也是政府、财政及金融部门均易于接受的组织管理机构。

[①]　王广谦主编:《中央银行学》,第 139 页,北京,高等教育出版社,1999。
[②]　王广谦主编:《中央银行学》,第 140 页,北京,高等教育出版社,1999。

（二）由中央银行代理国库，可充分利用银行与社会各部门、企业、个人之间密切的账户往来关系，便利国家预算收入的及时入库和预算支出的按时拨付。同时还可利用中央银行广泛的组织机构系统，便捷、灵活地调动、运用国家预算资金，提高财政预算资金的集中和分配效率，保障经济和社会发展的资金需求。

（三）发挥监督作用，确保国库资金安全。中央银行通过规范各级国库、征收机关的业务操作程序，对国库的日常收付及预算资金转移进行监督，可有效保证国库资金安全、及时、准确地解缴入库。

（四）财政与银行之间的货币资金联系较为错综复杂，其与国民经济的各项活动和各个微观经济主体有密切关系。由于经济生活中的任何一项变动均会引起财政收支和银行信贷收支的相应变化，故宏观经济政策的制定必须基于国民经济的整体运行状况，注重财政与金融的综合平衡。由中央银行代理国库，有利于财政部门和金融部门的相互衔接、相互制约及相互监督，在政府资金和银行资金之间提供了一个可行的协调机制，有利于财政政策和货币政策的协调。

总之，作为政府的银行，中央银行通过代理国库，可确保国家预算资金的及时收付、准确核算及库款安全。从健全财政制度的角度讲，将国库从一般财务行政中划分出来，自成系统，与单纯性财务行政、审计诸权各自独立，可以有效地集中全国的金融财源，并发挥监督效能。中央银行取得代理国库职权，一方面可以监督政府的财政资金；另一方面，当一国的财政资金数额巨大且有季节性变化、收入支出又不均衡时，中央银行可以根据财政收支变化对市场的影响来调节货币供应量，稳定物价，从而使国家财政与社会经济获得协调发展。

三、中国近代以来中央银行代理国库的实践

大清银行从成立时起，便拥有法定代理国库权，但是未能独享此项权利。《大清银行则例》规定，"大清银行得由度支部酌准定令，许其经理国库事务及

公家一切款项，并代公家经理公债及各种证券。"① 这一规定使中国的国库制度出现了重大变革，即由国家银行代理国库制度取代沿袭了几千年的实物库制。不过当时清政府财政处于分散状态，地方各省督抚把持地方税收，各自为政，外国列强借不平等条约操纵财政管理权和关、盐等主要税收，致使国库无从统一，大清银行亦无从统一经理国库。

北洋政府时期，中央与地方财政矛盾很大，国库统一难以实行。中国银行居于国家中央银行地位，受政府委托经理国库。同时交通银行也可分理部分国库业务，专司轮、路、电、邮各局所收支款项，而外商银行如汇丰银行等则支配关、盐税收与外债还本付息等事项。

因此，无论是清政府时期的大清银行还是北洋政府时期的中国银行均没有实现对国库代理的统一，国库代理一直处于分散状态，中央银行也无从有效发挥代理国库职能。

南京国民政府自成立之日起，就开始谋求库款的集中，代理国库的统一。政府高层也充分认识到中央银行统一代理国库的重要意义，如时任财政部长的宋子文指出："我国因无国家银行之故。故省金库，或由省银行代理，或由私立银行代理，甚且有多数银号分而经理之者，破碎分裂。不但国家税收无明确之统计，且流弊百出，利息汇费等，无形之中，国库损失不少，大足妨碍财政之统一。"② 为此，国民政府从一开始就赋予中央银行代理国库的特权，采取了一系列的措施，努力完善中央银行的代理国库职能。一是颁布一系列有关国库的法律，从制度上逐步保障中央银行代理国库职能的发挥。如 1927 年国民政府颁布的《金库条例》，1933 年 2 月财政部颁行的《中央各机关经管收支款项由国库统一处理办法》，1938 年 6 月国民政府公布《公库法》32 条，1939 年 6 月国民政府行政院又公布了《公库法施行细则》40 条。二是取消外商银行的代理国库特权，为中央银行统一代理国库奠定基础。国民政府通过与各帝国主义国家缔结新的条约，逐步收回关税自主权，授权中央银行管理关税收入。三是完善

---

① 孔祥贤：《大清银行行史》，第 76 页。
② 《申报》，1928 年 11 月 2 日。

组织机构，加强代理国库职能。1934 年 1 月，中央银行将国库科扩充改组为国库局，与业务、发行二局分工合作，各负专责，其内设文书、会计、库务、债务、保管五科，分别办理国库款项之收付与经付债券本息等事务。

实际上，由于国民政府中央银行的组织机构系统尚未覆盖全国，仍需借助于其他银行代收库款，如 1935 年《中央银行法》中规定，在中央银行未设分行的地方，国库及国营事业金钱之收付事务，"得由中央银行委托其他银行代理"①。而中国银行、交通银行和中央农民银行获得代理国库的部分职权后，经常从自身利益出发，留用国库款。大量的国库款留存中、交、农三行，不仅充实了三行的营运资金，甚至通过三行辗转流入其他商业银行与钱庄，成为冲击市场的资金力量。这无疑阻碍了中央银行代理国库、平衡财政收支职能作用的发挥。

四、中央银行代理国库职能的逐步完善

（一）早期革命根据地银行代理国库的实践

新中国成立之前，共产党领导的根据地银行对代理国库进行了积极的探索和实践，为中央银行发挥代理国库职能提供了可资借鉴的宝贵经验。1932 年，苏维埃国家银行成立后，承担了代理国库、支持财政的任务。1937 年，抗日民族统一战线建立后，党中央将陕甘革命根据地更名为陕甘宁边区，成立了陕甘宁边区政府，同年 10 月，将苏维埃国家银行西北分行（原苏维埃国家银行 1935 年到达陕北后更改）改组为陕甘宁边区银行。

《陕甘宁边区财政厅金库条例》规定"金库概委托边区银行代理之"。② 边区金库是由苏维埃中央金库发展而来的，由边区银行代理金库，是执行财政上的统筹统支制度，是实现财政统一的关键。自 1941 年 3 月 10 日边区财政厅颁布《关于各县建立金库组织的训令》后，各基层金库相继建立起来，进一步改进了金库的组织机构系统。同时，《陕甘宁边区财政厅金库条例》规定："一切岁入

---

① 《中华民国金融法规档案资料选编》，第 599 页。
② 陕甘宁边区政府档案，卷 212，庆阳地区档案馆藏。

岁出之款，概由金库收纳或支付，无论任何机关，均不得收款不缴或于未缴金库以前擅自动用，违者金库应加以干涉，并报告同级政府、上级金库及边区财政厅处分之。""一切支出非有财政厅长盖章之支付命令，总金库不得付款，下级金库非有上级金库之支票，不得拨款给任何机关……"① 1941 年 10 月 29 日的《陕甘宁边区政府训令》要求"尊重金库制度……今后政府一切收款，均须随时交到金库，不得擅自压下不交金库，在未得上级金库支付命令之前，一概不得动用金库存款。同时，各级政府，对当地银行、贸易机关，亦必须加强领导与帮助，不得强迫借款"。② 金库制度保证了边区政府的财政支配，减少了自收自用的现象。抗日战争时期，边区金库在资金的收付和调动方面发挥了重要作用，对有限的财政资源做到了最有效的集中配置。

（二）中央银行代理国库职能的发挥

1. 中央金库的建立

1948 年，中央银行成立后，就承担了国家财政金库的代理工作。在建立中央银行各级组织机构的同时，相应组建了总金库和各地分支金库。1949 年 4 月 1 日，华北人民政府总金库发出通知，要求平津地区设立分金库、支金库，由中央银行分行及所属营业部、办事处经办金库业务。随着解放战争的发展和新解放区的扩大，金库机构也迅速在新解放区建立起来。

1950 年 3 月以后，全国的通货膨胀得到了初步治理，物价开始稳定下来。但是，这种稳定是暂时的，还存在一些隐忧，其中最要害的是国家的财政经济没有统一起来，中央的支出和地方的收入严重脱节，中央财政缺乏坚实的基础。"那时候，收入的大头是公粮，而收起来的公粮都掌握在地方手里，其他税收也有一大半在地方手里，'近水楼台先得月'，自己可以先用，中央拿不到。但是，全国军政公教人员 1950 年 3 月已经超过 900 万人，900 万人里面 500 万军队是要'吃皇粮'，由中央支付的。收在下面，支在上面，中央的日子就过不下去了。"③ 为统一国家财政收支，中央人民政府决定设立中央金

---

① 陕甘宁边区政府档案，卷 212，庆阳地区档案馆藏。
② 《史料摘编·金融》第 5 卷，第 521 页。
③ 薄一波:《若干重大决策与事件的回顾上、下》，第 82 页，北京，中共中央党校出版社，1993。

库。1950 年 3 月 3 日，中央人民政府政务院发布了《中央金库条例》，规定全国设立中央金库，总金库设在总行，各省（市）、县分、支行分别设立分金库和支金库，在适当地点设经收处。"各级金库均由中央银行代理，金库主任由各级中央银行行长兼任。尚未设置中央银行分支机构之地区，得单独设立金库，归上级中央银行及上级金库统一领导。"① 由此确立了我国委托制的国库管理体制。1951 年又按财政收支体系划分为中央金库和地方金库，由中央金库监理各级地方金库。

中央金库初建时，就已肩负起统一经收财政款项，保证军队、政府开支及恢复经济必需款项的重任。在当时的经济形势下，为了避免收支脱节，防止金融、物价波动，中央金库对国家财政收入按照规定期限收缴入库，严格执行总库按财政部支付命令付款、分支库按总库命令付款的规定，同时做好监督检查经收机关收款工作。1950 年 3 月 25 日，财政部发布《中央金库条例施行细则（草案）》，对收解和支付款项手续、会计制度、报告制度、往来账项处理等做了详细规定。中央金库认真执行了这些规定，并由总库定期将各级金库收支实况及问题报告财政部，保证了财政资金及时解缴和统一集中使用。

2. 企业金库的建立

财政收入是国家现金收入的最主要项目，中央金库的建立使全国的财政收入迅速上解，可保证财政收支计划的实现。贸易、铁道、邮电等收入也是现金收入量巨大的项目，为避免或减少货币发行，保证现金收支平衡，也必须使这部分现金迅速回笼，集中于银行。因此，中央银行与贸易部、铁道部和邮电等相关部门签订了金库合同，在中央银行系统内建立了企业金库，规定各地贸易、铁道和邮电等收入均须缴库，由中央各该部统一使用。

为便利账务管理，加强现金调拨管理，中央银行与贸易部于 1950 年 6 月又重新修订完善了金库合同。如合同第三条规定：贸易部集中库款存于人民

---

① 《中央金库条例》，中国社会科学院、中央档案馆编：《1949—1952 年中华人民共和国经济档案资料选编金融卷》，第 108－109 页，北京，中国物资出版社，1996。

银行，除建立贸易金库户外，须按 15 类公司性质和 4 家区际贸易部（进口公司，土产公司，皮毛公司，油脂公司，茶业公司，矿产公司，蛋品公司，盐业公司，煤业建筑器材公司，猪鬃公司，花纱布公司，百货公司，粮食公司，中国石油公司，中国蚕丝公司；华东区贸易部，中南区贸易部，西南区贸易部，西北区贸易部）分别立户登记辅助记录并以应对账。合同第四条规定，将贸易部所属公司分为缴库单位和非直接缴库单位，缴库单位为中央贸易部、总公司、区公司（或区贸易部）、省公司、分公司和市公司；非直接缴库单位为支公司、省公司下属之分公司。非直接缴库单位收入应缴库款，由人民银行所属以汇款方式汇交其上级公司转交入库，缴库单位将本身收入连同下级公司汇来库款一并缴库，由人民银行所属报总库转账。同时，中央银行与贸易部还联合制定了《中央贸易部所属国营企业贸易金库实施办法》，其中明确规定，贸易部委托中央银行代理贸易金库，分总、分两级。各级分公司必须确实遵照贸易部与中央银行总行联合命令及代理贸易金库合同执行。各级公司每日应行回笼之一切现金收入，必须于当日无条件地全部解缴当地贸易金库。①

企业金库的建立，有利于掌握各项资金的流转情况，通过对资金的灵活调拨和集中统一使用，不仅保证了贸易、铁道和邮电等部门统一业务计划与财务计划的顺利实现，还对控制现金流量、稳定物价发挥了重要作用。

总之，国库制度既是保证统一全国财政收支的主要条件，又是争取财政收支平衡的重要工具。建立中央国库，各地的国家财政收入统归国库，不经中央的支付命令不能动支，这样就保证了国家收入的统一使用。代理国库是中央银行作为政府的银行的重要职责之一。国民经济恢复时期，中央银行通过代理国库保证了国家预算资金及时收付、准确核算和库款安全，沟通了财政和金融之间的联系，使中央银行有一项稳定的货币资金来源，在政府资金和银行资金之间提供了一个可行的协调机制。

---

① 中国人民银行总行会计司档案藏。

第二节 代理发行公债

一、中央银行与代理发行公债

从历史上看，为某种需要而举债已成为十分普遍的社会经济现象。举债的主体主要有两类：一是私人和企业，二是政府。私人和企业举借的债务一般称为私债，政府举借的债务一般称为公债或国债。[①] 具体来说，公债是指政府凭借信用向本国人民或外国政府和银行借款所形成的国家债务。

经过长期的历史演变，已形成了各种不同类型的公债：一是以国家举债的形式来划分，它可分为国家借款和发行债券。国家借款是最原始的举债形式，通常只能在应债主体较少的条件下进行，是政府向中央银行借款时采用的主要方式。发行债券具有普遍性，对民众和企业的借款主要采用此方式。二是以筹措和发行的地域来划分，它可分为内债和外债。内债是指国家在本国的借款和发行的债券，而外债是指国家向其他国家政府、银行、国际金融组织的借款和在国外发行的债券。三是以债券的流动性来划分，它又可分为可转让公债和不可转让公债。国家的借款通常是不能转让的，只有债券才有可转让和不可转让之分。四是以发行的政府主体来划分，可分为中央政府发行的国家公债与地方政府发行的地方公债。一般所称的公债大都指国家公债。

一般来说，国家发行公债，其作用主要表现在以下几个方面。

第一，弥补财政赤字。通过发行公债弥补财政赤字，是公债产生的主要动因，也是政府的常用手段。考察各国和近代以来中国发行的公债，绝大部分均是用于抵补财政赤字的，尽管财政赤字形成的原因是不同的。用公债弥补财政赤字，实际上是将不属于国家支配的资金在一定时期内转让给国家使用，是社会资金使用权的单方面转移。相比较增加税收、向中央银

---

① 陈共：《财政学》，第195页，北京，中国人民大学出版社，1999。

行透支或借款这两种弥补财政赤字的方式，发行公债对经济产生的副作用相对较小。

第二，筹集建设资金。除了有弥补财政赤字的功能外，发行公债也是为了国家集中资金保证重点建设，具有明显的筹集建设资金的功能。许多国家在发行公债时对公债的目的和用途做了明确的规定，有的国家还以法律形式对公债的发行加以约束。

第三，调节国民经济。发行公债意味着政府集中支配的权力的增加，而公债收入投放方向的不同，对社会经济结构的影响也不相同。这部分财力用于生产建设，将扩大社会的积累规模；这部分财力用于消费，则扩大社会的消费规模；用于弥补财政赤字，就是政府平衡社会总供给和社会总需求关系的过程；还可将其作为中央银行进行公开市场操作的重要手段。

公债的发行与经济关系紧密，公债的发行、偿还等都给具体的经济问题带来影响。如就公债影响物价方面来看，若公债发行过多，势必会引起信用膨胀，物价居高不下。再就公债与利率的关系来看，因社会流通资金有限，国家大规模举债，必然提高利率，方可募足数额。高利募债的结果，会给产业发展带来不良影响，从而影响整个国家经济，基于此，公债的有效代理便显得尤为重要。

代理发行公债是中央银行为政府提供金融服务的一项重要内容。从世界范围来看，以中央银行代理公债为各国普遍采用，中央银行作为政府公债的代理机构，受政府委托经办有关公债事务，即公债的发行、偿还、利息支付、证券登记等等。这是由中央银行的性质、职能和作用决定的。中央银行作为国家金融中枢，易于掌握市场金融变动情况，又有调节资金运用的能力。因此，由中央银行统筹公债事务，不仅可以便利公债发行，扩大公债销路，稳定债券市价，还可以适时地把握还本付息的有利时机，对金融进行通盘调剂。

二、中央银行代理发行公债的实践

（一）发行公债的原因和背景

马克思曾指出："这种国家负债状态的原因何在呢？就在于国家支出经常超

过收入，在于这种不相称的状态，而这种不相称的状态既是国家公债制度的原因又是它的结果。"① 也就是说，财政赤字是国家公债存在的直接原因。1948 年12 月中央银行成立后，由于全国尚未解放，人民革命战争还在继续进行，军费开支仍占财政支出的重要部分，其他方面也是百废待兴，开支浩大，人民政府不得不通过发行公债弥补财政上的赤字。正如陈云 1949 年在上海财经会议上所说："解放战争还在广大地区进行。作战费和 600 多万脱产人员的费用，很大部分是依靠发行钞票来解决的。"②

上海财经会议后，尽管共产党为了抑制通货膨胀，稳定物价采取了许多对策，经济形势仍旧十分严峻。当时的局面是收入有限，入不敷出，赤字庞大，为了应急，只能大量发行纸币。据统计，1949 年财政支出中约有三分之一是赤字。③ 从 1949 年 7 月至 11 月，货币发行量从 2,800 亿元增加到 16,000 亿元，发行量增加了近 5 倍。④ 由于纸币的大量发行，物资供应显著不足，投机商人乘机哄抬物价。从 10 月 15 日起，沪津先导，华西北跟进，全国币值快速下跌，物价迅速上涨。以 7 月底为基期，到 11 月 10 日，上海、天津、汉口、西安四大城市的物价平均上涨了 3.2 倍，24 日上涨到了 3.7 倍。⑤

可见在当时的财经形势下，继续大量增发货币，将会进一步恶化通货膨胀等问题，不利于经济的稳定和国民经济的恢复。正如陈云所说："继续多发票子，通货膨胀，什么人都要吃亏。实际上有钱的人，并不保存很多现金，吃亏最大的首先是城市里靠薪资为生的人，其次是军队，以及党政机关的人员，少发票子就得发公债。"⑥ 因此，为了既能弥补财政赤字，又能抑制通货膨胀，发行公债可以说是当时的最佳选择。

① 《马克思恩格斯全集》，第 7 卷，第 90 页。
② 《陈云文选》第二卷，第 1 页，北京，人民出版社，1995。
③ 1949 年 11 月 18 日陈云在政务院第六次会议上关于物价问题的报告。
④ 《陈云文选》第二卷，第 29 页，北京，人民出版社，1995。
⑤ 苏星：《新中国经济史》，第 107 页，北京，中共中央党校出版社，1999。
⑥ 《陈云文选》第二卷，第 6 页，北京，人民出版社，1995。

（二）新中国成立后发行的第一期人民胜利折实公债①

1949 年 12 月 2 日，中央人民政府委员会第四次会议通过了《关于发行人民胜利折实公债的决定》，决定于 1950 年内分期发行总额为 2 亿分的折实公债。同年 12 月 16 日，政务院第十一次会议又通过并颁发了《1950 年第一期人民胜利折实公债条例》（以下简称《条例》），《条例》规定：本公债的募集和还本付息，均以实物为计算标准，单位定名为"分"，总额为 20,000 万分，于 1950 年内分期发行，第一期债额定为 10,000 万分。12 月 30 日，政务院又发布了《关于发行一九五〇年第一期人民胜利折实公债的指示》。总的来看，这一时期发行的第一期人民胜利折实公债有以下几个特点。

一是从发行的目的来看，人民胜利折实公债是为了弥补财政赤字，减少现钞发行，有计划地回笼货币，使全国的物价逐渐稳定，以利于人民生活安定和工商业正常发展，尽快恢复国民经济。

二是从发行的规模来看，人民胜利折实公债原计划分两期发行，第一期计划发行 1 亿分，从 1950 年 1 月 5 日起开始发行，到 5 月初基本完成计划发行数。实际发行数折合人民币约 2.6 亿元，公债依存度为 3.99%（计算公式为：公债依存度 = 公债收入/财政收入）。可见，公债的发行规模处在一个适度的区间。

三是从发行的对象来看，主要是面向大中小城市的工商业者、城乡殷实富户和富有的退职文武官吏。这是在当时广大劳动者处于贫困状态下的唯一选择，不将公债主要负担放在社会较富裕阶层的身上，是难以完成公债推销任务的，这也体现了"合理负担"的政策。

四是从发行的方式来看，人民胜利折实公债是一种以实物为计量单位的公债，单位为分，每分所含实物为大米（天津为小米）6 市斤，面粉 1.5 市斤，白细布 4 市尺，煤炭 16 市斤。这些实物的价格以上海、天津、汉口、广州、重庆、西安六大城市的平均批发价格计算（其权重定为：上海 45%，天津 20%，汉口 10%，广州 10%，重庆 10%，西安 5%）。公债面额规定 1 分、10 分、100 分、

---

① 由于其主要是以实物为计量单位，并且是在新中国成立后所发行的，因此当时称为"人民胜利折实公债"。

500 分四种。它是有利息的，年息 5 厘。[1] 也就是说，这种折实公债相当于一种定期储蓄。这是在当时物价波动、价值不稳定的情况下采取的一种特殊措施，对保证认购者的合法利益、促进公债的销售起了很大的作用。

五是从公债的流动性来看，人民胜利折实公债是一种在市场上不能自由转让和出售的债券。《条例》规定：本公债不得代替货币流通市面，不得向国家银行抵押，并不得用作投机买卖。因为在当时的经济形势下，如让公债在市场上自由流动，就等于变相的通货发行，结果不是回笼货币，反而会增加通货膨胀的压力，还会给某些商人提供投机的机会，这与政府发行公债的目的是完全相悖的。

（三）中央银行代理发行的措施

第一，计算并公布每分公债折算金额。以上海、天津、汉口、西安、广州、重庆六大城市中每分公债所包括实物之批发价，按各地不同的权重，用加权平均法计算出每分公债对应的金额。结合物价的变化情况，采取每旬公布一次的方式，以上旬平均每分之折合金额为本旬收付债款标准。如，1 日至 10 日的平均每分的折合金额，于 11 日公布，作为 11 日至 20 日收付债款的标准。

第二，印制公债票，利用中央银行的组织机构网络代售公债，回笼现金。《条例》规定，公债发行由中央银行及其所属机构办理，在未设中央银行机构的地区由中央银行委托其他机关代理。中央银行根据政府确定的公债发行数量，按照四种票面额印制公债票，并按五大行政区的分配推销任务完成各行政区所需公债票的调度工作。认购人在购买公债票时，要按中央银行公布的每分折合金额用人民币缴纳，因此中央银行可通过代售公债票及时回笼现金，适当减少市场流通的货币量。

第三，承担还本付息事宜。第一期人民胜利折实公债分五年作五次偿还，自 1951 年起，每年 3 月 31 日抽签还本一次。第一次抽还总额的 10%，第二次抽还总额的 15%，第三次抽还总额的 20%，第四次抽还总额的 25%，其余 30%

---

① 《一九五〇年第一期人民胜利折实公债条例》，国务院法制办公室编：《中华人民共和国法规汇编 1949—1952 年第一卷》，第 96 页，北京，中国法制出版社，2005。

于第五次还清。公债利率定为年息5厘，照规定之折实计算标准付给。自1951年起，每年3月31日付息一次（见表7-1）。

表7-1　　　　　　　1950年第一期人民胜利折实公债还本付息表

年份（年）	次数（次）	还本数（分）	付息数（分）	本息合计（分）
1951	1	10,000,000	5,000,000	15,000,000
1952	2	15,000,000	4,500,000	19,500,000
1953	3	20,000,000	3,750,000	23,750,000
1954	4	25,000,000	2,750,000	27,750,000
1955	5	30,000,000	1,500,000	31,500,000
总计（分）		100,000,000	17,500,000	117,500,000

资料来源：国务院法制办公室编：《中华人民共和国法规汇编》，第96页，北京，中国法制出版社，2005。

第四，统计相关资料，全面掌握公债发行情况。公债发行过程中，中央银行总行为全面了解公债发行情况，系统总结经验，还进行了相关的统计工作。1月28日，总行要求将公债推销委员会成立日期和组织状况；任务分配情况；推销动员发动和如何发动；各种反映及提出的问题是怎样解决的；宣传材料；本行执行中技术上的问题及今后改进意见等等汇集报总行，以便系统整理，并分析本期公债发行的效果。2月3日，总行进一步要求将各地各界各行业分配任务数字汇集成表，掌握认购情况之进度；任务完成时，将认购对象编造详细的统计报表。这不仅使政府全面系统地掌握了本次公债的发行情况，而且为以后的公债发行工作积累了经验和重要的经济信息，并了解了新生的人民政权对社会的控制能力。1950年4月月5日，中央银行代理发行折实公债工作即将结束前，总行又发出《中国人民银行结束代理发行一九五〇年第一期人民胜利折实公债工作应行注意事项》，从报告及报表、债款、债券、临时收据、债券样本、费用和其他七方面事项，并对公债发行工作结束后各地方所要编制并向总行上报的各种统计报表等项工作进行了详细规定。

（四）公债发行的效果

在中央银行的推动下，国家一期公债的推销和缴纳进展顺利。2月，全国许多地区和大中城市都超额完成了公债推销任务。① 3 月中旬，一期公债已销 6,400 余万分，华北、华东完成 84% 强。② 4 月 1 日，京津两市及豫绥察三省实销公债均超过原分配额。③ 随后，沙市、宜昌、太原、福建、浙江等均实缴超过原分配额。一期公债实缴任务到 5 月初基本完成。④

这次公债原计划发行两期，但实际上仅发行了一期。其原因在于：一是经济环境发生重大变化，财政状况开始好转。收支平衡，物价稳中有降。二是出于调整私营工商业的需要。由于发行公债，在一定程度上导致了市场的银根紧缩，市场出现了萧条现象，私营工商业经营困难。因此，1950 年 6 月在中央七届三中全会上，毛泽东做了《不要四面出击》的重要讲话，指出"人民政府在最近几个月内实现了全国范围的财政经济工作的统一管理和统一领导，争取了财政的收支平衡，制止了通货膨胀，稳定了物价。""对民族资产阶级，我们要通过合理调整工商业，调整税收，改善同他们的关系，不要搞得太紧张了。"⑤ 陈云在会上也提出，"今年发了 10,000 万份公债，对回笼货币、稳定物价，起了很好的作用。但是，这一次搞得太多了，如果分几次搞，可能好一点。一下发这么多，而且和税收等挤在一起，这种办法不妥。根据现在的通货情况，这样集中大量地回笼货币也不适宜。对于尾欠，能交者就收，不能交者就停"。⑥ 至此，中央根据财政经济情况的好转和调整工商业的需要，明确了不再发行第二期公债的意见。

发行折实公债当时在弥补财政赤字、吸收货币回笼、巩固金融方面起了重要作用。折实公债发行的成功表明，公债是吸收人民的购买力转移给政府使用，并给没有参加生产过程的游资找到一条合理出路，但它又必须与税收、发钞并行，才能形成有意义的财政配置。

---

① 《人民日报》，1950 年 2 月。
② 《人民日报》，1950 年 3 月 12 日。
③ 《人民日报》，1950 年 4 月 1 日。
④ 《人民日报》，1950 年 4 月至 5 月。
⑤ 《毛泽东文集》第六卷，第 68 - 75 页，北京，人民出版社，1999。
⑥ 《陈云文选》第二卷，第 97 页，北京，人民出版社，1955。

第三节 中央银行对宏观经济的调控

一、货币政策与恶性通货膨胀的治理

自 1948 年底到 1950 年 3 月前,出现过一次恶性的通货膨胀,在较短的时间内,人民币急速贬值,物价迅猛上涨,给国民经济的发展和国家政权的巩固带来了严峻的挑战。

(一)通货膨胀的表现形式

人民币自诞生之日起,为弥补财政赤字的需要,其发行量一直急剧上升。1948 年底,人民币的发行额为 184 万元①,1949 年 7 月增至 2,800 万元,9 月为 8,100 万元,10 月为 1.1 亿元,11 月更达到 1.6 亿元。② 货币的超量发行,导致了市场物价的飞速上升。到 1950 年 3 月,物价较 1948 年 12 月上涨了 168 倍(见表 7 – 2)。

表 7 – 2　　　　1948 年 12 月至 1950 年 3 月全国批发物价总指数表

时间	1948.12	1949.01	1949.02	1949.03	1949.04	1949.05	1949.06	1949.07
物价指数	100	151.2	212.9	220.0	258.5	397.8	533.7	986.8
时间	1949.08	1949.09	1949.10	1949.11	1949.12	1950.01	1950.02	1950.03
物价指数	1,765.0	1,783.0	2,285.0	5,470.0	7,437.0	9,415.24	15,119.42	16,829.93

资料来源:根据国家统计局编:《1950—1954 年物价指数资料汇编(1956 年)》第 25 页中的数据整理计算。

货币的大幅贬值,直接加重了人民的负担。截至 1949 年底,每月发行按当时米价折合共为 2,177,506 万斤米,到年底货币共贬值 1,637,570 万斤米,货币

---

① 1955 年人民币以新币代替旧币,旧币 1 万元换新币 1 元,本章中人民币数字除注明外均按新币折合。

② 《陈云文选》第二卷,第 29 页,北京,人民出版社,1995。

实值 540,936 万斤米。如依 41,000 万人算，因货币贬值给人民增加的无形负担，每人合 40 斤。[①]

（二）通货膨胀的成因分析

1. 供给—需求因素

先从需求方面来看，一是军费开支和行政费用庞大。进入 1949 年，人民解放战争的规模和范围都迅速扩大，到年底，解放军主力部队达到了五六百万，军费开支急剧增加。随着解放区的扩大，大城市的接收，国家各级政权机构和人员都相应增加。对于愿意接受新政府领导的旧军政人员采取了"包下来"的政策，大量脱产人员的产生导致行政费用开支增加。1949 年，军事费用占财政支出的 45%，行政费用占财政支出的 14%，[②] 两者合计已达到财政支出的近60%。二是对灾民的救济和人民基本生活价格补贴居高不下。1949 年出现了大范围的水灾，而由于长期战争对生产和水利的破坏，更加剧了灾害的严重性。全国合计受灾的农田有 12,795 万亩，灾民约 4,000 万人。其中，集中的大块重灾区，共 2,800 余万亩，最需救济的灾民约有 700 万人。1950 年，政府以各种方法用于救济关内灾民的粮食数量达 15.32 亿公斤。[③] 为使人民在物价猛烈上涨的情况下维持基本生活需要，国家还对广大城镇居民实行低价供应粮食、纱布等日常生活必需品的办法。三是重点建设项目的投资必不可少。为了促进国民经济的恢复，需要对重点建设项目进行适当的投资，如修复重点工矿企业，抢修公路、铁路、桥梁，修治水利工程，恢复和建设城市公共设施和海港。1949 年，用于经济建设的投资占财政支出的 25%。[④]

再从供给方面来看，一是工农业、交通遭到战争破坏，物质严重短缺。长期的战争使国民经济遭到严重的破坏。若设定历史上的最高年产量为 100，则

---

① 中国社会科学院、中央档案馆编：《1949—1952 中华人民共和国经济档案资料选编金融卷》，第 169 页，北京，中国物资出版社，1996。

② 《中国经济情况报告》，中华人民共和国国家经济贸易委员会编：《中国工业五十年》，第 1409 页，北京，中国经济出版社，2000。

③ 《陈云文选》第二卷，第 82 页，北京，人民出版社，1995。

④ 中国社会科学院、中央档案馆编：《1949—1952 中华人民共和国经济档案资料选编金融卷》，第 169 页，北京，中国物资出版社，1996。

1949 年几种主要工业产品的产量为：生铁降至 10.9%，钢锭降至 15.8%，钢材降至 17.8%，煤降至 44.5%，电力降至 72.3%，水泥降至 30.9%，纯碱降至 62.9%，棉纱降至 72.4%，棉布降至 72.6%，汽车胎降至 35.9%，纸降至 89.5%，面粉降至 77.6%，糖降至 39.6%。[①] 在农村，耕畜、主要农具、耕地面积分别比战前减少 17%、30%、4%。战前 1931—1936 年平均年产粮食 2,844.6 亿斤，原粮每人平均 600 斤，尚可勉强解决温饱，而 1949 年粮食产量仅为 2,254.8 亿斤，较战前降低 21%，原粮每人平均 475 斤，如除去牲畜饲料、榨油、种籽、酿酒及东北必须出口的 20 亿斤大豆外，则平均每人一年仅有 425 斤原粮，温饱根本无法保证。[②] 农业生产下降，不仅人民生活成了问题，而且也牵制了工业的恢复和生产。战争也严重破坏了交通运输能力，铁路有近万公里线路，3,200 多座桥梁和 200 多处隧道需要修复，公路能够通车的不到原有线路的 80%，空运能力几乎等于零。1949 年，全国现代化运输的货物周转量只有 229.6 亿吨/公里，仅及 1936 年的 42.7%，[③] 远远满足不了实际需要。交通的梗阻，使城市工业品难以下乡，农产品难以进城，加剧了物质短缺度。二是西方国家的封锁和禁运，所需国外货源迅速减少。近代以来，旧中国的经济形成了对发达国家的依附性，无论是工业所需机器设备、生产技术，还是部分生产原料、燃料等都需要从国外进口。1949 年前后，由于以美国为首的西方发达国家对我国实行封锁和禁运，中国与资本主义国家的贸易大部分中断，国内原主要依附进口原材料进行生产的工厂纷纷停工歇业，商品的减少也直接推动了国内物价总水平的上升和物价的持续上涨。三是财政收入十分有限。公粮和税收是财政的主要收入来源，公粮过去主要靠老解放区人民负担，新中国成立后不但不能再加重，反而要减轻。在新解放区，由于新的税法没有建立以及政府还缺乏税收工作的经验，再加上国营企业力量薄弱难以向国家上交充足的利润，部分还需国家拨款扶持等

---

① 中国社会科学院、中央档案馆编：《1949—1952 中华人民共和国经济档案资料选编综合卷》，第 65 页，北京，中国物资出版社，1996。

② 中国社会科学院、中央档案馆编：《1949—1952 中华人民共和国经济档案资料选编综合卷》，第 72－73 页，北京，中国物资出版社，1996。

③ 左春台、宋新中编：《中国社会主义财政简史》，第 139 页，北京，中国财政经济出版社，1988。

原因，1949 年秋季公粮和税款的征收均没有完成预定计划。

商品的供给不能满足市场的需求，财政收入远远小于财政支出，在供需双方间拉开一个巨大的缺口，物价大幅度上涨已难以避免。

2. 人民币流通范围的狭窄，加剧了通货膨胀。解放初期，各地商贩带着货币到大中城市进货。天津刚解放时，来天津购买工业品的商贩西起洛阳，东至徐州、蚌埠。冀中到天津的商贩有 5 万多人，到石家庄的一天就达到了 1,500 多人。[①] 在农村，以纸币为媒介的商品交易很少，大多是用银元交易，人民币在农村范围的流通并不畅通，主要浮在大中城市里，大量的人民币集中在城市里，更推动了物价的进一步上涨，加剧了通货膨胀。

3. 投机资本的影响。旧中国长期的恶性通货膨胀，滋生出大量的投机资本。它们在市场上兴风作浪、哄抬物价，掀起一次又一次的物价暴涨风潮，从中获取暴利。新中国成立后，投机势力并没有立即烟消云散，它们仍在伺机进行投机活动。平津解放不久，投机资本在大城市套购国家的平价粮食，运往灾区高价出售，并借机哄抬粮、布、纱的价格。天津有 20 家面粉厂共同商定，4 月 17 日面粉每袋由 0.18 元涨至 0.2 元，18 日涨至 0.22 元，19 日涨至 0.26 元。在 1949 年 11 月的物价涨风中，投机商人在北方囤积粮食，在南方囤积纱布，囤积完物资后就开始抬价。北京日益兴米面粮店，11 月 26 日将面粉提价 4 次，每袋早市要价 3.5 元，中午提为 3.8 元，午后提为 4 元，下午 4 时提到 5 元。[②] 可见，投机资本在 1949 年前后通货膨胀的形成过程中扮演了推波助澜的恶劣作用，几次物价上涨风潮的出现，其导火索均是投机资本在市场上的投机行为。

4. 国民的心理预期作用。受旧中国长期恶性通货膨胀的影响，政府干预无力，国民恶性通货膨胀的预期已经形成，广大人民普遍存在一种通货膨胀心理，对纸币抱有不信任的态度，总是希望尽快将手里的纸币换成物资。再加上其时资产种类有限，居民、企业部门等经济主体能够作出的资产选择与组合仅集中在持币与购买消费品这两种形式上，货币不是用于存款就会用于购买消费品，

---

① 《新中国若干物价专题史料》，第 61 页，长沙，湖南人民出版社，1986。
② 《新中国若干物价专题史料》，第 78－98 页，长沙，湖南人民出版社，1986。

如果出现高通货膨胀，预期的支配会使人们挤兑储蓄存款，不顾时间空间地抢购商品，正常的货币流通秩序受到严重冲击，货币流通速度就会明显地加快，无疑对通货膨胀起到了不可忽视的推动作用。

（三）紧缩的货币政策与通货膨胀的治理

1. 大力开办折实储蓄

中央银行为稳定市场物价，治理通货膨胀，借鉴了解放区曾举办过的以"饭"[①] 为单位的按实物保本的储蓄经验。从 1949 年 4 月起，首先在北平、天津、石家庄、阳泉、邯郸、长治 6 个城市试办折实储蓄，以后又相继在唐山、济南、太原、上海和南京等城市扩大试办点，不久在全国范围内普遍开办了折实储蓄。折实储蓄是用人民币折成以实物为单位进行存取的一种储蓄，存入时按当天报纸公布的头一天几种实物的批发价折成若干折实单位，取款时按折实单位牌价进行计算并以现金支付。为统一各地储蓄业务，中央银行于 1949 年 4 月 27 日下发了《为统一颁发活期、定期储蓄存款章程由》[②]，但考虑到各地实际情况的不同，在文中又说明："各地对本章程之实行，在保持原来精神原则下，可以在文字上、具体手续上及某些具体规定上作适用于当地情况之修改……" 1949 年 6 月 14 日，中国银行总管理处储蓄部在《中国人民银行定期储蓄存款暂行章程》的基础上，制定颁布了《折实储蓄存款暂行章程》[③]，规定："以中等白粳米一升（南北市场趸卖平均价）十二磅、龙头布一尺、本厂生油一两、普通煤球一斤，四种标准价格合并为一单位。以上海当日解放日报登载之前一日市场价格作为存取款项之计算标准。"储户在存款时，先择定储存种类及拟存单位份数后，将人民币送交本行按照当日本行公布每单位价格折成单位份数存入。提取时以原存单位份数作为本金按约定利率计算应得利息（利息也以单位计算），本息均以提取日本行公布之每单位价格折合人民币支付。其存取种类及方法见表 7-3。

---

① "饭"，1948 年华北银行在少数解放区曾用过的一种保本储蓄的计算单位，一饭等于若干实物（如小米、布等）价格的总和。

② 中国社会科学院、中央档案馆编：《1949—1952 中华人民共和国经济档案资料选编金融卷》，第 285 页，北京，中国物资出版社，1996。

③ 中国社会科学院、中央档案馆编：《1949—1952 中华人民共和国经济档案资料选编金融卷》，第 210 页，北京，中国物资出版社，1996。

表 7 – 3   折实储蓄存取种类及方法一览表

存取种类	主要内容	最低储蓄额	期限		利率		提取
整存整付	约定存储期限，一次存入到期时本利一次支付	无要求	5 种	1. 半个月 2. 一个月 3. 三个月 4. 半年 5. 一年	5 档	1. 半个月月息0.5厘 2. 一个月月息1厘 3. 三个月月息2厘 4. 半年月息4厘 5. 一年月息6厘	未到期前不得提取，如有紧急需用事前通知银行，经认可后可提前支取
存本付息	整数一次存入，约定储期内每月支取利息，期满后取回本金	20个折实单位	2 种	1. 半年 2. 一年	2 档	1. 半年月息3厘 2. 一年月息5厘	同上
零存整付	约定存期及每次存入单位份数分期存入，到期本息一次提取	无要求	2 种	1. 半年 2. 一年	2 档	1. 半年月息3厘 2. 一年月息5厘	同上
整存零付	约定存期及每次支取本金数目，一次存入分期支取	20个折实单位	2 种	1. 半年 2. 一年	2 档	1. 半年月息3厘 2. 一年月息5厘	分为1个月、2个月、3个月支取一次三种，由存户自选，提前支取同上
活期储蓄	系职工、教员将当天工资折实存入，随时支取	无要求	活期		不计息		随时提取

资料来源：根据中国社会科学院、中央档案馆编：《1949—1952中华人民共和国经济档案资料选编金融卷》第211–212页整理。

在物价上涨的情况下举办折实储蓄，存取时牌价之间有相当大的价格差，需要国家给予很多补贴。因此在开办折实储蓄初期，中央银行为防止投机商人钻空子进行投机，对存储期限和吸储对象都予以限制，如定期储蓄在三个月以上者，不限对象与储存额，活期储蓄及半个月、一个月的定期储蓄暂以有组织的工人职员教员学生为限，并须经过各组织（工会、职业团体、学生会等）正式介绍，经本行认可方能开户。其储存最高额每人每月最多不超过其本人一个月工资，学生每人每月最高额不超过其本人一个月伙食费。[①]

折实储蓄因为可以基本不受通货膨胀的影响，能够保障储户的经济利益，所以逐渐为群众所接受，即使是在物价剧烈波动时期，折实储蓄也呈增长趋势。而且，折实存款对吸收游资、平稳物价也起到了积极的作用，如 11 月份物价波动时上海折实存款增达 400 万元，合当时 21 支纱万件以上，这样就削弱了游资对商品的冲击力量，可见当时折实储蓄是缓解物价波动的一种有效措施。

2. 收回贷款，控制货币投放，收缩银根

在排挤金银计价和外币流通，以促进人民币占领货币市场的过程中，中央银行就已考虑到减少货币投放量的问题。天津、北平解放后，在严禁金银、外币计价流通时，虽制定了对金银、外币的收兑牌价，但对黄金实施了冻结，对 1 两以上的黄金暂不收兑，其目的也是为了减少货币投放，减轻市场压力。1949 年 11 月，根据中央财政经济委员会的指示，"人民银行总行及各主要分行自电到日起，除中财委及各在区财委认为特殊需要而批准外，其他贷款一律暂停，并在此期内按约收回贷款……工矿投资及收购资金，除中财委认可者外，由各大区财委负责，自此电到达日起暂停支付……地方经费中凡属可以迟发半月或 20 天者，均迟缓半月或 20 天"。[②] 中央银行对于公私营贷款除因特殊而批准外，一律予以暂停，并开始回收部分货款，通过收缩银根，控制货币投放。

---

① 中国社会科学院、中央档案馆编：《1949—1952 中华人民共和国经济档案资料选编金融卷》，第 210 页，北京，中国物资出版社，1996。

② 《陈云文选》第二卷，第 30-31 页，北京，人民出版社，1995。

3. 实行现金管理，调控货币供应量

新中国成立初期，货币供应的主要形式是供应现金，现金占全国货币供应量的70%以上。[①] 因此，银行只要控制住现金的发放，就能基本控制流通中的货币供应量，有效集中一切可能集中的资金，达到减少货币发行和服务于国家财经计划需要的目的。1950年2月中央银行召开第一届全国金融会议，决定配合全国统一财经工作的中心任务，实行现金管理，力争实现现金收付平衡。

第一，现金管理的制度准备

通货膨胀的根源在于巨额的财政赤字，财政赤字产生原因主要在于财政负担过重和财政收支脱节，而财政收支脱节的主要原因又在于国家财经工作尚未统一，国家的财力和物力得不到有效利用。因此，1950年3月3日政务院第22次会议通过了《关于统一国家财政经济工作的决定》，其主要内容是力争财政收支、物资调度和现金收付三方面的平衡（简称"三平"）。现金收付方面，规定机关、企事业单位的现金除留近期使用额度外，一律存入银行，授权中央银行管理调度现金。1950年4月7日，政务院发布了《关于实行国家机关现金管理的决定》，明确了中央银行为现金管理的执行机关，并对公营企业、机关、部队及合作社等单位现金的使用和流转作出了规定。同年中央银行在《关于实行国家机关现金管理的决定》的基础上，先后制定了《机关公营企业合作社现金管理实施细则》和《现金管理检查报告制度》。[②] 以上制度的先后出台，为实行现金管理提供了制度保障，使现金管理从一开始就在一个规范化、有法可依的轨道上运行。

第二，现金管理的主要内容

一切公营企业、机关、部队及合作社（简称各单位）等所有现金及票据，除准予保留规定限额外，其余必须按照人民银行存款办法存入当地人民银行或其委托机构，不得存入私营银行；各单位的库存现金数额，由各单位提供材料，与当地中央银行商定，报请当地财经委员会核定。其限额，在设有人民银行机

---

① 尚明：《当代中国的货币制度与货币政策》，第65页，北京，中国金融出版社，1998。

② 中国社会科学院、中央档案馆编：《1949—1952中华人民共和国经济档案资料选编金融卷》，第81-84页，北京，中国物资出版社，1996。

构的地方，一般不得超过三天的正常开支；尚未设置银行机构的地方，一般不得超过一个月的日常开支；各单位之间的相互往来，须使用转账支票，经中央银行转账；埠际之间的往来，须经过中央银行汇拨；除发放工资、向农村采购及在城市零星开支等必须使用现金部分外，均应使用中央银行支票，不得以现金支付；各单位应按期编制现金平衡的收支计划，经当地财经委员会核准后，交当地中央银行执行。

第三，现金管理的效果

现金管理政策实施后，中央银行支付现金和转账结算的比例发生了明显变化。根据8个主要城市银行的材料统计，两者的比例自4月到8月平均由13:1增加为16:1，其中上海、天津、重庆等地8月的比例都在30:1以上。[1]

建立现金管理制度，是实行现金收支平衡、财政收支平衡和物资调拨平衡的决定性因素之一。实践证明，现金管理作为国民经济恢复时期最重要的财经制度之一，它在稳定物价、治理通货膨胀、扶持生产等方面发挥了重要作用。一是，把分散在各公营企业、机关、合作社的现金集中到中央银行统一管理。可逐渐使中央银行成为国家的现金出纳中心，有利于中央银行灵活调拨和统一掌握头寸，按照国民经济发展计划和实际的需要，规划货币的投放与回笼，使市场货币流通与商品流通基本相适应，为进一步稳定物价、治理通货膨胀提供了重要保证。二是，机关团体和国营经济单位的存款几乎全部进入了银行，使银行有稳定、可靠的大量资金来源，壮大了国家银行的力量，为扶持生产提供了资金保障。

4. 适当调高利率水平，抑制通货膨胀

1948年7月，华北银行针对当时物价上涨、货币购买力下降的情况，作出了《关于利息政策的决定》，提出了确定利息的原则：一是在发展生产方针下，以能发动和组织社会资金充分合理运用于生产事业、利于发展私人借贷为依次准则，并应保证国家资本的积累扩大；二是利息政策要根据工商业利润及市场物价情况及时调整。工业在不超过其平均利润的25%，商业在不超过其平均利

---

① 王静然：《现金管理的主要收获与经验》，载《中国金融》，1950（2），第6页。

润的30% ~40%，由各分行因地制宜规定本地区的利率。1949 年 5 月，中央银行在当时物价继续快速上涨的形势下，为稳定市场物价，发出了《关于工商贷款政策及调整利率的指示》，适当提高了存贷款利率水平，根据不同生产部门划分利率档次，按照市场物价、贷款对象和资金情况灵活掌握利率（见表 7 - 4）。

表 7 - 4　　　　　　1948 年 7 月至 1949 年 5 月利率调整表

单位：月息%

调整前项目	调整前利率	调整后项目		调整后利率
存款：		存款：		
活期	2.1 ~4.2	活期		3 ~6
定期		定期		
1 ~6 个月	3.1 ~6	1 个月		6
6 ~9 个月	6 ~9	2 个月		7
10 ~12 个月	10 ~12	3 个月		8.5
—	—	4 个月		10
—	—	5 个月		12
—	—	6 个月		15
—	—	6 个月以上		面议
贷款：		贷款：		
工业贷款	5 ~10	工业	公营	6 ~12
—	—		私营	9 ~15
商业贷款	7 ~15	商业	公营	7.5 ~15
—	—		私营	9 ~21
农业贷款（货币）	5 ~10	农副业		0.5 ~1
		贷实折实（收付货币）		
农业贷款（折实）	0.5 ~1	贷实折实（收付实物）		1.5
—	—	货币贷款		7.5 ~15

资料来源：根据《当代中国》丛书编辑部：《当代中国的金融事业》，北京，中国社会科学出版社，1989，第 512 - 513 页整理。

调整后，存款利率水平普遍上调了 200%～300%，在一定程度上吸收了市场上的游资，打击了市场投机，使国家银行的存款有了明显的增长，有效缓解了市场物价上涨的压力。

（四）治理恶性通货膨胀的成效

紧缩性的货币政策在治理恶性通货膨胀的过程中起到了明显的作用，据统计，到 1950 年 5 月 25 日，市场货币流通量比 2 月末减少了 33.5%，存款余额增加了 4 倍。若设定 1950 年 3 月全国批发物价指数为基数 100，则 4 月为 75，5 月为 69.2，6 月为 68.8，7 月为 73.7，8 月为 76.7，9 月为 76.8。[1] 市场物价开始回落，一系列的紧缩政策，有力地配合了国家统一财经工作的顺利进行，保证了"三平"的基本实现，制止住了恶性通货膨胀，稳定了市场，稳定了经济，并为以后的经济建设和稳定物价积累了宝贵的经验。

二、货币政策与继续巩固物价稳定的成果

平抑市场物价，治理恶性通货膨胀取得初步成功后，在 1950 年 10 月和 1951 年 9 月，市场又出现了物价波动的新情况，呈现通货膨胀的迹象。因此，为巩固物价的稳定，中央银行采取了相应的紧缩性货币政策，为国民经济的恢复和有计划的经济建设创造良好的条件。

（一）市场情况的新变化及原因

1. 从 1950 年 10 月开始，市场上开始出现了一些新的变化：一是国家银行存款减少，贷款增加，货币流通量增多。银行存款从 10 月初开始减少，到 20 日就减了 0.5 余亿元。本币贷款 10 月底较 9 月底增加了 0.62 亿元，由于收入只增加了 0.5 亿元，支出却增加了 1 亿元，银行库存出差 0.5 亿元。市场货币流通量 10 月底较 9 月底增加了 0.5 亿元。二是中小城市资金向大城市流入。23 个省分行存款减少 0.88 亿元（其中云南减得最多，鲁、豫、湘、鄂、甘等行次之），八大城市银行增加 0.5 亿元。汇兑情况是大城市汇入多，中小城市汇出多，10 月中下旬津、沪、渝、穗四市汇出 3 亿元，汇入 4.5 亿元，入差 1.5 亿元。三是

---

[1]　根据国家统计局编：《物价指数汇编（1956）》第 25 页整理计算得出。

工业品供不应求，社会上存货不存钱的心理重新抬头，物价开始上涨。棉纱布匹等工业品交易量空前巨大，10 月间全国棉纱成交量最高时日达 5,000 余件，真实的购买力与虚假的购买力交织，10 月物价上升了 4.6%。① 部分工商业以高利自行吸收资金，囤积原料，惜售成品。

此次物价波动的直接原因是由于受到朝鲜战争和工业品供不应求的影响。朝鲜战争爆发后，进口物资如工业器材、汽油、煤油等，因进口困难，我们储备力量不足，导致其价格开始上涨。而棉纱、白糖等基本上供不应求，私商又争相囤积原料，进行投机，导致价格突升。朝鲜战争已影响了社会心理，大家群起囤积工业品和进口品，因此发生提取存款、资金集中于大城市的现象，如不及时采取有效措施，将会造成商品及金银外汇价格的大幅波动。

2. 1951 年上半年，物价指数每月仅升 1.56%，银行存款每月增加 3 亿元以上，物价基本保持了稳定的局面。7 月、8 月物价指数均上升了 3.2%，银行信用有过度膨胀的趋向。6 月至 9 月，全行存款增加 9.65 亿元，而贷款增加却达 17 亿元。除总行支持财政、贸易贷款外，各级行贷款增加 5.3 亿元，银行库存已不足 1 亿元。货币流通量激增 4.7 亿元。

贷款及货币流通量的大量增加，引起了物价的波动，使金融市场隐伏了严重的波动危机。又由于随着广大农民购买力的提高，农民对工业品的需求迫切，而工业品生产不足，难以适应市场的需要，导致了投机增加。很多商品的供不应求，也直接促使了物价的上涨。

（二）紧缩性的货币政策及其成效

1. 1950 年 11 月，面对新的经济金融形势，中央银行根据"边抗、边稳、边建"的"三边"方针，又一次采取了紧缩性的货币政策，以防止严重通货膨胀重新复燃。一是进一步加大现金管理的力度。1950 年 11 月 5 日，根据中财委关于《冻结现金、稳定物价措施的指示》意见，暂时冻结了占国家银行存款 90% 的国家机关、团体、企业等公家单位存款。规定凡受现金管理的单位，11

① 中国社会科学院、中央档案馆编：《1949—1952 中华人民共和国经济档案资料选编金融卷》，第 244 - 255 页，北京，中国物资出版社，1996。

月 5 日前的存入款，在 1 个月内禁止提现，但可在现金管理单位之间进行转账支付。11 月 5 日后，各部队、机关、团体、企业新领的经费或收入，仍严格执行现金管理制度，存入国家银行，不准存放机关内或私人行庄。11 月 5 日后存入款，另立账户，不予冻结，按照现金管理办法按计划支付。二是实施保本保值。凡被冻结和定存半月以上的存款，银行实行保本保值，物价不涨，按货币存款计息；物价上涨，按各地折实单位计算，一月以上者折实付息三厘。三是大力开展储蓄业务，努力吸收社会游资。由于私人存款不在冻结之列，为吸收这部分资金，中央银行采取了多种方式吸引私人存款，并将保本保值期限由一个月调整为半个月，鼓励私营行庄将其吸收的存款，以保本保值方式转存中央银行。四是缩减各类贷款，回笼货币。中央银行暂时停止对贸易部贷款，暂缓发放收购农副产品贷款，停止地方行对各地工商业的贷款并回收 0.3 亿元贷款。同时要求私营行庄配合紧缩性货币政策的实施，减少对私营工商业的贷款。1950 年 11 月，全国银行对私营工商业的贷款比 10 月份削减了 56%。五是强化汇兑管理。中央银行要求各地分行注意审查向大城市大宗汇款的用途，大城市分行注意审查汇入款项的用途，防止流入的资金用于抢购物资。

　　加强现金管理，控制公家单位提取存款，大量减少了公家单位征购工业品和其他物质的行为。实施保本保值，大力吸收存款，收回贷款，可以起到回笼货币、调控市场货币流通量、有效降低金融市场波动的作用。而加强汇兑管理，可以掌握资金的动向和用途，避免大城市物价的大幅波动对全国造成的冲击。总之，通过一系列紧缩性货币政策的实施，取得了显著效果，金融形势逐步好转。到 11 月 10 日，银行存款比 10 月底增加了 7,000 万元，扭转了存款下降的局面，国家银行收支差额逐渐缩小。向大城市的汇兑入差，由每日的上千万元减为 400 万元，[1] 资金向大城市集中的趋势日见缓和。市场物价开始回落。以 7 月底为基期，11 月 24 日上海、天津、汉口、西安四大城市的物价平均上涨了 3.7 倍，为波动的最高点，到 12 月 10 日，稳定到了 3.2 倍。[2]

---

　　① 尚明：《当代中国的货币制度与货币政策》，第 74 页，北京，中国金融出版社，1998。

　　② 《中财委关于稳定物价问题给中央的报告》，中华人民共和国国家经济贸易委员会编：《中国工业五十年》，第 486 页，北京，中国经济出版社，2000。

2. 1951 年 9 月，为防止可能发生的金融物价波动，稳定金融市场，中央银行大力组织货币回笼，适当紧缩贷款，争取现金收付平衡；控制各地货币的流通量，更多地集中资金，以支持扶助城乡物资交流，发展农业生产的需要，采取了一系列的具体措施：一是发展农村储蓄，大力吸收货币回笼。在广大农村地区，重点是在经济作物区，中央银行大力开展折实储蓄，吸收农民手中闲置的货币。二是紧缩信用，推后和收回贷款。根据当时银行资金供不应求的情况，节约资金使用，推后一切能够推后的贷款。国营贸易贷款由总行统一进行，各级行除指示另有规定者外，应即停放。对公营及合作贷款，应予紧缩，以短期周转者为限，并须提具列明用款项目、时间、地点及还款方法的计划，不得挪用于基本建设，暂停长期贷款。各级行努力增加存款，并须至少上交 50% 的存款到总行，须在努力争取存款增加的基础上，方可增加贷款。对私人工商业大进大出方针不变，但要有进有出，以存定贷，比照工商业存款的增加而增加贷款。

秋后的丰收和贸易收购使得大量货币进入乡村市场，大力开展农村储蓄，回笼农村市场上的闲置货币，有利于避免货币在部分地区尤其是经济作物区过多集中而产生通货膨胀压力。紧缩贷款政策的实施，控制了市场上的货币流通量，有效抑制了市场投机行为。紧缩性的货币政策从 12 月开始已显示出成效，12 月物价下落了 1%，指数由 11 月底的 114.5 回落为 113.6，较 9 月底的 115.9 下落 2.3%。[1]

三、货币政策与国家有关政策的配合

（一）与工商业调整政策的配合

1950 年上半年制止恶性通货膨胀后，由于银根紧缩又造成了市场萧条、工商业萎缩的状况。全国各大中小城市及集镇均发生了工商业大批倒闭的现象，经统计，全国 14 个较大城市到 1950 年 4 月底累计有 2,945 家工厂倒闭，9,000

---

① 《"三反"运动以来金融、市场与物价情况》，中华人民共和国国家经济贸易委员会编：《中国工业五十年》，第 1443 页，北京，中国经济出版社，2000。

多家商店处于停业、半停业状态。① 为帮助私营工商业渡过难关，争取经济的好转，1950 年夏中央多次召开会议研究，作出了调整工商业的决定，主要是调整公私关系，在巩固国营经济领导地位的前提下公私兼顾，使私营经济发挥其有益于国计民生的作用。

为配合工商业的调整政策，中央银行从 1950 年下半年开始采取了一系列政策措施。

第一，扩大贷款对象范围，增加对私营工商业的贷款。国家银行的贷款对象，从以公营企业为主转为公私兼顾。从 1950 年 6 月起，中央银行增加了对私营工商业的贷款，支持其恢复和发展生产，并适当松动头寸，鼓励国家银行和私营行庄扩大贷款。中央银行将各区行的业务库存由 15% ~ 25% 下调至 5% ~ 20%，对私营行庄在中央银行的存款不再硬性规定比例，并取消了其在中央银行存款的加息，以鼓励私营行庄扩大贷款扶助工商业的发展。如表 7 - 5 所示，国家银行、私营行庄对私营工商业的贷款，到 10 月分别达到了 11,909 万元、7,188 万元，比 5 月分别增加了 3 倍、1.4 倍。

表 7 - 5　　　　各类银行对私营工商业贷款一览表（1950 年）

单位：万元

时间	总计		国家银行		合营银行		私营行庄	
	金额	占比（%）	金额	占比（%）	金额	占比（%）	金额	占比（%）
1 月	7,179	100	2,924	40.7	664	9.2	3,591	50.1
2 月	8,957	100	4,761	53.2	790	8.8	3,406	38
3 月	9,832	100	4,835	49.2	1,310	13.3	3,687	37.5
4 月	7,451	100	3,078	41.3	1,244	16.7	3,129	42
5 月	7,384	100	2,948	39.9	1,439	19.8	2,977	40.3
6 月	8,968	100	3,879	43.3	1,919	21.4	3,170	35.3

① 尚明：《当代中国的货币制度与货币政策》，第 70 页，北京，中国金融出版社，1998。

时间	总计		国家银行		合营银行		私营行庄	
	金额	占比（%）	金额	占比（%）	金额	占比（%）	金额	占比（%）
7 月	13,266	100	6,675	50.3	2,359	17.8	4,232	31.9
8 月	16,088	100	7,988	49.7	2,678	16.6	5,422	33.7
9 月	20,559	100	10,203	49.6	3,904	19	6,452	31.4
10 月	22,975	100	11,909	51.8	3,878	16.9	7,188	31.3
11 月	17,422	100	8,432	48.4	2,680	15.4	6,310	36.2
12 月	14,853	100	6,260	42.1	2,649	17.8	5,944	40.1

资料来源：中国社会科学院、中央档案馆编：《1949—1952 中华人民共和国经济档案资料选编金融卷》，第 371 页，北京，中国物资出版社，1996。

第二，下调利率，减轻私营工商业负担。长期的通货膨胀使得利率居高不下，而当物价逐渐走向平稳后，如仍维持高利率水平，不仅增加国家银行的存款利息负担，而且会使部分工商业难以承受高额的贷款利息支出而趋于破产。因此，在物价平稳及下降时期，需要及时下调利率水平，刺激工商业生产，激活市场活力。为配合工商业调整的政策，中央银行于 1950 年 3 月 28 日发布《关于物价趋势及调整并掌握四月份利率的指示》，制定了"1950 年 4 月利率范围表"，规定对私和对公的半个月以上的存款利率最高分别为月息 1.5% 和 1%。5 月 12 日，针对市场物价逐渐接近国营牌价的实际情况，中央银行发出《关于继续降低利率的电报》，限定各地区在 5 月 15 日前达到以下标准：1 个月期存款利率最高为月息 1.5%，贷款利率最高为月息 3%（其他比照增减）。6 月 27 日，中央银行又下达了《为规定统一利率范围希查照执行由》，规定了统一的利率范围，作为各地掌握的最高幅度，并要求各地视辖区具体情况灵活运用，并要逐渐下调利率，直到达到合理水平，以有利于工商业的恢复（见表 7-6）。

表 7-6 银行利率范围表（1950 年 6 月 22 日订）

单位：月息%

存款	对私	对公	备注
活期	0.9	0.45	
代存付		0.3	
定存半个月	1.4	0.9	
1 个月	1.5	1	
3 个月	1.8	1.2	
6 个月	2.1	1.5	6 个月以上同
定活两便	约定期前，动支部分按活存计息，未动支部分按等期定存利率计息		
货币储蓄	同定存利率		
保本保值	货币息，按等期定存利率 8 折计息		
行庄准备金	按私款 1 个月定存利率计息		
联行交存往来	1.5		

贷款		对私	对公	备注
6 个月	商业	3.9		1. 对公贷款，不分业分别适用同一利率；2. 6 个月以下贷款利率，和对私贷款的对象利差由区（分）行比照规定；3. 农业贷款超过 6 个月者，视用途和经营性质适当变动。
	工业	3	2.1	
	农业	2		

注：1. 表列数字，均为最高额，各地可视实际情况实行；2. 各地区现行利率已低于表列数字者，应不再提高；3. 对合作社存贷款，适用对公利率。

资料来源：中国社会科学院、中央档案馆编：《1949—1952 中华人民共和国经济档案资料选编金融卷》，第 377 页，北京，中国物资出版社，1996。

第三，结合收购农副产品，增加货币投放。在当时的情况下，增加货币投放将会刺激物价上涨，但要调整工商业，使工商业尽快恢复，又必须增加货币投放。正如陈云同志所比喻的，"现在政府挑的两筐鸡蛋，不要碰破一头"。面临两难境地，中财委提出了四项措施（掌握足够的纱布；扩大人民币的流通范围；吸收定期存款；推迟发放军政经费，短期内冻结机关、国营企业及合作社的大部分存款或限制提款数量），设置了两道防线（前三项措施为第一道防线，第四项措施为第二道防线)①。而其中尤为重要的是扩大人民币的流通范围，减轻由于市场货币过多而对物价造成的压力。中央银行配合国家大量收购农副产品、建立乡镇国营商店等政策措施，于4月10日开始向农村市场投放货币，增加农民购买力，促进城乡交流，开辟工业品的销路。5月市场开始出现转机，6月就重新活跃起来，停业歇业的工商业开始减少，复工复业户开始增多。在货币供应量大量增加的情况下，市场物价保持了平稳的运行格局，工商业的恢复迹象日趋明显。

（二）与土地改革政策的配合

从1950年冬季开始，人民政府在新解放区全面开展了轰轰烈烈的土地改革运动，极大地激发了广大农民的生产积极性。随着土地改革的进行，也出现了许多新的困难和问题，主要表现在农副产品的推销，提高技术扩大再生产的物资和资金帮助，保障生活水平与解决生活困难等方面。这些困难和问题归结到一点实质上是农村资金的调剂和供给问题。为了配合土地改革，1951年5月中央银行专门召开全国农村金融会议，确定了"深入农村、帮助农民、解决困难、发展生产"的工作方针，从农民的资金供给和调剂两方面采取了有针对性的措施。

第一，帮助农民推销农副特产品。在国民经济恢复时期，通过供给资金支持贸易部门收购农副特产品的方式往往要比直接贷款给农民作用更大，因为只要农民的产品能够变成现金，在一定程度上他们就不用借钱来解决生产或生活的问题。因此，一方面中央银行总行集中供给大量资金支持贸易部门收购；另一方面通过各县行，在有贸易合作的地方，配合贸易合作开展押汇，扶植合作货栈及运输业等工作。在没有贸易合作的地方，组织私商扶助运销，办理汇兑、押汇、贷款等业务，推动私商把农民的产品运销出去。

第二，广泛开展农业贷款业务。中央银行利用在农村地区普遍设立的各类营业网点，广泛开展农贷业务，为农民提供生产和生活上的所需资金。根据不

---

① 薄一波：《若干重大决策与事件的回顾上卷》，第105－106页，北京，中共中央党校出版社，1993。

同地区（老解放区和已实施土改区，未实施土改区，灾情地区）农民需求的不同，采取不同的贷款政策。贷款政策的方针由过去的主要是解决一般生产困难，转为主要是解决提高生产，同时照顾解决维持生产。其将贷款分为两大类：一是生产贷款，二是一般周转性贷款。在老解放区和已实施土改区，贷款强调"专款专用"，有计划有重点地发放，避免"专款变死款"。在尚未实施土改地区，采取不定重点、适当照顾的原则。在灾情重的地区，以恢复生产为目标，发放各类贷款，帮助农民生产自救度荒。

第三，吸收存款，调剂农村资金余缺。土地改革后，部分地区农业生产发展较快，部分农民手中开始有了暂时闲置的资金。从 1950 年起，中央银行在农村开办了耕牛储蓄、买水车储蓄、备荒储蓄、造房储蓄、爱国有奖储蓄、单一折实储蓄、保本保值储蓄等业务，帮助农民积累资金。中央银行运用这些存款适时发放贷款，调剂农村资金余缺，将对农村的资金供应从单纯供给变为调剂与供给相结合，减少了因单纯供给发放贷款而增加过多的货币投放。

（三）与"三反"、"五反"运动的配合

1951 年 11 月，中央决定在国家机关人员中进行反贪污、反浪费、反官僚主义的"三反"运动。1952 年 1 月又开展了反行贿、反偷税漏税、反盗窃国家财产、反偷工减料、反盗窃经济情报的"五反"运动。为配合"三反"和"五反"运动，中央银行采取了紧缩的货币政策，紧缩的主要对象是私营工商业。由于打击面过大，一些正当的私营工商业也受到牵连而陷入停业、半停业状态，一些国营企业的生产活动也受到冲击，众多基建项目推迟，商品的生产和流通停滞不前。针对这种情况，中央作出启动经济、恢复市场的决定。中央银行于1952 年 5 月召开区行行长会议，决定采取宽松的货币政策，以迅速活跃市场。首先是增加对国营商业和供销合作社收购农副产品、日用工业品的贷款，帮助国营商业掌握批发市场，促进城乡交流，满足国营工业生产资金周转的需要；通过国家扩大对私营企业加工订货、统购统销、经销代销的渠道，向私营企业提供资金。其次是增加对私营工商业的贷款，降低贷款利率。在贷款金额、期限、条件、方式等方面适当放宽，银行对私营工商业的贷款 1952 年 8 月底贷款余额比 5 月底增加了 1.5 倍，从 6 月 1 日起大幅度降低了对私营工商业的贷款利

率。工业贷款利率降为月息 1.05% ~ 1.65%，商业贷款利率降为月息 1.35% ~ 1.95%，平均降低了 30% ~ 50%。① 同时，政府还有计划地组织私营商业参加城乡物资交流大会，中央银行为在购销中有困难的私营工商业举办贷款、押汇等业务。中央银行对私营工商业贷款的增加，恢复了私营工商业者的经营信心和投资热情。1952 年 7 月以后私营工商业得到恢复和发展，市场日趋活跃，经济开始好转。

四、中央银行宏观经济调控职能的简要评价

在整个国民经济恢复时期，中央银行根据当时市场的变化情况，配合国家的相关政策，实行了"三松三紧"的货币政策。第一次实施紧缩性和扩张性货币政策是在 1949 年初到 1950 年 10 月。面对 1948 年 12 月 1 日人民币发行后出现的第一次物价上涨幅度超过货币发行指数的情况，中央银行采取了紧缩性的货币政策，提出了"收存款、建金库、灵活调拨"的任务，控制了市场现金流通量，抑制了虚假购买力，有效地遏制了通货膨胀，并出现了市场物价回落的情况。为配合工商业的调整，从 1950 年 6 月开始，中央银行采取了扩张性的货币政策，促进了工商业的恢复。第二次实施紧缩性和扩张性货币政策是在 1950 年 10 月到 1951 年初。朝鲜战争的爆发引起了市场和金融的波动，中央银行采取了紧缩性的货币政策。但经济的恢复又需要扩大信贷支持，所以在战局稳定之后，中央银行从 1951 年开始，采取了稳定金融市场、普遍开展银行业务、全力支持城乡内外物资交流、适当松动银根的扩张性货币政策。同时为配合土地改革政策，中央银行从 1950 年 12 月开始，在农村地区采取了增加收购贷款、农业贷款等扩张性货币政策。第三次实施紧缩性和扩张性货币政策是在 1951 年底到 1952 年下半年。为配合"三反"和"五反"运动，中央银行主要针对私营工商业采取了紧缩性的货币政策，从 1952 年 5 月开始，出于启动经济、恢复市场活力的需要，又采取了扩张性的货币政策。

---

① 《当代中国》丛书编辑部：《当代中国的金融事业》，第 72 页，北京，中国社会科学出版社，1989。

　　总体来看，中央银行根据当时经济的情况，制定和执行了灵活的货币政策，及时调整货币政策目标，特别是能灵活运用利率工具来调节货币供应量，促进经济结构和经济关系的调整，有效发挥了其对国民经济的宏观调控职能。而且在配合统一财经的工作中，中央银行实行了现金管理和金库制度，改变了货币供应结构，在不增加货币发行量的情况下增强了银行创造信用货币的能力，恢复和发展了银行信用，奠定了银行在国民经济中的现金流通中心、结算中心和信用中心的地位。但同时也应看到，中央银行的货币政策经常会面临着银根紧缩和经济发展的两难境地，即当实行紧缩性货币政策时，容易导致工商业的资金周转困难，甚至难以维持，不仅影响了工商业者的经营信心，又影响了国民经济的恢复和发展，而在当时的条件下，若不迅速抽紧银根，又难以快速平抑物价。这一难题在国民经济恢复时期并没有得到很好地解决。

第八章 银行的银行——中央银行与私营金融业的关系

　　中央银行是特殊金融机构，作为银行的银行，它的特殊性表现在：一是中央银行的业务对象不是一般的企业和个人，而是商业银行和其他金融机构及特定的政府部门；二是中央银行与其业务对象之间的业务往来仍具有银行固有的办理存、贷、汇业务的特征；三是中央银行为商业银行和其他金融机构提供支持、服务，同时也是商业银行和其他金融机构的管理者。① 作为金融体系的核心，中央银行正是通过上述职能对商业银行和其他金融机构的活动能够施以有效影响。

　　国民经济恢复时期，在新民主主义金融体系中，除了作为中央银行的中国人民银行，还包括各类专业银行、公私合营银行及私营金融业。中央银行与各专业银行的关系主要是业务分工的关系，而不是中央银行与商业银行的关系。各专业银行的业务分工是中国银行专门负责外汇结算和买卖；交通银行和农业合作银行负责一年期以上的长期投资和长期贷款。各专业银行的业务均通过中央银行制定计划，经国家批准后由专业银行办理，资金由中央银行提供。中央银行与公私合营银行、私营金融业的关系是一种中央银行与商业银行的关系。公私合营银行和私营金融业在业务上要接受中央银行的管理和监督，均要向中央银行交纳法定存款准备金，另外还要在中央银行开立一般存款户，用于清算。公私合营银行与私营金融业为私营工商业开立结算账户，办理结算业务，因而它们有创造派生存款的能力。

---

　　① 王广谦：《中央银行学》，第16页，北京，高等教育出版社，1999。

因此，在国民经济恢复时期，中央银行是金融体系的中枢，作为中央银行其在履行银行的银行职能时主要是面向公私合营银行和私营金融业。

第一节　银行的银行职能的确立

一、存款准备金的集中管理

中央银行制度出现以来，商业银行向中央银行上缴存款准备金便成为中央银行其银行的银行职能确立的象征。一般而言，商业银行吸收到一定数量的存款后，为应对存户随时提取的需要，必要预备部分现款，此即称为存款准备金，简称准备金或准备。存于本行的准备金称库存现金。通常各银行除留存一部分库存现金外，多将其余准备委存中央银行以备随时提用。而对于中央银行而言，此即为准备金的集中管理。一般而言，中央银行集中保管存款准备金的重要意义在于：

第一，可以保证商业银行资金的流动性，并从制度上保证其不至于因利益吸引而将放出大量贷款，从而影响自身资金的流动性和清偿力。

第二，可以增强中央银行资金运用能力。中央银行在客观上掌握了国内一部分信贷资金，可用于行使其银行的银行职能，办理银行同业间的清算，并对其提供贷款和再贴现，以平衡银行间的地区性资金余缺，并可在季节变动及经济恐慌之时统筹调度，融通资金，保障存款人安全。同时防止银行因发生挤兑而致倒闭所诱发的金融危机。

第三，存款准备金是信用的基础，控制存款准备金是控制银行信用的重要措施。通过增减存款准备金比例，中央银行可以调节全国信贷总额和货币供应总量，增加货币供给弹性，以满足社会对资金的需求，进而稳定币值。

1913年美国首次以法律的形式规定商业银行必须向中央银行缴存准备金。但在当时，这种做法并未得到世界大多数国家的效仿。20世纪30年代发生了一场世界性经济危机，金融受到严重冲击，中央银行控制信用的脆弱性暴露出来，许多国家政府以及经济学界开始认识到集中存款准备金是执行金融政策的基础，调节法定存款准备金比率是中央银行调节和控制货币供应量的重要工具。自此，各国纷纷以法律形式规定中央银行按一定比率收存商业银行的存款准备金，并可随时予以调整。

中国人民银行成立之时，其作为中央银行的地位就已明确。在新政府成立的地区，中央银行在接管官僚资本银行的同时，也开始在新民主主义经济的金融体系中行使中央银行的各项职能，集中管理存款准备金便是其中之一。当时中央银行实行存款准备金制度，一方面是因为当时的金融体系仍然是一个市场化的运作方式，因而承袭了国民党中央银行的一些管理制度；另一方面，中央银行可以利用存款准备金制度来管理当时的私营金融业，达到吸收社会存款、控制市场游资的目的。因此，1949 年华北人民政府在《华北区私营银钱业管理暂行办法》中规定，银钱业应按所收活期存款的 10% 和定期存款的 5% 缴存保证准备金于当地中央银行，由该行按照同业活期存款利率计息，准备金数按上述比率以每周存款平均余额调整。同时还规定银钱业提存付现准备金的最低比例是所收活期存款的 10% 和定期存款的 5%。国民经济恢复初期，私营金融业具有投机性，在市场头寸松紧不同的情况下，它们有时积极，有时消极。因此，中央银行的做法也比较灵活，通过采用适时调整准备金率、限制商业放款比例等措施来控制游资。至于准备金比例，各地按具体情况可规定为 15% 以上。[①]准备金制度的实施，对于中央银行控制金融市场资金、限制私营金融业的投机性发挥了重要作用。

二、发挥最后贷款人的职能

中央银行产生的重要原因之一就是可以发挥银行的最后贷款人职能。每当一般商业银行因一时头寸短缺周转不灵而面临倒闭时，中央银行因集中管理存款准备金，可以提供一定的信用支持。当发生金融危机时，为了维护金融稳定，

---

① 《第一届全国金融会议综合记录》，中国社会科学院、中央档案馆编：《1949—1952 中华人民共和国经济档案资料选编金融卷》，第 905 页，北京，中国物资出版社，1996。

中央银行又承担起再贷款的责任，以帮助金融机构度过难关。从理论上说，中央银行对一般商业银行融通资金的主要方式通常表现为再贴现、转抵押、转押汇等业务。

国民经济恢复时期，市场动荡，私营金融业出现资金周转不灵是常有的事情，向中央银行融资成为他们度过危机的重要途径。另一方面，私营金融业的正当经营可以为私营工商业提供金融支持，存在有利于国计民生的一面。因此，中央银行"对行庄的照顾根据'惠而不费'的原则，对大银行委派公股董事、资助行庄联营，准许行庄在周转困难的时候，向国家银行申请转抵押，以及委托其代理业务等"①。为了防止行庄的盲目发展和投机行为，将行庄进一步约束在国家的金融政策之下，中央银行在向私营行庄融资的同时，往往会提出一些要求。如"行庄要求转抵押，我们在转抵押办法里就规定了行庄放款的原则，合乎原则并事先经中央银行同意的才能转抵押"②。1950 年 8 月 1 日召开全国金融业联席会议会上，中央银行决定给私营行庄以转抵押、委托业务、调拨资金、汇兑折扣等业务支持。

三、对私营金融业的监管

在新民主主义的金融体系中，与一般金融机构相比，中央银行的特殊地位除了体现在依法集中管理准备金，向金融体系提供流动性支持以外，最重要就是依法对银钱业的监管。政府"授权各地人民银行为银钱业之管理检查机关，协助各级政府执行管理银钱业事宜"。③

新中国成立初期通货膨胀严重，物价经常波动，商品及金融投机长期而广泛地存在。大部分私营行庄不是自己经营商品金银外币买卖，直接从事投机业务，就是将资金投放于工商业的投机性经营，助长囤积工业成品，抢购工业原

---

① 《对上海公私合营银行及私营金融业领导与管理工作总结》，中国社会科学院、中央档案馆编：《1949—1952 年中华人民共和国经济档案资料选编金融卷》，第 931 页，北京，中国物资出版社，1996。

② 《对上海公私合营银行及私营金融业领导与管理工作总结》，中国社会科学院、中央档案馆编：《1949—1952 年中华人民共和国经济档案资料选编金融卷》，第 931 页，北京，中国物资出版社，1996。

③ 《华北区私营银钱业管理暂行办法》，中国社会科学院、中央档案馆编：《1949—1952 年中华人民共和国经济档案资料选编金融卷》，第 920 页，北京，中国物资出版社，1996。

料之风。他们通过投机获得暴利，利润之优厚不逊于战前。因此，随着解放战争的节节胜利，各大区政府均颁布了相应的银钱业管理办法，由当地的军事管制委员会财经接管委员会和中央银行各区行对其进行业务指导。而"稳定金融、扶植生产，保障社会正当信用"便成为对银钱业管理的首要目标。

为达到这一目的，各大区先后颁布了对银钱业的管理办法，如《华北区私营银钱业管理暂行办法》、《华南区私营银钱业管理暂行办法》等。这些管理办法首先对银钱业的合法经营业务做了严格的规定：收受各种存款；办理各种放款及票据贴现；解放区境内汇兑及押汇；经中央银行特许之国内及国外汇兑；票据承兑；代理收付款项；工矿业投资及保管贵重物品等。

同时，为了打击金融投机，各大区行在管理办法中先后采用了以下措施：

一是限期增资，将银钱业的资本额依三种不同地区分别规定。如：（一）上海市，银行信托公司1亿元至2亿元，钱庄6,000万元至1.2亿元；（二）青岛等6市县，银行信托公司4,000万元至8,000万元，银号钱庄2,500万元至5,000万元；（三）华东区其他各地，银行信托公司1,000万元至2,000万元，银号钱庄500万元至1,000万元。上海市限1个月内增足，其他各地限1个半月内增足之。

二是限制膨胀信用，如：（一）不得签发本票；（二）信用放款不得超过存款总额之半；（三）存放其他行庄的款项，不得超过其所存款总额的20%（存入公营银行不在此限）；（四）所收存款须按照规定比率分别缴存保证准备金并提存付现准备金；（五）如遇签发空头支票须随时检举。

三是禁止行庄投机操纵：（一）为公私商号或其他银钱业之股东（办法允许的投资除外）；（二）收买或承押本行庄之股票；（三）购买非营业所必需的不动产；（四）兼营商业，囤积货物或代客买卖；（五）设立暗账或作不确实之记载；（六）收受军政机关及公营企业存款；（七）金银外国货币及买卖或抵押等。

对于银钱业的存放款利率，管理办法规定由银钱业公会视当地市场情况拟订，并呈请当地中央银行核定。

管理办法也同时规定，对于违反办法之规定的银钱业，将按情节轻重，予以下列处置：警告、处以罚金、令其撤换重要职员、停止票据交换、停止营业等等。

此外各大区行还颁布了其他监管法规，如中央银行华东区行颁布了《华东区管理私营业暂行规定》、《华东区私营银钱业暗账合并正账处理办法》（1949年9月）、《华东区私营银钱业申请登记验资办法》等①。这些政策法规的陆续出台对私营金融业产生了极大影响，但是由于政府与私营业有效沟通，还是得到了大部分行庄的认同。总体上说，私营金融业是通过规范自身来适应新的制度安排和社会需求的。

以上海市私营金融业申请登记验资为例，在《华东区私营银钱业申请登记验资办法》颁布后规定的时间里，"完成增资行庄共173家，其中包括92家银行，75家钱庄和3家信托公司"。计缴验现金14,693,389,200元，资产计值5,320,660,800元，合计各行庄公司资本总额为20,014,050,009元（见表8-1）。②

表8-1　　　　　　　　　　上海市行庄公司增资明细表

银行　　　　　　　　　　　　　　　　　　　　　　　　　　单位：万元

行庄名称	增资金额			行庄名称	增资金额		
	现金	升值	合计		现金	升值	合计
中国通商商业银行	16,480	13,520	30,000	谦泰商业银行	10,000	—	10,000
中国实业银行	17,200	17,200	34,400	和泰商业银行	10,000	—	10,000
四明商业储蓄银行	40,000	40,000	80,000	统原银行	10,000	—	10,000
浙江兴业银行	16,000	16,000	32,000	大业商业储蓄银行	12,200	7,800	20,000
浙江第一商业银行	11,600	11,600	23,200	上海亚西商业银行	6,000	—	6,000
上海商业储蓄银行	16,000	16,000	32,000	辛泰商业银行	10,000	—	10,000
盐业银行	10,500	10,500	21,000	川盐商业银行	6,000	—	6,000
联合商业储蓄信托银行	10,000	9,800	19,800	中庸商业银行	10,000	—	10,000

① 中国社会科学院、中央档案馆编：《1949—1952中华人民共和国经济档案资料选编金融卷》，第924—927页，北京，中国物资出版社，1996。

② 《银钱业增资已结束（173家行庄完成增资，19家被淘汰停业清理）》，载《解放日报》，1949年9月21日第二版。

行庄名称	增资金额			行庄名称	增资金额		
	现金	升值	合计		现金	升值	合计
金城银行	15,600	15,600	31,200	永泰银行	10,000	8,000	18,000
新华信托储蓄商业银行	15,000	15,000	30,000	民孚商业银行	10,000	—	10,000
东莱银行	11,600	10,000	21,600	通汇信托银行	10,000	—	10,000
大陆银行	13,200	13,200	26,400	东南商业银行	10,000	—	10,000
永亨商业银行	10,000	10,000	20,000	和祥商业银行	10,000	5,000	15,000
中南银行	13,600	13,600	27,200	其昌银行上海分行	6,000	—	6,000
国华商业银行	15,200	14,800	30,000	国孚商业银行	10,000	—	10,000
中国垦业银行	11,600	10,000	21,600	茂华银行	10,100	9,900	20,000
中国农工银行	13,200	13,200	26,400	华侨商业银行	10,000	—	10,000
聚兴诚商业银行	6,000	6,000	12,000	东亚银行	10,000	—	10,000
中汇商业银行	10,000	10,000	10,000	大东商业银行	11,000	—	11,000
中华劝工银行	10,500	10,500	21,000	通惠宝业银行	6,000	—	6,000
中国企业银行	10,000	—	10,000	四川商业银行	6,000	—	6,000
上海绸业银行	13,500	12,500	26,000	振业银行	11,000	—	11,000
中孚商业银行	10,000	10,000	10,000	永成银行	6,000	—	6,000
女子商业储蓄银行	10,000	10,000	10,000	开源银行	10,000	—	10,000
中华银行	10,500	—	10,500	上海国民银行	11,000	1,000	12,000
永大银行	11,000	11,000	22,000	云南实业银行	6,000	—	6,000
美丰商业银行	6,000	6,000	12,000	建业银行	11,600	—	11,600
浦东商业储蓄银行	10,000	10,000	20,000	四川建设商业银行	6,000	—	6,000
川康商业银行	6,000	—	6,000	亿中商业银行	12,000	—	12,000
正明商业银行	10,000	10,000	20,000	大裕商业银行	6,000	—	6,000
煤业银行	10,000	—	10,000	谦泰豫银行	6,000	600	6,600

续表

行庄名称	增资金额			行庄名称	增资金额		
	现金	升值	合计		现金	升值	合计
恒利银行	10,000	5,000	15,000	大同银行上海分行	10,000	—	10,000
惠中商业储蓄银行	10,000	—	10,000	阜丰商业银行	10,000		10,000
惇叙银行	13,000	—	13,000	源源长银行	4,000		4,000
至中银行	10,000	10,000	20,000	国安银行	10,000		10,000
中和银行	10,000	—	10,000	广新商业银行	10,000		10,000
和成银行	6,000	6,000	12,000	同孚银行	10,000		10,000
亚洲银行	12,245	1,775	14,000	怡丰银行	6,000		6,000
浙江建业银行	12,000	3,000	15,000	江海银行	10,000		10,000
光华银行	10,000	—	10,000	复华银行	—		—
建华银行	10,000	—	10,000	中信银行	20,000	—	20,000
大康商业银行	10,000	—	10,000	上海工业银行	10,014	136	10,150
重庆银行	10,000	—	10,000	福昌银行	10,000	—	10,000
中贸商业银行	10,000	6,000	16,000	永利银行	6,000	—	6,000
光中商业银行	10,000	10,000	20,000	华康商业银行	6,000	—	6,000
华懋商业银行	10,000	500	10,500	嘉定银行	10,000	1,500	11,500
同庆钱庄(改为银行)	14,000	6,000	20,000	同康信托公司（改为银行）	10,000		10,000
鼎元钱庄(改为银行)	11,000	—	11,000				

信托公司　　　　　　　　　　　　　　　　　　　　　　　　　　　单位：万元

行庄名称	增资金额			行庄名称	增资金额		
	现金	升值	合计		现金	升值	合计
中国信托公司	10,000	2,000	12,000	上海信托公司	10,000	10,000	20,000
中一信托公司	10,500	10,500	21,000				

钱庄 单位：万元

行庄名称	增资金额			行庄名称	增资金额		
	现金	升值	合计		现金	升值	合计
宝丰钱庄	6,000	6,000	12,000	人丰钱庄	6,000	—	6,000
福源钱庄	6,000	6,000	12,000	庆和钱庄	6,000	—	6,000
安裕钱庄	6,000	—	6,000	万祥泰钱庄	6,000	—	6,000
福康钱庄	6,000	6,000	12,000	志裕钱庄	6,000	—	6,000
惠昌源钱庄	6,000	—	6,000	恒巽兴记钱庄	6,000	—	6,000
顺康钱庄	6,000	6,000	12,000	永裕钱庄	3,600	—	36,000
信裕泰钱庄	6,000	6,000	12,000	瑞康诚钱庄	6,000	—	6,000
同润钱庄	8,000	8,000	16,000	同余钱庄	6,000	—	6,000
聚康兴钱庄	6,000	—	6,000	鸿祥钱庄	6,000	—	6,000
徽祥钱庄	6,400	—	6,400	大德钱庄	6,000	—	6,000
金源钱庄	6,400	5,600	12,000	元享大钱庄	6,000	—	6,000
滋康钱庄	6,000	—	6,000	协康钱庄	6,000	500.5	65,000.5
敦裕钱庄	7,500	2,500	10,000	致昌钱号	2,400	—	2,400
其昌钱庄	6,000	—	6,000	元顺钱庄	6,000	—	6,000
存诚钱庄	6,000	6,000	12,000	镇兴钱庄	6,000	—	6,000
元诚钱庄	6,000	—	6,000	宝成钱庄	6,000	—	6,000
五丰钱庄	6,000	6,000	12,000	建昌钱庄	6,000	—	6,000
仁昶钱庄	6,000	6,000	12,000	福利钱庄	7,400	5,000	12,400
安康余钱庄	6,000	—	6,000	慎德钱庄	6,000	—	6,000
存德钱庄	6,000	6,000	12,000	怡和钱庄	6,000	—	6,000
均昌钱庄	6,000	—	6,000	信中钱庄	6,000	—	6,000
均泰钱庄	6,000	—	6,000	信和钱庄	6,000	—	6,000
怡大钱庄	6,000	—	6,000	永隆钱庄	6,000	—	6,000
信孚永钱庄	6,000	50	6,050	宝昌钱庄	6,000	—	6,000
致祥钱庄	6,000	6,000	12,000	泰来钱庄	6,000	—	6,000
振泰钱庄	6,000	—	6,000	汇大钱庄	6,200	—	6,200

续表

行庄名称	增资金额			行庄名称	增资金额		
	现金	升值	合计		现金	升值	合计
义昌钱庄	6,000	—	6,000	元成钱庄	7,000	—	7,000
庚裕钱庄	6,000	—	6,000	裕康钱庄	6,000	—	6,000
滋丰钱庄	6,000	—	6,000	永庆钱庄	6,000	—	6,000
庆大钱庄	6,000	2,000	8,000	宏昶钱庄	6,000	—	6,000
庆成钱庄	6,000	—	6,000	义丰钱庄	3,600	—	3,600
鼎康钱庄	6,000	—	6,000	春茂钱庄	6,000	—	6,000
衡通钱庄	6,000	—	6,000	永庆钱庄上海分庄	3,600	—	3,600
晋成钱庄	6,000	—	6,000	大升钱庄	6,000	—	6,000
立昶钱庄	6,000	—	6,000	大赉钱庄	6,000	—	6,000
恒丰钱庄	6,500	500	7,000	生大和记钱庄	6,600	—	6,600
同德钱庄	6,000	—	6,000	春元永钱庄	6,000	—	6,000
惠丰钱庄	6,000	—	6,000				

资料来源：以上三表均引自《经济周报》第 9 卷第 13 期，1949 年 9 月 29 日。

　　随着增资验资等各项管理制度的逐步落实，私营金融业发生了很大的变化。小部分不能改变投机的旧的经营方式的行庄，无力或无意增资的行庄，不可避免地遭到被淘汰的命运；大部分行庄经过变革，开始走上了有利于国计民生、促进私营工商业发展的正常道路。

第二节　国家对私营金融业的定位和政策

一、共产党公私观念的演变

近代以前，"公"、"私"观念一直被视为一对互相对立的范畴，但前者受到普遍的推崇，而后者则遭到恒久的贬抑。抑私崇公，成为中国古代政治文化和道德文化的一个重要特征。正如《礼记·礼运》中所描述的："大道之行也，天下为公……"但也应看到，在中国的历史长河中，这种克己为公的道德观念，常常为统治者所利用，成为压抑个人正当要求、绝对服从统治者的道德借口。而统治者往往是利用广大民众的权利让渡，以公众代表的身份，尽可能地满足自己的私欲，从而使"天下一家"外化为不折不扣的"家天下"。近代以后，随着中国国门被迫打开，西方文化中的"个性"、"人权"、"自由"、"民主"、"科学"等近代价值观念不断传入中国。在这一过程中，中国人的公私观念也开始有了新的变化，最重要的表现就是一反过去数千年对个性的否定和对私欲的压抑，公开强调对"人"的尊重和对个性的张扬。作为近代中国著名的资产阶级维新派代表人物，康有为和梁启超基于近代西方资产阶级政治学说，站在民主主义的立场上，强调人的价值、人的权利的正当性，批判扼杀个性、培养奴性的封建旧道德，批判人民无权、君主专权的专制主义政治。

毛泽东无疑是中国共产党人中最具发言权的权威。早年的毛泽东曾受康、梁的影响，信仰民主主义，认为"现在国民性惰，虚伪相崇，奴隶性成，思想狭隘"，指出只有"洗涤国民之旧思想，开发其新思想"[1]。只有破除奴隶思想，养成自主自由之思想，改造中国才有希望，即是将解放个人视为解放国家的先决条件。但当毛泽东接受马克思主义投身于中国的共产主义运动后，其对个人

---

① 《毛泽东早期文稿》，第639页，长沙，湖南出版社，1990。

与国家，即对"私"与"公"关系的认识，发生了根本性的变化。这时，"无产阶级只有解放全人类才能最后解放无产阶级自己"的信仰，政权为全体人民所共有、生产资料为全体人民所公有的新型社会制度的召唤，以及在长期革命战争中形成的集体主义的组织纪律观念等，使毛泽东的思想无论是在政治领域还是在经济领域，都不约而同地向"公"的一面明显倾斜，与"私"相关的制度、思想、观念和行为都被压缩至最小的空间。

反映在经济制度方面，可以看出，虽然早期社会主义理论的要求是废除一切形式的私人所有制，代之以社会主义的公有制，但中国特殊的国情决定了中国的道路只能经由新民主主义再到社会主义，因此在初期还不能全面实行社会主义的公有制，而是必须实行多种所有制并存的经济体制，在一定范围内保留私有制。对此，毛泽东有着清醒的认识。他指出，新民主主义革命所具有的资产阶级民主主义性质，决定了"这个革命的对象不是一般的资产阶级，而是民族压迫和封建压迫；这个革命的措施，不是一般地废除私有财产，而是一般地保护私有财产；这个革命的结果，将使工人阶级有可能聚集力量因而引导中国向社会主义方向发展，但在一个相当长的时期内仍将使资本主义获得适当的发展"。① 他非常明确地将保护民族资本主义的私有财产作为新民主主义的重要经济政策，与此同时，他还解释了采取这一政策的经济原因："我们之所以不没收独占资本以外的其他资本主义的私有财产，不禁止不能操纵国民生计的资本主义生产的发展，这是因为中国经济还十分落后的缘故。"②

但对于公私之间的关系方面，毛泽东十分强调公对私的领导作用。1948 年9 月，毛泽东在中央政治局会议上就指出："新民主主义中有社会主义的因素，在政治、经济、文化各方面都是这样，并且是领导的因素，而总的来说是新民主主义的。在我们社会经济中起决定作用的东西是国营经济、公营经济，这个国家是无产阶级领导的，所以这些经济都是社会主义性质的。农村个体经济和城市私人经济在量上是大的，但是不起决定作用。我们国营经济，公营经济，

---

① 《毛泽东选集》第 2 版第 3 卷，第 1,074 页，北京，人民出版社，1991。
② 《毛泽东选集》第 2 版第 2 卷，第 678 页，北京，人民出版社，1991。

在量上较小，但它是起决定作用的。"①

1949 年 3 月召开的中国共产党七届二中全会，进一步明确了共产党的公私观念，明确了对私有制经济的政策。毛泽东在报告中指出："中国的民族资产阶级及其代表人物，由于受了帝国主义、封建主义和官僚资本主义的压迫或限制，在人民民主革命斗争中常常采取参加或者保持中立的立场。由于这些，并由于中国经济现在还处在落后状态，在革命胜利以后一个相当长的时期内，还需要尽可能地利用城乡私人资本主义的积极性，以利于国民经济的向前发展。在这个时期内，一切不是于国民经济有害而是于国民经济有利的城乡资本主义成分，都应当容许其存在和发展。……但是中国资本主义的存在和发展，不是如同资本主义国家那样不受限制任其泛滥的。它将从几个方面被限制——在活动范围方面，在税收政策方面，在市场价格方面，在劳动条件方面。我们要从各方面，按照各地、各业和各个时期的具体情况，对于资本主义采取恰如其分的伸缩性的限制政策。……但是为了整个国民经济的利益，为了工人阶级和劳动人民现在和将来的利益，决不可以对私人资本主义经济限制得太大太死。必须容许它们在人民共和国的经济政策和经济计划的轨道内有存在和发展的余地。"②

可见，共产党公私观念的演变是与当时经济环境的影响分不开的。国民经济恢复时期共产党公私观念的核心内容是：一是强调公有制经济的绝对领导作用；二是明确了对私人资本主义要采取利用和限制的政策；三是明确了新民主主义社会发展到社会主义社会的方向。这种公私观念是符合国民经济恢复时期的客观实际，它既确保了公有制经济的领导地位，又能调动其他各种经济成分的积极性，动员一切宝贵资源和力量，共同促进整个社会经济的发展。

二、对私营金融业的定位和政策变化

新中国成立伊始，根据新民主主义的经济政策，在金融领域，中国共产党

---

① 薄一波：《若干重大决策和事件的回顾上卷》，第 22 页，北京，中共中央党校出版社，1993。
② 《毛泽东选集》第 2 版第 4 卷，第 1433 页，北京，人民出版社，1991。

对于官僚资本经营的金融机构与一般私营中小金融机构采取的政策是有所区别的：前者属于"敌对势力"，务必消灭；后者属于合法保护系列，允许存在。对于官僚资本的大银行等采取了没收和接管的措施，而对于不具备"独占"、"规模过大为私人之力不能办者"和"操纵国民生计"特征的众多私营金融机构，则在加强管理的前提下，对其依法经营给予政策上的支持和保护。如《共同纲领》规定："凡属有关国家经济命脉和足以操纵国民生计的事业，均应由国家统一经营"；"金融事业应受国家严格管理"；"依法经营的私人金融事业，应受国家的监督指导"。

中国共产党对私营金融业的认识有正面肯定的，也有负面否定的。如1949 年 4 月 8 日人民日报社论中指出，私营银钱业在新民主主义经济中可能起两方面的作用。一方面是经过其正当的存放款，汇兑和其他正当业务，起着调剂社会资金和扶助有益于国计民生的工商业发展的积极作用。这是应当受到保护和被允许存在与发展的。另一方面如果他们越出正当的业务范围，利用存款投机囤积，则不仅不能起调剂社会资金和扶助有益于国计民生的工商业发展的积极作用，反而会助长物价波动，妨碍正当工商业的发展，对国民经济是有害的。[1]

同时也应看到，对私营金融业正面肯定的主要是在初期和某些特定问题上，如需要私营金融业承购公债、捐献抗美援朝所需物质时，但对其负面的评价日趋明显。如在党内一份文件中，对私营金融业提出了如下意见："目前对私营银钱业暂准存在，但应严格管理，使其逐渐走向消灭。"[2] 1949 年 12 月 19 日，首任中央银行行长南汉宸在《新民主主义的金融体系和国家银行的任务》报告中指出："原来中国的所谓的五六千家行庄，对社会所发生的作用，破坏远远大于建设。"[3] 在 1950 年 8 月全国金融业联席会议期间，私营行庄和一部分职工代表

---

① 人民日报社论：我们的私营银钱业政策，中国社会科学院、中央档案馆合编：《1949—1952 中华人民共和国经济档案资料选编金融卷》，第 15 页，北京，中国物资出版社，1996。

② 《中央关于银钱业的政策给东北局等指示》（1948 年 10 月 30 日），中央档案馆编：《中共中央文件选集》，第 436 页，北京，中共中央党校出版社，1992。

③ 中国社会科学院、中央档案馆编：《1949—1952 中华人民共和国经济档案资料选编金融卷》，第 10 页，北京，中国物资出版社，1996。

的提案中都有"一碗饭该谁吃"、"国家银行的发展挤了行庄"的思想，要求按照共同纲领办事。私营行庄代表开始强调业务上要和国家银行"分疆而治"，即有私营行庄的地方不设国家银行机构，国家银行不做私人及私营企业的存贷款业务。尽管当时的主要任务是调整金融业中的公私关系，国家银行为支持私营金融业、扶助私营金融业的发展采取了众多业务扶助措施，但私营金融业的这种思想动态也引起了中国共产党的警觉，认为要加快对私营金融业的改造进程。1950年9月8日，陈云在讨论《中国人民银行关于全国金融业联席会议的报告》时指出，私营金融业的黄金时代一去不复返了，我们不能保证现在的357家行庄将来不关门。[①]

　　总体上看，中国共产党已将私营金融业视为异己力量，认为私营金融业整体上是投机的行业，对人民、对社会的进步作用极其有限，虽然不是新民主主义革命的对象，可以允许其存在，但无论对其数量还是其业务经营均须严加限制，直至其消灭。在未消灭前，就是要合并中小行庄，大银行则向国家银行靠拢，纳入后者的经营管理机制。因此，对于私营金融业的政策最终转向了实现全行业公私合营、走向社会主义改造的道路。

---

　　① 中共中央文献研究室编：《陈云年谱》中卷（1949—1958），第64页，北京，中央文献出版社，2000。

第三节　对私营金融业的社会主义改造

尽管指导思想和政策均已明确要对私营金融业进行社会主义改造，但从新中国成立伊始到中国私营金融业全面实行公私合营的具体过程中，中共从当时的实际情况出发，并未急于对私营金融业实施合营，而是采取了引导联放、联营、联管到全行业公私合营的循序渐进的谨慎性政策，这已被证明是符合中国金融业发展历史实际的明智之举，同时也体现了中国私营金融业社会主义改造历史的必然性和复杂性。中国人民银行作为其时的中央银行，主导了这一银行业制度变迁进程，实现了新民主主义金融体系到高度集中金融体系的转变。

一、引导私营金融业进行联合放款

（一）联合放款组织的建立

1949 年，大部分私营金融业根据各地的银钱业管理办法规定，相继补足资本、完成登记验资手续后，存款额普遍增加，客观上需要拓宽新的贷放市场。然而私营金融业普遍认为经济恢复刚刚开始，市场物价时有波动，对生产事业的投资风险较大，一旦遇到银根紧缩，存款减少，贷款不能及时收回，将殃及自身利益，因此不敢轻易贷款。这就形成了一方面私营金融业大量的资金没有出路，另一方面工业生产又无法取得资金的矛盾现象。众多的中小工商业因缺乏生产资金而陷入困境，而当时中央银行成立时间尚短，力量有限，不能独自承担起支持大量中小工商业恢复和发展的重任。此时，客观上需要引导私营金融业的资金流向正常的生产经营，缓解工商业资金缺乏的压力。而有组织地联合放款，一方面可以解决工商业大量资金的需求，另一方面可使私营金融业积压的资金有了出路，联合放款的方式也可减少单个行庄的风险，因此这是当时切合实际，易被私营金融业和工商业所接受的有效方式。而且通过联合放款，可以集中私营金融业短期分散资金，在国家银行的引导下进行有计划地重点投

177

放。因此，中央银行积极倡导和推动私营金融业通过联合放款，成立银团方式，支持工商业的生产和发展。

1949 年 9 月 23 日，在中央银行上海分行的直接推动下，上海市各私营银行、钱庄和信托公司联合组成了全国第一个服务于生产的放款银团——上海市私营银钱信托业联合放款处。次日正式签订了《上海市私营银钱信托业联合放款处合约》，参加成员有浙江兴业等 94 家银行、宝丰等 76 家钱庄、中一等 3 家信托公司，共计 173 家单位，放款总额 40 亿元，共分 800 家单位，每一单位 500 元，由参加成员自行认定。① 在放款期内，参加成员可以将所认放款数额的全部或一部分转让，但必须先经其他参加放款的行庄公司受让。放款的缴付与还款的收回，均由借款处依照各行庄公司认放数额按比例地进行摊收摊付。由于这个银团发放的贷款，专供当时上海市重要生产企业——棉纺业购买棉花之用，所以又称为棉贷银团。

在最初与上海市棉纺织业的协商中，私营金融业为维护自身利益，对利息及抵押品等都提出了较高的要求，棉纺织业感觉难以接受。在此情况下，中央银行从中做了大量的协调工作，促使各行庄公司同意将利率减低到以利率委员会每日挂牌放款利率的 8 折至 9 折计算；抵押问题也简易化，即以上海公私营棉纺织业国棉联购处的基金收据为第一担保，各厂自有的花纱布栈单为第二担保。与此同时，中央银行也给予私营金融业资金融通的支持，同意私营金融业在遇到银根紧缩，存款减少，放款不能及时收回而致使付现准备金不敷支付时，可以获得临时拆放以资周转。拆放数额可以达到各行庄公司参加银团的实际贷放额的 7 折，拆放利率不低于原放款利率，拆放期限每月为 3 次，每次得连续转期 3 天。② 第一个银团，中央银行虽然没有直接参加，但却是在中央银行的监督、指导和扶助下进行的，而且中央银行对银团会员的拆放办法发挥了重要的激励和推动作用，最终促成了银团的成功组建。

---

① 中国社会科学院、中央档案馆编：《1949—1952 中华人民共和国经济档案资料选编金融卷》，第 937 页，北京，中国物资出版社，1996。

② 中国社会科学院、中央档案馆编：《1949—1952 中华人民共和国经济档案资料选编金融卷》，第 949 - 950 页，北京，中国物资出版社，1996。

同年 11 月份，上海市场物价大波动，企业生产资金更加短缺。在这种情况下，中央银行上海分行提出在联放处原有基础上扩大组织的意见，打算联合全市私营银钱信托业办理联合放款。在得到多数行庄公司的同意后，12 月 14 日成立第二个联放组织——上海市公私营金融业联合放款处，17 日签订《上海市公私营金融业联合放款处合约》，参加成员有中央银行、中国银行、交通银行、浙江兴业等 93 家银行、宝丰等 72 家钱庄、中一等 3 家信托公司，共 168 家单位。放款总额扩充到 120 亿元，分为 2,400 家单位，每一家单位为 500 万元，适当扩大放款对象，放款对象不限于棉纺业。① 不同于第一个联合放款组织，此次中央银行直接参加联放，率先出资 20 亿元，一方面表明了国家银行愿与私营金融业共同承担放款风险，从而激发其他行庄公司出资的积极性；另一方面也有利于国家银行加强对联放组织的领导。如按照合约规定，中央银行委派干部担任了放款处委员会的主席，有效引导了联合放款组织的资金投向有利于国计民生的生产事业。

在上海联放组织成功经验的示范下，杭州、无锡、苏州、南京、济南、青岛、天津、北京、武汉等地也先后成立了类似的组织。1950 年 8 月，全国金融业第一次联席会议后，联合放款业务又有了较大的增长。上海、天津等埠联放基金不断扩大，上海由 180 亿元扩大至 1,620 亿元，天津银行银团由 20 万折实单位扩大至 400 亿元，钱庄银团由 9 亿元扩大至 200 亿元，并在联放中设立计划、业务等委员会，广泛吸收有关部门及专家参加，这对协助生产，沟通内外城乡物资交流，起了重要的积极作用。②

（二）联合放款的成效和不足

中央银行通过组织联合放款对私营行庄的资金起到了积极的疏导作用，联合放款在某种程度上达到了数额大、期限长、利息低的要求，有效地支持了生产的恢复和发展。如上海市私营银钱信托业联合放款处于成立后的第三天，就

---

① 中国社会科学院、中央档案馆编：《1949—1952 中华人民共和国经济档案资料选编金融卷》，第 938－940 页，北京，中国物资出版社，1996。
② 中国社会科学院、中央档案馆编：《1949—1952 中华人民共和国经济档案资料选编金融卷》，第 946 页，北京，中国物资出版社，1996。

与上海市私营纱厂购棉联合借款处签订质押借款合同，规定借款期限60天，利率照市息酌减，并于9月26日和10月14日分两次、各20亿元拨交私营纱厂购棉联合借款处，再由借款处按照各纱厂可能开工锭数及每日生产量之情形分配借款数额。[①] 不同于上海第一个联放处，作为第二个联放处——上海市公私营金融业联合放款处，不仅银团的基金数大幅增加，而且贷款对象也不再限于棉纺织业，凡属沟通城乡内外物资的埠际运销贸易事业，有利于国计民生的生产事业都可获得贷款，如棉纺染织业、面粉业、化工业、电器材料及制造厂、钢铁机器业、制药业、火柴业、烟草业、丝织业和造纸业等均获得了贷款支持。联放业务有了明显增长，在成立后的半年内，核准贷款79件，贷款全额271亿余元，其中陆续收回147亿余元，至1950年6月底贷款余额为124亿余元。贷款对象中，纺织业占39.4%，重工业占30%，轻工业占20%，食品工业占7.3%，其他占3.3%。[②] 联合放款的形式，不仅促成了众多的私营行庄公司一起提供工业生产所需资金，密切了国家银行与私营金融业的联系，还直接影响了私营金融业主的经营方向，促使他们联合起来为生产服务，减少其投机行为，从而在新民主主义经济发展中寻找合适的定位。

联合放款的实践，既有其成功的一面，也有其不足的地方。不足一面主要表现在：一是联放资金总体数额仍偏少，难以适应生产发展的需要。如上海第二次银团其资本总额就算是300亿元，但当时棉纺业这一个行业的债务已达1,000亿元以上。[③] 因此其对上海生产事业的需要而言，还是很不够的。二是联合放款只是私营金融业之间单一业务的合作，不能改变行庄公司各自分散经营，难以应对市场压力的状况。三是对贷款用途监督不严，发生大量呆账。由于联放处对于贷款仅重视贷出的环节，而忽视了贷后跟踪检查，产生了大量呆账。如截至1950年4月底，上海第二个联放处贷出金额达245亿元，而收回金额只

---

① 《上海市私营银钱信托联合放款处总结报告》，上海市信托业公会档案S175 - 4 - 3。

② 《上海金融周报》，1950 - 3（4）。

③ 中国社会科学院、中央档案馆编：《1949—1952 中华人民共和国经济档案资料选编金融卷》，第951页，北京，中国物资出版社，1996。

有 113.15 亿元,[1] 其余多已成为呆账,致使私营行庄对联放业务的信心有所动摇,大大地冲销了贷款的效果。

二、实行联合经营,推动私营金融业改组

(一)私营金融业面临的困境

1950 年 3 月全国统一财经后,全国的经济形势发生了明显变化:一是通货膨胀得到基本控制,全国物价日趋稳定,市场利率大幅度下调。二是由于银根紧缩,加上当时的"二六轰炸"的影响,出现了全国性的市场萧条,工商业衰落。这一方面导致部分私营行庄过去依靠通货膨胀进行投机倒把和发放高利贷的条件消失了,另一方面导致私营行庄不良贷款普遍增多。部分行庄在高通货膨胀时期高息吸收的大量存款,由于工商业的不景气,不敢轻易贷款而坐赔利息支出,再加上开支庞大、管理不善、资金周转不灵等因素,一些资力与信用基础较为薄弱的行庄难以维持,出现了集中性的倒闭现象。据统计,1950 年 3 月后,全国私营行庄由原来的 833 家减为了 431 家,从业人员由 3 万人减为 2 万人。[2] 以作为金融中心的上海为例,其 1950 年 1 月至 6 月由于各种原因倒闭的行庄就达 95 家(见表 8-2 和表 8-3)。

表 8-2　　　　　　　1950 年上半年上海市停业的银行统计

名　称	停业时间	名　称	停业时间
中和银行	1950 年 2 月 3 日倒闭	上海工业银行	1950 年 3 月 28 日倒闭
怡丰银行分行	1950 年 2 月 7 日倒闭	云南实业银行分行	1950 年 3 月 29 日停业
上海绸业银行	1950 年 2 月 14 日倒闭	光中商业银行	1950 年 3 月 30 日倒闭
浙江建业银行	1950 年 2 月 15 日倒闭	四川建设银行分行	1950 年 3 月 31 日倒闭
四川商业银行	1950 年 2 月 21 日倒闭	中贸银行	1950 年 4 月 8 日倒闭

---

① 中国社会科学院、中央档案馆编:《1949—1952 中华人民共和国经济档案资料选编金融卷》,第 952 页,北京,中国物资出版社,1996。

② 中国社会科学院、中央档案馆编:《1949—1952 中华人民共和国经济档案资料选编金融卷》,第 970 页,北京,中国物资出版社,1996。

续表

名　　称	停业时间	名　　称	停业时间
民孚银行	1950 年 2 月 21 日倒闭	美丰银行分行	1950 年 4 月 8 日倒闭
开源银行分行	1950 年 2 月 21 日倒闭	永成银行分行	1950 年 4 月 11 日倒闭
浙江商业储蓄银行	1950 年 2 月 23 日倒闭	中华银行	1950 年 4 月 13 日倒闭
大裕商业银行	1950 年 2 月 24 日倒闭	上海煤业银行	1950 年 4 月 13 日倒闭
亿中商业银行	1950 年 3 月 10 日倒闭	广新商业银行	1950 年 4 月 18 日倒闭
和祥商业银行	1950 年 3 月 11 日倒闭	浦东商业储蓄银行	1950 年 4 月 19 日倒闭
浦海商业银行	1950 年 3 月 11 日倒闭	谦泰商业银行	1950 年 4 月 19 日倒闭
中庸商业银行	1950 年 3 月 14 日倒闭	两江商业银行分行	1950 年 4 月 21 日倒闭
光华银行	1950 年 3 月 15 日倒闭	大来商业储蓄银行	1950 年 4 月 26 日倒闭
江海商业银行分行	1950 年 3 月 16 日倒闭	通汇信托银行	1950 年 4 月 27 日倒闭
欧海商业银行分行	1950 年 3 月 16 日倒闭	福昌银行	1950 年 4 月 27 日停业
川盐银行	1950 年 3 月 16 日停业	永利银行分行	1950 年 5 月 1 日停业
同孚银行	1950 年 3 月 17 日倒闭	永大银行	1950 年 5 月 12 日倒闭
国孚银行	1950 年 3 月 20 日倒闭	振业银行	1950 年 5 月 15 日停业
大东商业银行	1950 年 3 月 21 日倒闭	两浙商业银行分行	1950 年 5 月 16 日倒闭
亚西实业银行分行	1950 年 3 月 21 日倒闭	阜丰商业银行	1950 年 5 月 17 日倒闭
浙江储丰银行分行	1950 年 3 月 22 日倒闭	重庆银行分行	1950 年 5 月 25 日停业
嘉定银行	1950 年 3 月 22 日倒闭	华康银行分行	1950 年 5 月 26 日停业
辛泰商业银行	1950 年 3 月 23 日倒闭	至中银行	1950 年 5 月 26 日停业
大同银行分行	1950 年 3 月 25 日倒闭	建华银行	1950 年 5 月 29 日倒闭
大康银行	1950 年 3 月 28 日倒闭		

资料来源：中央工商行政管理局编：《私营金融业的社会主义改造工作》，中国社会科学院经济研究所藏本，1957。

表 8－3　　　　　　　　**1950 年上半年上海市停业的钱庄统计**

名　　称	停业时间	名　　称	停业时间
怡大钱庄	1950 年 1 月 10 日交换缺额停业	鼎元钱庄	1950 年 4 月 7 日申请停业
信和钱庄	1950 年 1 月 10 日交换缺额停业	福利钱庄	1950 年 4 月 12 日倒闭
敦裕钱庄	1950 年 1 月停业清理	其昌钱庄	1950 年 4 月倒闭
裕康钱庄	1950 年 2 月 24 日倒闭	鼎康钱庄	1950 年 4 月 21 日倒闭
大德钱庄	1950 年 2 月 21 日倒闭	立昶钱庄	1950 年 4 月 29 日申请停业
庚裕钱庄	1950 年 3 月 11 日倒闭	义丰钱庄分庄	1950 年 5 月 1 日申请停产
同余钱庄	1950 年 3 月 8 日倒闭	信孚永钱庄	1950 年 5 月 2 日申请停产
元亨大钱庄	1950 年 3 月 9 日倒闭	均昌钱庄	1950 年 5 月 2 日申请停产
庆和钱庄	1950 年 3 月 15 日倒闭	大赉钱庄	1950 年 5 月 4 日倒闭
元顺钱庄	1950 年 3 月 15 日倒闭	安裕钱庄	1950 年 5 月 5 日倒闭
义昌钱庄	1950 年 3 月 21 日倒闭	滋丰钱庄	1950 年 5 月 15 日倒闭
怡和钱庄	1950 年 3 月 21 日倒闭	均泰钱庄	1950 年 5 月 15 日倒闭
安康余钱庄	1950 年 3 月 24 日倒闭	永裕钱庄分庄	1950 年 5 月 17 日倒闭
恒巽兴记钱庄	1950 年 3 月 24 日倒闭	生大和记钱庄	1950 年 5 月 19 日倒闭
信中钱庄	1950 年 3 月 25 日倒闭	汇大钱庄	1950 年 5 月 22 日申请停业
协康钱庄	1950 年 3 月 25 日倒闭	滋康钱庄	1950 年 5 月 22 日申请停业
同德钱庄	1950 年 3 月 31 日倒闭	慎德钱庄	1950 年 5 月 22 日申请停业
晋成钱庄	1950 年 3 月 31 日倒闭	庆大钱庄	1950 年 5 月 23 日申请停业
瑞康诚钱庄	1950 年 4 月 1 日倒闭	人丰钱庄	1950 年 5 月 26 日申请停业
徽祥钱庄	1950 年 4 月 5 日倒闭	元盛钱庄	1950 年 5 月 30 日倒闭
宝昌钱庄	1950 年 4 月 6 日倒闭	衡通钱庄	1950 年 6 月 1 日停业
上海永庆钱庄	1950 年 4 月 6 日倒闭	永庆钱庄上海分庄	1950 年 6 月 11 日停业

资料来源：中央工商行政管理局编：《私营金融业的社会主义改造工作》，中国社会科学院经济研究所藏本，1957。

面对严峻的形势，私营金融业特别是中小行庄认识到单个行庄的力量毕竟有限，难以独立应对经济和社会领域的新情况和市场的变化，只有改变过去的经营方式和管理方式，才能维持生存进而有所发展。

（二）联营集团的组建和中央银行的推动作用

最早试办联营的是天津市，1950 年 4 月，先后成立了 4 个信用联合准备会，对外加强信用，对内相互扶助，共同计划业务，改进贷款审核，逐步走上联营或合并的道路。上海市的私营行庄也先后组织了 4 个联营集团。1950 年 7 月初，上海市正式成立私营金融业第一联营集团、私营金融业第二联营集团，之后又相继成立了第三、第四私营行庄联营集团。四个联营集团参加的私营行庄共计 42 家，基本上把较小的私营行庄都纳入了联营集团（见表 8 - 4）。

表 8 - 4　　　　　　　上海四个联营集团参加成员统计表

联营集团名称	成立时间	参加成员			
		机构数	银行	钱庄	信托公司
第一联营集团	1950 年 7 月 1 日	12	中孚、中信、中国企业、中国垦业、中华劝工、和成、茂华（共 7 家）	存诚、金源、福源、宝丰（共 4 家）	中一信托（1 家）
第二联营集团	1950 年 7 月 1 日	12	惇叙、永亨、正明、上海国民、上海女子（共 5 家）	鸿祥、福康、顺康、振泰、恒丰、元成（共 6 家）	中国信托（1 家）
第三联营集团	1950 年 7 月 16 日	12	和泰（1 家）	仁昶、五丰、永隆、存德、宏昶、志裕、春元永、信裕泰、庆成、镇兴、宝成（共 11 家）	—
第四联营集团	1950 年 7 月 23 日	6	—	同润、春茂、泰来、致昌、惠昌源、聚康兴（共 6 家）	—

资料来源：根据张徐乐《上海私营金融业研究（1949—1952）》（复旦大学博士学位论文第 55 - 59 页）整理。

上海私营金融业的四个联营集团成立后，根据制定的章程，明确了其主要业务为办理联合放款、集体办理国内汇兑、向中央银行请求转抵押或办理再贴现、交换关于放款对象的资料、为联营的私营行庄提供信用保证等。在实际运作中，联营集团不断出台完善了一些新的规章制度，如在稽核、征信、计划编制、放款、头寸调剂等方面均制定了相关规定，这些对维系集团的运作和促进集团各团员业务的发展起到相当大的作用。

鉴于联营在加强私营金融业与工商业之间的联系，有利于其服务生产事业等方面的积极作用，中央银行在1950年8月1日召开的全国金融会议上肯定了这种联营组织，并决定在全国推广。会议提出联营的作用一方面可以巩固参加行庄的信用，另一方面可以促进其本身的改造。对上海联营集团在章程中所明确的四项规定（一是要求联营的行庄本身有盈余或有相当资产或资金抵补亏损后有盈余，二是劳资协调精简节约，三是团员需保持收支平衡或实行经济核算制，四是对团员直接放款每户额度及办理承兑业务总额实行管理和监督）给予了认可，并要求"已有的组织，要不断地充实，并推动愿意组织起来而还没有组织起来的行庄进行组织。上海、天津已经有了相当基础，其他地区也应逐渐组织起来，逐步推广"。同时强调联营这种方式"在业务方面发挥集体的力量，减少不必要的盲目竞争，可获得中央银行的指导和帮助"。①在中央银行的直接推动下，各个城市的私营行庄纷纷组织起来，加快了联合经营的步伐。

（三）联合经营的成效与不足

参加联合经营后，很多中小行庄的业务均有了明显起色，主要表现在以下方面：一是经营范围扩大，业务获得了较大发展。私营行庄联营后，由于资金的集中，过去分散经营时期因为资金不足而无法承接的业务，现在也可以承做了。联营后以集团信用承接中央银行和公私合营银行委托的业务，因此代理业务也增加了。如上海四个联营集团分别代理新华和中国实业等银行的汇兑业务，第一、二、三集团代理中国人民保险公司的保险业务等。由于资金集中，实力大增，且集团每一成员随时都可得到集团内其他成员的支持和帮助，无论存款

---

① 《全国金融业联席会议综合记录》，载《中国金融》，1950（1），第11页。

或贷款业务都较联营前有较大发展。如部分行庄走上联营道路之后，不到一个月内，存放业务就有了较多的增加，显示了联营的成功与力量。至 7 月 29 日，存款比 6 月底增加 22.7%，放款增加 37.7%（见表 8-5）。二是呆账减少，资产质量提高。1950 年初上海的私营行庄呆账所占比例渐高，最高时在 4 月份竟达 41%。7 月份私营行庄联营后，各集团在章程中规定成员呆账比例不得超过存款总额的 25%，同时为了限制各成员盲目的贷款业务，规定超过一定额度以上的贷款，须经联营集团领导机构的审核，并且各集团也加大了对呆账的催收力度，再加上吸收的存款大为增加，因此呆账比例不断下降。以第一、二、三集团的呆账比例为例，在 6 月份，最低为 5.2%，最高为 8.1%；到了 8 月份，最低为 2.4%，最高为 4.4%。[①] 呆账的减少有助于各集团减少亏损，同时由于业务的发展，联营集团渐有盈余。在 6 月份 4 个集团中仅一个集团盈利，7 月份就有 3 个集团盈利，到了 8 月份，4 个集团全部有盈利，其中第一集团盈利 16 亿元。可见，与前一阶段单纯的业务引导相比较，联合经营无论是在私营行庄的组织管理还是在业务经营方面都呈现出更高的水平，私营行庄的联合又前进了一步。

表 8-5　　　　联营集团存贷款业务 1950 年 6—7 月发展变化表

时间	存款				贷款			
	联营行庄		全体行庄		联营行庄		全体行庄	
	金额	指数	金额	联营占行庄（%）	金额	指数	金额	联营占行庄（%）
6 月底	940.3	100	5,585.7	16.8	677.7	100	2,917.6	23.2
7 月 15 日	1,055.7	112.3	5,584.6	18.9	838.2	123.7	3,509.2	23.9
7 月 22 日	1,109.2	118	5,666.3	19.6	861.5	127.1	3,527.5	24.4
7 月 29 日	1,153.7	122.7	5,751.8	20.1	933.4	137.7	3,683.3	25.3

资料来源：中国人民银行上海市分行编：《上海钱庄史料》，第 434 页，上海，上海人民出版社，1960。

---

① 寿进文：《私营金融业的联营问题》，载《经济周报》，1950-11（13）。

但也应看到，联营集团参加成员绝大部分是中小行庄，较大的私营银行并没有被纳入联营组织，因此联营组织不能解决如何联合大银行，共同扶助生产的问题。同时联营集团是个松散组织，不过是在集团行庄保持独立基础上另组一个委员会而已，各行庄所提供联营的资金数额只占其存款总额的10%，所以它们之间的盲目竞争仍然存在，相互争揽业务现象突出。有的甚至借联营之名，与公私合营银行、中央银行争夺业务。部分私营行庄人员冗余、开支庞大等自身问题没有得到根本解决，其旧的经营作风、方式没有改变，不能适应国民经济恢复和发展的需要。因此，如何引导联营集团健康发展，也成为亟待解决的问题。

三、全行业统一的公私合营银行的形成及其影响

受到联营集团成功经验的引导，面对市场形势的变化和经营的压力，十几家实力较强、在全国设有较多分支机构的大银行为了应对市场风险，在经营管理体制上也进行了相应调整，先后走上公私合营的道路，到1951年下半年相继成立了若干个公私合营联合总管理处。与此同时，中小行庄公司也由联营走向联合管理，至1952年底，私营金融业完成全行业的公私合营。

（一）大银行从公私合营到实行联管

新华银行、四明银行、中国通商银行、中国实业银行、建业银行①等早期的合营大银行，由于有政府的政策倾斜，业务发展相对稳定，在1950年的金融风潮中体现出了较强的抗风险能力，这也对其他较大的私营银行产生了示范和吸引作用。上海商业储蓄银行、浙江兴业银行等12家大银行在政府的支持下，向其派驻了公股董事，相继改组为公私合营银行。公私合营银行由于靠拢中央银行，在经营方式、业务作风和内部组织等方面进行了改善，业务发展超过了一般行庄公司。但因各行独立经营管理，相互间常有脱节现象发生，因客观环境

---

① 新中国成立之初，新华信托储蓄银行、四明商业银行、中华实业银行、中国通商银行均为官商合办银行，且其官股均在50%以上，按照国家的接管政策，将四行改组为公私合营银行。1950年7月，人民银行华东区行批准建业银行的申请，成立了建业公私合营银行，其与新华银行等四行并称为新五行。

和主观条件限制，作为个体的大银行难免与整个工商业关系不够密切，贷款工作缺乏计划性，片面业务的观点仍未完全消除。因此，需要在经营和管理体制实行进一步的联合，更好地发展业务。在此背景下，公私合营银行开始逐步走向联合管理的道路（见表8-6）。

表8-6 公私合营银行联合管理处一览表

联合管理处名称	参加成员	成立时间
新五行联合总管理处	新华银行、四明银行、中国通商银行、中国实业银行、建业银行	1951年5月
十一行联合总管理处	新华银行、四明银行、中国通商银行、中国实业银行、建业银行、浙江兴业银行、国华银行、和成银行、中国企业银行、聚兴成银行、浙江第一银行	1951年11月
北五行联合总管理处	金城银行、盐业银行、大陆银行、中南银行、联合银行	1951年9月
上海银行联合总管理处	上海商业储蓄银行、天津久安信托公司	1951年11月

资料来源：根据张徐乐《上海私营金融业研究（1949—1952）》（复旦大学博士学位论文第72-84页）整理。

公私合营银行实行联管后，组成联合董事会作为集中管理与经营的最高领导与决策机构，并由联合董事会组织成立联合总管理处，作为集中管理与经营的最高执行机构。联营机构成立后，各行的总行与分支行要统一归总管理处直接领导管辖，但各行的法定地位仍予以保持，至于各行的财务，则依其性质分别处理。即各行在总管理处成立以前的固定财产、证券、投资、外汇、实物、呆账以及各项存款仍归各行自理，其所生损益，仍归于各行。除了上述规定科目之外，各行外汇业务、资产负债业务统一归总管理处集中经营，其所生损益采用集中分配制度，同时各行的人事也由总管理处统一调配。

（二）中小行庄从联营到实行联管

联营集团毕竟只是私营中小行庄之间的业务合作组织，加入集团的各行庄公司的基本性质并没有改变，集团对团员的约束力是有限的。参加集团的成员可以加入集团的联合放款，也可有自己本身的放款。参加联营集团各成员本身内部组织及会计仍各处独立，只提出存款的 10% 举办联合放款。这使各团员往往更多考虑的是自身利益，对集团的整体性业务关注相对较少。如对集团的联合放款，团员行庄的积极性远不如各自的单独放款。因此，尽管中小行庄已经实行联营，但还需要在更高层面上进行联合，加强管理，规范经营。而且对于私营金融业联营下一步的发展方向，在 1950 年 8 月召开的全国金融业联席会议上就已明确，即"联营业务应逐步推进，为合并创造条件"。[①] 同时指出："中小行庄的合并，及大行庄积极靠拢国家银行，是金融事业集中化的倾向，是应该允许的方向。"[②] 私营金融业也逐步认识到由个别经营走向集体经营，并由联营进入合并是大势所趋，是政府对私营金融业指明的发展方向，而且由联营走向合并可以增加实力，提高信誉，扩大扶植生产的力量，是适应形势变化的良好选择方式。

在此背景下，1951 年 10 月 1 日，上海第一联营总管理处、第二联营总管理处成立。前者成员以第一联营集团各行庄公司为基础，并吸收了第二联营集团的福康钱庄及非联营集团的国安银行；后者成员包括第二集团各行庄公司。1951 年 11 月 1 日，第三联营集团全体成员和第四联营集团的同润、春茂钱庄，先后加入第二联营总管理处；1952 年 1 月 31 日，第四联营集团的泰来、惠昌源钱庄，先后加入第二联营总管理处。第一、二联合总管理处的成立，使原先四个联营集团所属行庄公司实现了进一步的集中经营和统一管理。两个总管理处均有中央银行委派的公股董事参与领导，总管理处内部实行了组织、业务、财务、人事四方面的统一，实际上实现了部分私营行庄的合并。

（三）全行业公私合营的形成及其影响

1952 年"五反"运动开始，中央银行领导行庄职工揭发了大批投机违法事实，使金融资本家威信扫地，行庄信用动摇。加上私营工商业在"五反"中周转困难，又集中表现为行庄存款陡然下降50%。同时，中央银行将放款利率降

---

① 《全国金融业联席会议综合记录》，载《中国金融》，1950（1），第 12 页。
② 南汉宸：《关于全国金融业联席会议的报告》，载《中国金融》，1950（1），第 3 页。

至每月2%以内，实质上宣布多年通货膨胀所带来的高利率和行庄暴利的结束。① 行庄对于金融业资本家已不是盈利工具，而是一个包袱。在这种情况下，行庄认为已经没有发展前途，急切要求实行大联营也即完全由国家统一管理。1952 年下半年开始，中央银行根据中财委关于整顿私营行庄的指示，对全国金融业进行了全面的改造。根据不同的情况，对私营银行分别予以合并或淘汰。资产能抵负债的可并入合营银行，取消原名号；资产不能抵负债的予以淘汰；自愿停业的亦可准许。对华侨商业银行、东亚银行、中兴银行 3 家侨资银行，仍然保留和继续营业。中央银行已经实行联管的五大系统（十一行联合总管理处、北五行联合总管理处、上海银行联合总管理处、上海金融业第一联营总管理处、第二联营总管理处），在其劳资双方酝酿成熟后，对其首先进行人员整编，然后实行机构合并，于 1952 年 12 月 1 日在北京成立了统一的公私合营银行总管理处，组成新的联合董事会，中央银行副行长胡景沄任董事长。这些银行在各省会所在地的机构，除裁撤者外，一律合并为公私合营银行的分行。其余的机构，除按当地需要适当保留者外，一律予以撤销；各行在海外的机构，仍然各自保留。

在接管过程中的人员安排上，对于合并或撤销后的多余职工约 2 万人，由中央银行进行整编，除留用、调用外，其余视具体情况予以训练、转业或退休养老。对于金融资本家，除定期发给股息外，还根据他们的特长，在联合董事会及下属机构中给他们安排相应的职位，发挥他们的作用。如周作民、项叔翔、王志莘为联合董事会副董事长，陈朵如、资耀华、黄钦书、沈日新为公私合营银行总管理处副主任，留在海外的陈光甫、李铭、钱新之仍保留董事职位。

经过全行业社会主义改造，金融资本家交出了经营、财务、人事"三权"，虽然也参与管理，但是这个公私合营银行实际已由国家实行统一的计划管理。通过改造，国家实际接管了拥有 300 多个机构、1 万余名职工、1 万亿元存款、

---

① 中国社会科学院、中央档案馆编：《1949—1952 中华人民共和国经济档案资料选编金融卷》，第 988 页，北京，中国物资出版社，1996。

5,000 亿元贷款的私营金融业。① 至此,私营行庄不复存在(数量不多的华侨投资的银行以及外资银行尚存在),金融业成为我国第一个完成全行业社会主义改造的重要行业。

全行业的公私合营银行的成立,标志着私营金融业改造的完成。私营金融业作为一个整体在市场上已经全部退出,中央银行监管的主要对象已不复存在,公私合营银行成为中央银行领导下的对私营工商业办理存放款业务的专业银行,其与中央银行的关系已不是商业银行与中央银行的关系。在金融体系中,仅存在中央银行和与其有内部分工的专业银行,中央银行缺乏履行银行的银行职能的对象,其银行的银行职能逐步弱化,至大一统金融体制形成后,中央银行作为金融体系中的唯一一家银行,也就不再履行银行的银行的职能了。

---

① 中国社会科学院、中央档案馆编:《1949—1952 中华人民共和国经济档案资料选编金融卷》,第 985 页,北京,中国物资出版社,1996。

第四节　从多元化金融体系到高度集中
金融体系的变迁分析

从上述分析可知，由于政府对私营金融业的政策导向，因此我们对于私营金融业最终走向了全行业改造的道路并不觉得意外。自 1949 年确立了以中央银行为核心的多元化金融体系，到 1952 年底高度集中金融体系雏形的形成，经历了三年多的时间。在这较长的制度变迁过程中，究竟中央银行扮演了什么角色，其与私营金融业之间发生了什么样的博弈，这些都需要进一步深入分析。

一、强制性变迁与诱致性变迁

制度变迁理论源自西方新制度经济学，新制度经济学是以制度作为其研究对象的经济理论。"制度是一系列被制定出来的规则、守法程序和行为的道德规范，它旨在约束追求主体福利或效用最大化利益的个人行为。"[1] 对于制度变迁，科斯认为："如果预期的净收益（即潜在利润）超过预期的成本，一项制度安排就会被创新。只有当这一条件得到满足时，我们才可望发现一个社会内改变现有制度和产权结构的企图。"[2] 也就是说，当利益主体预期到随着经济的发展可以获得更大的收益时，利益主体就会作出行动反应，要求对其作出更有利的契约安排。通过各利益主体的博弈与较量，引起了原有制度中各利益主体位置的转移以及力量的对比变化，从而引起新的制度安排，这就是制度变迁。可见，制度变迁的成本与收益之比对于促进或推迟制度变迁起着关键作用，只有预期收益大于预期成本的情形下，行为主体才会去推动直至最终实现制度的变迁，反之亦反，这也是制度变迁的原则。

---

[1]　诺思：《经济史中的结构与变迁》，第 225 - 226 页，上海，上海三联书店，1991。

[2]　科斯：《财产权利与制度变迁》，第 274 页，上海，上海三联书店，1996。

关于制度变迁，新制度经济学学者有多种分析模型，部分学者将制度变迁区分为诱致性制度变迁和强制性制度变迁。在这方面，林毅夫作了较为深入的研究，他认为，诱致性制度变迁是指一群（个）人在响应由制度不均衡引致的获利机会时所进行的自发性变迁；而强制性变迁是指由政府法令，以其强制力引起的变迁。在此基础上，杜恂诚指出："诱致性变迁和强制性变迁是可能在一个国家的金融制度变迁过程中交替发生的。"[①] 他提出，诱致性制度变迁与强制性制度变迁的两种模式在交替过程中存在着两种关系。一种是正向交替，是指强制性制度变迁以诱致性变迁为基础。制度变迁一般有两个目的：一是使统治者自身利益得到充分保证，二是使社会产出最大化。[②] 以诱致性为基础的强制性制度变迁一般侧重于第二个目的。正向交替具有三方面的特点：一是主导这类变迁的政府一般是有限政府，有限政府意味着政府不是万能的，它只能起到纠正市场缺陷的作用。它尊重市场的原有基础，并以这个基础来决定政府的行为。二是有限政府主导的强制性变迁主要不是为了政府的利益。三是以诱致性变迁为基础的强制性变迁是接受市场对政府或中央银行行为的修正的。第二种是所谓的逆向交替，即不以诱致性变迁为基础的强制性变迁。相对有限政府而言，主导此类强制性变迁的是所谓的无限政府。即它们从自己的利益出发，为了实现政府的施政目标，而设计出一套蓝图，强制地加以推进。无限政府在推行强制性制度变迁时，是不接受市场反馈和修正的。两种制度变迁模式的逆向交替，表现为强制性变迁的目标不是诱致性变迁目标的延续，政府以有利于自己的一套目标架构替代了原先诱致性变迁的目标架构。

二、高度集中金融体系形成的制度变迁分析

实际上，借鉴杜恂诚的正向交替和逆向交替的金融制度变迁分析框架，以国民经济恢复时期金融体系变迁为研究对象，可以得出进一步的结论：正向交替和逆向交替是可能在一个国家金融制度变迁过程的不同阶段相继发生的。国

---

① 杜恂诚：《近代中外金融制度变迁比较》，载《中国经济史研究》，2002（3），第32页。
② 诺思：《经济史中的结构与变迁》，第24页，上海，上海三联书店，1991。

民经济恢复时期金融体系的变迁经历了两个阶段：一是正向交替阶段（1949 年至 1952 年初），二是逆向交替阶段（1952 年初至 1952 年底）。

（一）正向交替阶段（1949 年至 1952 年初）

新中国成立之初，五种经济成分并存，而且在国民经济成分构成中，私营经济还占据着优势地位。如 1949 年底，工业总产值分布中，国有制占 26.2%，集体制占 0.5%，公私合营占 1.6%，私营占 48.7%，个体占 23%。[①] 根据党的新民主主义经济纲领和《共同纲领》的规定，政府需要采用调剂五种经济成分的政策，使各种经济成分在国营经济领导下，分工合作，各得其所。因此，政府是有限的政府，它仍需尊重发挥市场的作用，调动各经济成分的积极性，需要在调节机制上下工夫，而不是以政府的行政控制来代替市场的运作机制，因此其符合正向交替的第一个特征。

政府的利益可分为三个层次：第一个层次体现为政府的财政能力，即政府可支配的国民收入和社会资源的多少；第二个层次体现为政府某个部门或地方的利益；第三个层次体现为政府中某些掌权人物为自己牟利的职务行为。新中国政府主导的金融制度变迁，并不是主要为了政府的利益，而是为了促进社会产出的最大化。中央银行代表政府意旨，对私营金融业先是采取了利用、限制的政策。利用其有利于联系私营工商业、促进工商业发展的一面，限制其从事投机、扰乱市场的一面。这些都是为了更好地促进国民经济的恢复和发展，实现产出的最大化。如果仅是为了提高政府的财政能力，完全可在新中国成立之初采取银行国有化的措施，实现整个金融业的制度变迁来大幅调整国民收入的分配。但政府并没有这么做，对私营金融业采取了不同于官僚资本金融机构的差别政策。国民经济恢复时期高度集权的政府体制和当时政府高层普遍的廉洁性也决定了第二、三层次的政府利益不可能成为政府实施强制性变迁的动因。

中央银行在与私营金融业进行博弈和较量的过程中，也注重市场对其行为的修正，以更好地适应市场发展的需要。如 1950 年上半年，为治理恶性通货膨胀，中央银行实行了现金管理，采取了紧缩银根的措施，但紧缩性的货币政策

---

① 国家统计局：《中国统计年鉴（1984）》，第 194 页，北京，中国统计出版社，1984。

也使私营金融业受到了打击，私营金融业出现了集中性的倒闭风潮。由于其时私营金融业与私营工商业和个人还有着密切的联系，还掌握着大量的私人存款，私营金融业出现全面的危机并不利于市场的健康发展，因此，中央银行及时调整了金融业中的公私关系，明确了"国家银行与私人行庄的发展是一视同仁，凡是行庄可以办理的业务，一般的准许办理"的态度；并采取了扶助私营金融业的种种措施，如代为调拨资金，汇率 7 折优惠，资金周转不灵时，可向中央银行申请转抵押、转贴现，贷款不易放出时，允许转存中央银行等，帮助私营金融业渡过难关。

但从中央银行与私营金融业的历次博弈和较量中也可以看出，中央银行利用政府的银行的特殊地位，在与私营金融业的较量中逐步壮大了力量，占据了绝对优势地位，而这也为下一阶段的逆向交替创造了条件。

（二）逆向交替阶段（1952 年初至 1952 年底）

1952 年，政府开始了从有限政府到无限政府的转变。究其原因，一是由于中国共产党始终是以马列主义为指导的政党，由于受到前苏联模式的社会主义经济制度成功实践的影响，在中共高层寻求建立对经济的全面控制时，以计划经济取代市场经济的思想逐步占据了主导地位。二是实现工业化的现实需要。到 1952 年，中共已经明确了下一步的工业化战略。而作为一个落后的发展中国家，要实现工业化，最关键的是集中有限的资源，因此必须由政府全面直接统制经济。同时，到 1952 年，中国共产党通过农村土地改革和城市民主改革，党和政府的控制能力已经下达到农村和城市的基层。在经济方面，政府依靠没收官僚资本奠定的基础，控制了金融、重工业、交通设施等关系国计民生的行业。经过几年的发展，国营经济的力量在逐步增强，而私营经济的力量被逐渐削弱。政府已具备从有限政府到无限政府转变的客观条件。实际上，通过采取统一全国财经、没收官僚资本、开展"三反""五反"运动等一系列措施，就已经启动了将全面经济纳入到政府全面干预的过程，并且这一过程一旦启动，就以自身的逻辑向前推进，无限政府的形成是不可避免的结果。

中央银行在市场上与私营金融业的较量中，已渐渐取得绝对优势地位。

1951 年底，中央银行吸收的存款已达到 65 万亿元,[①] 占到全国金融业的 95% 以上。其时，全国私营金融业已基本实行了联营联管。1952 年"五反"运动中揭发出了金融资本家的大量违法犯罪事实。私营金融业虽然实行了联营、联管，但仍有许多行庄拒不执行政府的政策和法令，暗中进行套汇、偷漏税、高利揽存、私设暗账、盗窃国家情报、哄抬物价等违法活动。这些事实的存在使得金融资本家的威信扫地，动摇了私营行庄的信用基础。而这也成为中央银行对私营金融业的政策转折点，开始实施对私营金融业全面的社会主义改造。客观上看，私营金融业无论是参加联营、联管，还是公私合营，其根本目的还是为了在市场上得以生存并有所发展，并不是走向消亡。尽管部分私营金融业具有很强的投机性，危害市场的稳定，但其经过市场长期发展形成的业务方法、经营管理手段、技术力量、信用基础还是有其合理性的部分。这一市场的反馈并没有得到中央银行的接受，而是按照既定的改造路径进行全行业的公私合营。之后，公私合营银行最终合并至中央银行而不复存在。

---

① 中国社会科学院、中央档案馆编：《1949—1952 中华人民共和国经济档案资料选编金融卷》，第 306 页，北京，中国物资出版社，1996。

第九章　对国民经济恢复时期中央银行创建和职能演进的历史评析

在考察了中央银行创建的历程，分析了中央银行所承担的发行的银行、政府的银行和银行的银行三大职能履行情况后，对其在此过程中所形成的独特特征需要进行进一步总结评析，同时对其在国民经济恢复时期所发挥的作用和历史地位应有比较客观的认识。

第一节　中央银行创建的历史评析

中央银行是一国金融业的制度选择，依据中央银行设立与否，各国中央银行制度可分为三类：自由制、分立特许制、集中制。[①] 自由制是指在一国银行制度体系中不设立中央银行，这种情况比较少见。集中制是指设立中央银行，这是目前各国普遍采用的制度。分立特许制是介于自由制和集中制之间的比较少见的一种过渡形式，在这种制度下，一国往往有若干特许银行，均享有中央银行的一些特权，具备中央银行的部分职能，相互间属平行关系，在其中间不再设最高机构。依据组织形式和管理模式的不同，集中制又可分为复合集中制和单一集中制。两者的区别主要在于，复合集中制下的中央银行并非只由一个银行构成，往往在中央银行与商业银行间多了一个层级的中央银行。

考察中国近代以来的中央银行史，不难发现，尽管在创建之初，政府本意

---

① 李桂花：《论近代中国中央银行的形成时间、制度类型与功能演进》，载《中国经济史研究》，2001（2），第53页。

是建立集中制的中央银行，但实际上受各种条件限制，无论是清政府时期的大清银行，还是北洋政府时期的中国银行，均属于分立特许制下的中央银行。即使是在建立了相对比较成熟的中央银行制度的国民党政府时期，其中央银行制度也经历了从分立特许制到集中制的演变过程。以确立独占货币发行地位为分界线，1942 年 7 月以前，可视为分立特许制度时期，因为当时的中央银行、中国银行、交通银行和中国农民银行均享有货币发行权；1942 年 7 月以后，可视为单一集中制时期，此时中央银行实现了全国发行制度的统一，真正具备了发行的银行、政府的银行、银行的银行三大中央银行基本职能。

不同于近代中央银行的创建史，新中国的中央银行从一开始就采用了单一集中制的创建模式。新中国的中央银行是中国人民银行，于 1948 年 12 月 1 日在解放区的华北银行、北海银行和西北农民银行的基础上建立。新中国成立前后，中央银行通过接管原国家官僚资本银行，改组原有的根据地银行，在全国各地普遍设立了分支机构，建立了全国垂直领导的组织机构体系。中央银行组织机构体系的建立为单一制中央银行制度的形成奠定了组织基础。而随后先后颁布的《中华人民共和国中央人民政府组织法》、《共同纲领》和《中央人民政府中国人民银行试行组织条例》，将中国人民银行纳入政务院的内阁组成部门，规定其接受政务院的领导和中央财政经济委员会的指导，明确了中国人民银行的中央银行地位，赋予其发行货币、经理金库、管理全国金融业等特权，从而为单一制中央银行制度的确立提供了法律保障。

具体来说，新中国一开始确立的单一集中制中央银行制度，还可从两方面得以验证：一是从当时的金融体系结构来看，国民政府时期的中央银行、中国农民银行及各地政府的地方银行等官僚资本银行已被没收接管，改造为新中国中央银行的分支机构后而不复存在。中国银行和交通银行被改组为中央银行领导下经营外汇业务和工矿交通事业信用业务的专业商业银行，两行已不再享有中央银行的部分特权。因此，中国人民银行即是当时唯一的中央银行，成为居于所有金融机构之上的管理机关和特殊的银行，具有中央银行的标志特征。二是从中央银行实际所承担的职责来看，在中央银行成立之初，政府就颁布法令规定由其独占货币发行权，所有公私款项收付及一切交易，均以人民币作为本位货币，在华北、华东、西北三区统一流通。新中国成立后中央银行采取有效措施，使人民币较快地成为全国统一发行和流通的货币。同时其建立了各级金库，承担了经理国库的职责，颁布了对私营金融业的管理法规，承担了对全国金融业的管理职责。可见，纵观当时所有的金融机构，没有一家机构可以分享中央银行的种种职权。中国人民银行作为当时的中央银行，从一开始就享有了中央银行所有的重要特权，确立了单一集中制的中央银行制度。

马克思、恩格斯在《共产党宣言》中，已经从原则上指出了无产阶级在取得政权以后，必须拥有国家银行，把信贷集中于国家手中。马克思和恩格斯在总结巴黎公社经验教训的时候，曾经着重指出，巴黎公社领导人没有接管和没收法兰西银行，他们当时对法兰西银行所表示的那种不敢触犯的敬畏心情，是一个严重的政治错误。在此理论思想指导下，社会主义国家的中央银行一般都是在无产阶级夺取政权，实行银行国有化之后建立起来的，它是作为无产阶级进行社会主义革命的结果而产生的。前苏联中央银行的创建之路可为典型代表。前苏联在十月革命胜利后，直接没收原沙俄的国家银行，将其改造为自己的社会主义国家银行。可见，新中国中央银行的创建之路与前苏联等社会主义国家也存在着不同，颇具我们自身的特色。首先，新中国的中央银行在新中国成立前就已成立，它不是在新中国成立后才有的，而是在新中国成立后通过没收接管官僚资本主义银行进一步完成了新中国中央银行组织架构的搭建。其次，新中国的中央银行与革命根据地的银行是一脉相承、紧密相连的关系。其是由革命根据地银行逐步发展壮大、通过合并成立的。这段历史背景是前苏联等社会主义国家所没有的。

总之，新中国中央银行独具特色的创建路径，是中国共产党根据马克思列宁主义关于银行国有化理论，结合中国实际开创的。它是由中国所特有的国情所决定的，为建立以中央银行为核心的新中国的金融体系奠定了扎实的基础，为全国金融市场的稳定、国民经济的恢复和发展创造了条件。首先，在全国解放前夕，成立中央银行，有利于为完成中央银行分支机构体系的组建提前做好准备。如对官僚资本主义金融机构的接管，中央银行可以及时总结先期接管的经验，对全国的接管工作统一部署，统一指导，促进"边接管、边建行"策略的有效实施。而新中国中央银行制度的形成，也进一步促进了金融体系的建立。其次，有利于对全国金融业监管职责的有效履行。新中国成立之初，全国还存在着数量较多、总资产占优的私营金融业，而且部分私营金融业具有较强的投机性，扰乱金融市场的稳定。因此，如何利用和引导有利于国计民生的私营金融业的发展，限制和排斥不利于国计民生的私营金融业的发展，成为摆在政府面前亟需解决的难点。成立中央银行，有利于其代表政府，明确对私营金融业的政策和定位，采取了相应的积极措施，确保了全国金融市场的稳定。最后，各革命根据地银行在长期的实践中所积累的经验为中央银行的创建提供了直接参考。在根据地银行基础上成立中央银行，有利于实现根据地银行制度向中央银行制度的平稳过渡，致力于国民经济的恢复和发展。

第二节　中央银行职能演进的历史评析

从上述几章的分析可知，新中国中央银行在国民经济恢复时期履行了发行的银行、政府的银行和银行的银行职能。其中发行的银行和政府的银行职能作为中央银行核心基本职能，得以不断强化。而随着对私营金融业改造的完成，高度集中国家银行体制的建立，中央银行作为银行的银行的基本职能日益弱化。

一、发行的银行

发行货币是中央银行的一项重要职能，早期中央银行产生的主因之一即是为解决银行券分散发行的问题，而独占货币发行权是中央银行制度确立的重要标志。在资本主义早期阶段，商业银行普遍利用发行银行券作为动员资本的一个来源。后来在信用制度的发展过程中，货币的发行逐渐集中于享有高信誉的少数大银行，因为这样能保证所发行的钞票广泛流通。当最终由一家银行垄断钞票发行权并相对固定下来，并逐步在信用体系中获得领导地位时，这家银行就演变成了中央银行。考察近代中国的中央银行，不难发现，无论是大清银行、中国银行还是国民政府时期的中央银行，尽管在其成立之初，本意要垄断货币发行，但受当时条件限制，均未达此目标。即使是国民政府时期的中央银行，也是在距其成立的14年后，才最终实现了货币发行的独占权。也就是说，近代中国的中央银行，其发行的银行职能并不完备，大清银行和中国银行均不曾完整地拥有货币发行特权，而国民政府时期中央银行的发行的银行职能也经历了从分散到集中的过程。

新中国中央银行建立的一个重要原因是为了改变货币发行的分散格局，统一全国的货币发行和流通。新中国成立前夕，作为当时的全国最高宪法《共同纲领》就明确"货币发行权属于国家"，这为中央银行独享货币发行权，履行发行的银行职能提供了法律依据和保障。实际上，中央银行自成立伊始就努力着手建立统一的人民币制度，通过统一各解放区过去分散发行的货币，取缔国民政府时期发行的货币，禁止外币、金银计价流通等方式，在新中国成立之初就基本完成了全国货币的统一。中央银行作为全国唯一的货币发行机关，垄断了货币发行业务，人民币独立自主的国家货币地位得以确立。随着人民币流通范围的迅速扩大，信用的日益提高，人民币成为实现商品交换、联系生产和消费的重要工具，实现不同经济部门之间、企业之间、地区之间经济联系的重要媒介，实现社会主义按劳分配的重要手段。伴随着集中统一的人民币制度的建立，中央银行发行的银行职能也日趋完善。发行的银行职能的集中，壮大了中央银行的力量，巩固了中央银行在金融体系中的核心地位，为治理国民政府时期遗留下来的恶性通货膨胀、稳定金融市场奠定了基础。

二、政府的银行

代理国库是中央银行履行政府的银行职能的重要内容之一。清末时期，大清银行与通商银行、交通银行共同代理国库。北洋政府时期，代理国库职责由中国银行、交通银行共同承担，其时的外国银行如汇丰银行实际上也行使着部分代理国库职能。国民政府时期，也仅是在1939年《公库法》实施后，才结束了原由中央银行、中国银行和交通银行共同代理国库的局面，建立了单一金库制。不同于近代的中央银行，新中国的中央银行自成立伊始就承担了代理国库的职责。1950年3月颁布的《中央金库条例》进一步明确了中央银行独享国库代理的特权。随着中央金库、地方各级分支金库和企业金库的建立，中央银行的代理国库职能日趋完善，为统一国家财政收支创造了条件。

代表政府主要运用货币政策进行宏观调控，也是中央银行履行政府的银行职能的具体实践形式。以反通货膨胀为例，国民政府时期，中央银行虽采取了抛售黄金、开放外汇市场和发行债券等措施，力图回笼货币，拟制物价上涨，减缓通货膨胀程度，但事与愿违，并未取得明显成效。究其主要原因在于中央银行所采取的政策措施是治标而非治本。因为中央银行在政府的统治下，无法从根本上制止政府无限制的财政透支，巨量的财政发行，使通货膨胀如脱缰之马变得无法控制。因此，国民政府时期的中央银行所采取的反通货膨胀之策也只能是杯水车薪，无法改变整个局面。中央银行的职能尽管在政府的统治政策下得以强化，但最终也是在通货膨胀中走向覆没。新中国成立后，尽管由于财政入不敷出，为弥补财政赤字，通过增发货币的方式也引发了较为严重的通货膨胀，但与国民政府时期最大的不同，是政府充分认识到"财政发行，增发货币"所带来的负面影响，并在具体实践中注重从根本上解决财政收支失衡的问题，采取其他的政策措施来治理通货膨胀，取得了显著成效。如陈云在分析解决财政赤字问题时，辩证地指出，增发货币，会引起通货膨胀，所有人都会吃亏，而发行公债，一则可以弥补财政赤字，二则又可抑制通货膨胀。在此指导思想下，中央银行积极配合国家统一财经政策，采取了发行公债、开办折实储蓄、实行现金管理、调控利率政策等诸多灵活的货币政策，成功地稳定了市场物价，平抑了通货膨胀。

在国民经济恢复时期，无论是人事任免、组织机构设置，还是在业务管理等方面，政府对中央银行的干预程度都比较高，中央银行的独立性是较弱的。尽管如此，由于政府与中央银行的调控目标是一致的，均需要稳定的金融市场，为国民经济的恢复和发展创造良好的条件，因此，客观上也给中央银行职能的发挥留有较大的空间。而且，新中国成立后，政府一直注重增加财政收入，控制财政支出，并从 1950 年开始实现了财政盈余，彻底解决了财政赤字的问题。财政收支的平衡在一定程度上可以避免中央银行的财政发行，更有利于中央银行职能的发挥。

三、银行的银行

集中商业银行的存款准备金，是中央银行履行银行的银行职能的主要内容。大清银行和北洋政府时期的中国银行，由于客观环境的限制以及银行本身尚不具备条件，无论是从制度上还是在事实上，均未实现将存款准备金集中于当时的中央银行。国民政府时期的中央银行最终实现存款准备金的集中保管也经历了三步曲的过程，[①] 至 1942 年，才由中央银行集中保管各银行业金融机构的存

---

①　第一步：1935 年法币改革使货币发行集中于中央银行、中国银行、交通银行和中国农民银行四行，为准备集中打下了初步基础。第二步：1940 年颁布非常时期管理银行暂行办法，规定银行之普通存款，各缴存规定比率作为存款准备金，准备金的存放开始由自愿变为法定。开始规定商业银行和钱庄的准备金可缴存于四行任意一行，后来进一步规定四行中任何一行收存后，按四行办理贴放成份比例摊存，即中央银行、中国银行、交通银行、中国农民银行分别为 35%，35%，20%，10%。第三步：1942 年货币发行权集中后，存款准备金全部移交中央银行。

款准备金。新中国的中央银行在成立之初，就由政府赋予了集中存款准备金的权力：要求私营金融业机构按规定存款比例，将准备金缴存于当地的中央银行。国民经济恢复时期，中央银行根据私营金融业的发展变化，配合国家政策，积极运用存款准备金这一重要工具，在调整金融业中的公私关系、抑制私营金融业的投机行为等方面发挥了突出作用。

　　同时，中央银行还充分利用最后贷款人的地位，以及被赋予的对私营金融业监督管理之权，在国民经济恢复时期的前中期有效履行了银行的银行职能。只是到了国民经济恢复时期的后期，由于全国私营金融业改造的完成，中央银行才失去了履行银行的银行职能的对象，银行的银行职能趋于弱化消失。而导致这一变迁有着多方面的原因，存在着历史的必然性。一是受马列主义关于银行国有化思想和前苏联国家银行变迁的影响。将银行收归国有，建立高度集中的社会主义中央银行，是马列主义银行国有化思想的核心部分，而前苏联高度集中银行体制在计划经济体制下所发挥的重要作用，无不对新中国产生了巨大的示范效应和影响，促进了我国中央银行体制的变迁。二是为配合对资本主义工商业社会主义改造的需要。要顺利实现对资本主义工商业的社会主义改造，切断私营金融业与资本主义工商业的资金联系是必要前提，先期完成对私营金融业的改造后，资本主义工商业只能转而依赖国家银行的资金支持，密切与国家银行的联系，从而为国家掌握控制资本主义工商业创造了条件。三是为配合全面经济建设，特别是以重工业为主的工业化战略的需要。大规模的经济建设需要大量的资金，在经济落后的国家，资金短缺一直是制约实施工业化战略的难题。因此集中现有的宝贵资金就显得更为重要，而高度集中的银行体制是集中、分配、使用资金的有效模式，它的形成有其内在必然性。

　　总之，中央银行在国民经济恢复时期有效履行了发行的银行、政府的银行和银行的银行三大基本职能：统一了货币发行，建立了稳定的人民币制度，运用灵活的货币政策，成功治理了通货膨胀，为国民经济的恢复和发展创造了良好的金融市场环境；通过与私营金融业的博弈，壮大了自身的实力，主导了私营金融业社会主义改造的全过程；在国民经济恢复时期的后期，建立起与计划经济体制相适应的高度集中的中央银行体制，较好地适应了经济发展的客观需要。

参考文献

一、中文文献

[1] 毛泽东. 毛泽东选集［M］. 北京：人民出版社，1991.

[2] 王广谦. 中央银行学［M］. 北京：高等教育出版社，1999.

[3] 周葆銮. 中华银行史［M］. 北京：商务印书馆，1923.

[4] 孔祥贤. 大清银行行史［M］. 南京：南京大学出版社，1991.

[5] 黄达. 货币银行学（修订本）［M］. 成都：四川人民出版社，1995.

[6] 饶余庆. 现代货币银行学［M］. 北京：中国科学出版社，1983.

[7] 周升业，曾康霖. 货币银行学［M］. 成都：西南财经大学出版社，1993.

[8] 刘鸿儒. 漫谈中央银行与货币政策［M］. 北京：中国金融出版社，1986.

[9] 王国. 现代货币银行学概论［M］. 南京：南京大学出版社，1990.

[10] 陈行. 中央银行概论［M］. 上海：上海银行通讯出版社，1948.

[11] 贾士毅. 民国财政史（上册）［M］. 北京：商务印书馆，1917.

[12] 陈共. 财政学［M］. 北京：中国人民大学出版社，1999.

[13] 左春台，宋新中编. 中国社会主义财政简史［M］. 北京：中国财政经济出版社，1988.

[14] 范守信. 中华人民共和国国民经济恢复史（1949—1952）［M］. 北京：求实出版社，1988.

[15] 郭楚瑞. 恢复时期的中国经济［M］. 上海：上海三联书店，1953.

[16] 董志凯主编. 1949—1952 年中国经济分析［M］. 北京：中国社会科学出版社，1996.

［17］中国第二历史档案馆、中国人民银行江苏省分行、江苏省金融志编委会合编. 中华民国金融法规档案资料选编［M］. 北京：档案出版社，1989.

［18］许涤新，吴承明. 旧民主主义革命时期的中国资本主义［M］. 北京：人民出版社，1990.

［19］中央档案馆编. 中共中央文件选集［M］. 北京：中共中央党校出版社，1992.

［20］中共中央文献研究室编. 陈云年谱中卷（1949—1958）［M］. 北京：中央文献出版社，2000.

［21］刘泽华，张荣明. 公私观念与中国社会［M］. 北京：中国人民大学出版社，2003.

［22］薛暮桥等. 中国国民经济的社会主义改造［M］. 北京：人民出版社，1959.

［23］中国银行总行，第二历史档案馆编. 中国银行行史资料汇编［M］. 北京：档案出版社，1991.

［24］陈云. 陈云文选第二卷［M］. 北京：人民出版社，1995.

［25］中华人民共和国国家经济贸易委员会编. 中国工业五十年［M］. 北京：中国经济出版社，2000.

［26］中国人民银行金融研究所、财政部财政科学研究编. 中国革命根据地货币［M］. 北京：文物出版社，1982.

［27］苏星. 新中国经济史［M］. 北京：中共中央党校出版社，1999.

［28］《当代中国》丛书编辑部. 当代中国的金融事业［M］. 北京：中国社会科学出版社，1989.

［29］薄一波. 若干重大决策与事件回顾［M］. 北京：中共中央党校出版社，1993.

［30］吴承明，董志凯. 中华人民共和国经济史［M］. 北京：中国财政经济出版社，2001.

［31］孙健. 中国经济通史［M］. 北京：中国人民大学出版社，2000.

［32］武力. 中华人民共和国经济史［M］. 北京：中国经济出版社，1999.

［33］贺耀敏. 中国近现代经济史［M］. 北京：中国财政经济出版社，1998.

［34］吴承明. 市场、近代化、经济史论［M］. 昆明：云南大学出版社，1996.

［35］董志凯. 1949—1952 年中国经济分析［M］. 北京：中国社会科学出版社，1996.

［36］高德步，王珏. 世界经济史［M］. 北京：中国人民大学出版社，2001.

［37］杨德才. 中国经济史新论（1840—1949）［M］. 北京：经济科学出版社，2004.

［38］胡寄窗. 中国经济思想通史［M］. 上海：上海财经大学出版社，1998.

［39］高德步. 经济发展与制度变迁：历史的视角［M］. 北京：经济科学出版社，2006.

［40］姚开建，陈勇勤. 改变中国——中国的十个"五年计划"［M］. 北京：中国经济出版社，2003.

［41］张郁兰. 中国银行业发展史［M］. 上海：上海人民出版社，1957.

［42］中国近代金融史编写组. 中国近代金融史［M］. 北京：中国金融出版社，1985.

［43］洪葭管主编. 中国金融史［M］. 成都：西南财经大学出版社，1993.

［44］杨希天主编. 中国金融通史第六卷［M］. 北京：中国金融出版社，2000.

［45］李飞. 中国金融通史［M］. 北京：中国金融出版社，2002.

［46］胡燕龙主编. 新中国金融史［M］. 昆明：云南大学出版社，1993.

［47］杜恂诚. 金融制度变迁史中的中外比较［M］. 上海：上海社会科学院出版社，2004.

［48］黄鉴晖. 中国银行业史［M］. 太原：山西经济出版社，1994.

［49］卜明. 中国银行行史（1912—1949）［M］. 北京：中国金融出版社，1995.

［50］姚会元. 中国货币银行（1840—1952）［M］. 武汉：武汉测绘科技大学出版社，1993.

［51］钟思远，刘基荣. 民国私营银行史（1911—1949 年）［M］. 成都：四川大学出版社，1999.

［52］姜宏业. 中国地方银行史［M］. 长沙：湖南人民出版社，1990.

［53］寿充一，寿乐英. 中央银行史话［M］. 北京：中国文史出版社，1987.

［54］刘慧宇. 中国中央银行研究：1928—1949［M］. 北京：中国经济出版社，1998.

［55］戴相龙主编. 中国人民银行五十年：中央银行制度的发展历程［M］. 北京：中国金融出版社，1998.

［56］尚明主编. 新中国金融五十年［M］. 北京：中国财政经济出版社，2000.

［57］尚明. 当代中国的货币制度与货币政策［M］. 北京：中国金融出版社，1998.

［58］尚明，吴晓灵，罗兰波. 银行信用管理与货币供应［M］. 北京：中国人民大学出版社，1992.

［59］赵凌云主编. 中国共产党经济工作史［M］. 武汉：湖北人民出版社，2005.

［60］千家驹，郭彦岗. 中国货币演变史［M］. 上海：上海人民出版社，2005.

［61］曾培炎主编. 新中国经济 50 年（1949—1999）［M］. 北京：中国计划出版社，1999.

［62］中国人民银行总行编. 中国人民银行重要文件汇编［M］. 北京：中国金融出版社，1959.

［63］中国人民银行办公室编. 金融制度选编（1949—1978）［M］. 北京：中国财政经济出版社，1979.

［64］宋士云. 中国银行业——历史、现状与发展对策［M］. 天津：天津人民出版社，1996.

［65］孔祥毅等. 百年金融制度变迁与金融协调［M］. 北京：中国社会科学出版社，2002.

［66］马健行. 二十世纪社会主义经济思想史［M］. 北京：中共中央党校出版社，2003.

［67］邓加荣，韩小蕙. 南汉宸传［M］. 北京：中国金融出版社，1993.

［68］郭楚瑞. 恢复时期的中国经济［M］. 上海：上海三联书店，1952.

［69］范守信. 中华人民共和国国民经济恢复史（1949—1952）［M］. 北京：求实出版社，1988.

〔70〕中国社会科学院、中央档案馆编. 1949—1952 中华人民共和国经济档案资料选编 金融卷〔M〕. 北京：中国物资出版社，1996.

〔71〕中国社会科学院、中央档案馆编. 1949—1952 中华人民共和国经济档案资料选编 综合卷〔M〕. 北京：中国物资出版社，1996.

〔72〕张杰. 经济变迁中的金融中介与国有银行〔M〕. 北京：中国人民大学出版社，2003.

〔73〕张杰. 中国金融制度的结构与变迁〔M〕. 太原：山西经济出版社，1998.

〔74〕上海市经济学会中国经济思想史研究会编. 中国经济思想史论文集〔M〕. 上海：上海社会科学院出版社，1986.

〔75〕国家统计局编. 伟大的十年《中华人民共和国经济和文化建设的成就统计》〔M〕. 北京：人民出版社，1959.

〔76〕国务院法制办公室编. 中华人民共和国法规汇编〔M〕. 北京：中国法制出版社，2005.

〔77〕刘泽华，张荣明. 公私观念与中国社会〔M〕. 北京：中国人民大学出版社，2003.

〔78〕程霖. 中国近代银行制度建设思想研究（1859—1949）〔M〕. 上海：上海财经大学出版社，1999.

〔79〕国家统计局. 中国统计年鉴（1984）〔M〕. 北京：中国统计出版社，1984.

〔80〕陈云. 陕甘宁边区的财政经济问题（摘要）〔J〕. 党的文献，1997（3）.

〔81〕薛暮桥. 解放战争时期华北解放区的财经工作〔J〕. 现代财经，2000（3）.

〔82〕吴承明. 经济学理论与经济史研究〔J〕. 经济研究，1995（4）.

〔83〕董志凯. 研究 1949—1952 年中国经济的新进展〔J〕. 中国经济史研究，1992（4）.

〔84〕董志凯. 国民经济恢复时期的私人投资〔J〕. 中国经济史研究，1992（3）.

〔85〕董志凯. 论"一五"工业建设中市场的作用〔J〕. 中国经济史研究，1997（4）.

［86］杜恂诚. 中国近代两种金融制度的比较［J］. 中国经济史研究, 2002 (2).

［87］杜恂诚. 近代中外金融制度变迁比较［J］. 中国经济史研究, 2002 (3).

［88］杜恂诚. 二十世纪二三十年代中国信用制度的演进［J］. 中国社会科学, 2002 (4).

［89］杜恂诚. 抗战前中国金融业的两种集中趋势［J］. 南京社会科学, 1990 (4).

［90］李立侠, 朱镇华. 中央银行的建立及其在上海的活动［J］. 旧中国的金融界.

［91］董长芝. 论国民政府抗战时期的金融体制［J］. 抗日战争研究, 1997 (4).

［92］董长芝. 试论国民党政府的法币政策［J］. 历史档案, 1985 (1).

［93］巫云仙. 论汇丰银行与近代中国金融制度的变革［J］. 南开经济研究, 2005 (2).

［94］徐进功. 略论北洋政府时期的银行业［J］. 中国社会经济史研究, 2005 (2).

［95］刘冰. 旧中国中央银行的兴衰［J］. 民国档案, 1990 (4).

［96］邱松庆. 南京国民政府初建时期的金融体系［J］. 党史研究与教学, 1998 (6).

［97］邱松庆. 略论南京国民政府的法币政策［J］. 中国社会经济史研究, 1997 (4).

［98］李金铮. 旧中国通货膨胀的恶例——金圆券发行内幕初探［J］. 中国社会经济史研究, 1999 (1).

［99］武力. 建国初期金融业的社会主义改造［J］. 当代中国史研究, 1996 (4).

［100］武力. 略论二十世纪五十年代前期高度集中经济体制的形成及其历史作用［J］. 中共党史研究, 1995 (5).

［101］武力. 1949—2002 年中国政府经济职能演变述评［J］. 中国经济史研究, 2003 (4).

[102] 武力. 论国民经济恢复时期的宏观计划管理 [J]. 中国经济史研究，1991（4）.

[103] 吴景平，张徐乐. 建国前后对上海私营金融业的整顿管理 [J]. 社会科学，2003（5）.

[104] 吴景平，张徐乐. 上海解放初期的钱业公会 [J]. 华中师范大学学报，2004（5）.

[105] 吴景平，王征. 抗战时期经济研究50年 [J]. 抗日战争研究，1999（3）.

[106] 姚会元. 国民党政府"改进农村金融"的措施与结局 [J]. 江汉论坛，1987（3）.

[107] 姚会元. 论旧中国的中央银行 [J]. 湖南金融职工大学学报，1989（3）.

[108] 刘慧宇. 宋子文与中央银行的筹设 [J]. 党史研究与教学，1999（4）.

[109] 刘慧宇. 孔祥熙与中央银行的发展 [J]. 党史研究与教学，2000（5）.

[110] 刘慧宇. 论国民政府中央银行的组建及其角色定位 [J]. 民国档案，1999（3）.

[111] 李桂花. 论近代中国中央银行的形成时间、制度类型与功能演进 [J]. 中国经济史研究，2001（2）.

[112] 陈莹. 中国民间金融：产生逻辑、制度绩效与引导原则 [J]. 金融教学与研究，2005（2）.

[113] 杨光斌. 观念、制度与经济绩效 [J]. 中国人民大学学报，2006（3）.

[114] 王小锡. 中国近代经济伦理思想的转型及其现代化 [J]. 江苏社会科学，1996（6）.

[115] 李占才. 建国初期共产党人的财政金融思想 [J]. 陕西经贸学院学报，2002（3）.

[116] 李前胜. 我国金融制度变迁的绩效分析和改革取向 [J]. 金融论坛，2003（10）.

[117] 周玉玺，王家传. 合作金融制度辨析 [J]. 农村金融，1998（11）.

[118] 张惠茹. 印尼人民银行——村银行的成功经验及启示 [J]. 农村经济，2005（12）.

［119］徐建青．建国前期的市价与牌价——从价格机制到统购统销［J］．中国经济史研究，2002（2）．

［120］高萍．50年来中国政府经济职能的变化与启示［J］．中国经济史研究，2002（4）．

［121］唐艳艳．1949—1954年中国公私经济互补与矛盾关系的分析［J］．中国经济史研究，2001（3）．

［122］慈鸿飞．关于1935年国民党政府币制改革的历史后果问题辨析［J］．南开经济研究，1985（5）．

［123］黄如桐．一九三五年国民党政府法币政策概述及其评价［J］．近代史研究，1985（6）．

［124］吴筹中，渠汇川．我党土地革命时期的货币［J］．财经研究，1981（2）．

［125］戴鹿鸣，程士颖．国民经济恢复时期的巨大成就是怎样取得的？［J］．教学与研究，1982（1）．

［126］陈明显．党在国民经济恢复时期的战略策略思想［J］．北方论丛，1982（5）．

［127］陈建智．抗日战争时期国民政府对日伪的货币金融战［J］．近代史研究，1987（2）．

［128］匡家在．建国前后统一财经析评［J］．中国经济史研究，2003（1）．

［129］赵学军．"一五"时期国家银行工商信贷投资再探讨［J］．中国经济史研究，2000（2）．

［130］阮银甫．试论新中国经济建设指导方针的形成［J］．党史研究与教学，1990（5）．

［131］徐建生．民国北京、南京政府经济政策的思想基础［J］．中国经济史研究，2003（3）．

［132］赵梦涵．新中国经济结构战略调整的历史变迁与宏观政策分析［J］．中国经济史研究，2003（4）．

［133］宋志勇．战前中国币制改革与英日关系［J］．南开史学，1991（2）．

［134］龚建文．建国初期抑制通货膨胀的措施和经验［J］．中国经济史研究，

1990（3）.

［135］龚建文. 1950 年市场疲软的历史回顾与思考［J］. 中国经济史研究，1991（4）.

［136］胡国平. 论国民经济恢复时期的公私关系［J］. 党史研究与教学，1992（6）.

［137］王玉茹. 论两次世界大战之间中国经济的发展［J］. 中国经济史研究，1987（2）.

［138］姜宏业. 大革命时期农民政权的金融事业［J］. 中国经济史研究，1987（4）.

［139］苏少之，常明明. 建国前后人民政府对农村私人借贷政策演变的考察［J］. 中国经济史研究，2005（3）.

［140］杨帆. 人民币汇率制度历史回顾［J］. 中国经济史研究，2005（4）.

［141］靖学青. 改革开放前 30 年中国经济宏观布局及评价［J］. 中国经济史研究，2004（1）.

［142］陈甬军. 中国为什么在 50 年代选择了计划经济体制［J］. 中国经济史研究，2004（3）.

［143］潘连贵. 建国前后人民币制度的形成与发展［J］. 上海金融，1998（11）.

［144］黄正林. 边钞与抗战时期陕甘宁边区的金融事业［J］. 近代史研究，1999（2）.

［145］陈夕. 建国初期党对民族资本主义经济政策简论［J］. 当代中国史研究，1999（2）.

［146］贺水金. 论国民党政府恶性通货膨胀的特征与成因［J］. 上海经济研究，1999（6）.

［147］涂克明. 国营经济的建立及其在建国初期的巨大作用［J］. 中共党史研究，1995（2）.

［148］迟爱萍. 新中国第一笔国债研究［J］. 中国经济史研究，2003（3）.

［149］汪朝光. 简论 1947 年的黄金风潮［J］. 中国经济史研究，1999（4）.

［150］陈廷煊. 1949—1952 年农业生产迅速恢复发展的基本经验［J］. 中国经济史研究，1992（4）.

［151］刘素阁. 过渡时期工农业产品价格剪刀差的演变情况与历史启示［J］. 中国经济史研究，1992（4）.

［152］吴秀霞. 抗战时期国民政府中央银行体制的确立［J］. 山东师范大学学报，2000（4）.

［153］周世敏，李开莲. 中国革命根据地银行二十二年的峥嵘岁月［J］. 中央财经大学学报，1999（1）.

［154］赵紫剑. 中国银行业结构变迁及其发展趋势［J］. 中央财经大学学报，2002（11）.

［155］张杰. 中国银行制度改革的经济分析［J］. 财贸经济，1994（11）.

［156］段银弟. 论中国金融制度变迁的效用函数［J］. 金融研究，2003（11）.

［157］李前胜. 我国金融制度变迁的绩效分析和改革取向［J］. 金融论坛，2003（10）.

［158］冯邦彦，徐枫. 货币发行局制度的宏观经济效应［J］. 暨南学报，2002（3）.

［159］王文平，冯健. 货币制度与经济绩效［J］. 社会科学辑刊，2002（3）.

［160］邓杨丰. 中国银行业的绩效分析［J］. 广西金融研究，2005（11）.

［161］张金. 对我国金融制度变迁的几点思考［J］. 山东财政学院学报，2005（2）.

［162］李义奇. 金融发展与金融制度变迁［J］. 郑州大学学报，2005（3）.

［163］仲艳维. 我国农村金融制度的历史变迁及其经验教训［J］. 山东农业科学，2004（3）.

［164］沙瑞玲. 我国历史上私营银行的发展与衰亡［J］. 西安金融，2002（11）.

［165］徐洪水. 中央银行金融监管的经济学分析［J］. 上海金融高等专科学报，2001（1）.

［166］梁惠康. 消解"囚徒困境"探寻新的监督均衡［J］. 西安金融，2005（5）.

［167］席长庚. 第一任行长南汉宸［J］. 经济师，1998（11）.

［168］杨培新. 南汉宸为我国金融制度奠基［J］. 炎黄春秋，2004（3）.

［169］席长庚. 中国人民银行的筹建和创业［J］. 金融科学—中国金融学院学报，1998（4）.

［170］迟爱萍. 新中国第一笔国债研究——兼谈陈云关于"人民胜利折实公债"发行思想［J］. 中国经济史研究，2003（3）.

［171］潘连贵. 建国前后人民币制度的形成与发展［J］. 上海金融，1998（11）.

［172］吴承明. 经济学理论与经济史研究［J］. 经济研究，1995（4）.

［173］黄正林. 边钞与抗战时期陕甘宁边区的金融事业［J］. 近代史研究，1999（2）.

［174］王一成，达津. 简明中国银行史（五）［J］. 中国钱币，1997（1）.

［175］王静然. 现金管理的主要收获与经验［J］. 中国金融，1950（2）.

二、外文文献中译本

［176］马克思、恩格斯. 马克思恩格斯选集［M］. 北京：人民出版社，1995.

［177］马克思. 资本论［M］. 北京：人民出版社，1953.

［178］列宁. 列宁全集［M］. 北京：人民出版社，1985.

［179］列宁. 列宁选集［M］. 北京：人民出版社，1972.

［180］（美）凯恩斯. 就业、利息和货币通论［M］. 北京：商务印书馆，1972.

［181］（美）熊彼特. 经济分析史［M］. 北京：商务印书馆，1996.

［182］（美）熊彼特. 资本主义、社会主义与民主［M］. 北京：商务印书馆，1999.

［183］（美）诺斯. 制度、契约与组织［M］. 北京：经济科学出版社，2003.

［184］（美）诺斯. 西方世界的兴起［M］. 北京：华夏出版社，1989.

［185］（美）诺斯. 经济史的结构与变迁.［M］. 上海：上海三联书店，1994.

［186］（美）科斯. 财产权利与制度变迁［M］. 北京：商务印书馆，1991.

［187］（美）希克斯. 经济史理论［M］. 北京：商务印书馆，1987.

［188］（美）费正清、罗德里克·麦克法夸尔. 剑桥中华人民共和国史 1949—1965［M］. 上海：上海人民出版社，1990.

［189］（美）罗德里克·麦克法夸尔. 文化大革命的起源（第一卷）［M］. 石家庄：河北人民出版社，1992.

［190］（美）美国国会联合经济委员会主编. 对中国经济的重新估计［M］. 北京：中国财政经济出版社，1977.

［191］（美）费雷德里克·S. 米什金. 货币金融学（第六版）［M］. 北京：中国人民大学出版社，2005.

［192］（美）富兰克林·艾伦、道格拉斯·盖尔. 比较金融系统［M］. 北京：中国人民大学出版社，2003.

［193］（美）埃德温·H. 尼夫. 金融体系：原理和组织［M］. 北京：中国人民大学出版社，2005.

［194］（日）南亮进. 中国的经济发展——与日本的比较［M］. 北京：经济管理出版社，1991.

［195］M. H. Dckock. Central Banking. 谭振民译. 中央银行论［M］. 台北：台湾银行经济研究室，1961.

［196］（美）托马斯·梅耶等. 货币、银行与经济［M］. 上海：上海三联书店、上海人民出版社，1994.

［197］（法）让－里瓦尔. 银行史［M］. 北京：商务印书馆，1997.

［198］（美）P－金德尔伯格. 西欧金融史［M］. 北京：中国金融出版社，1991.

三、外文文献

［199］Kasa Kenneth. Currency Board Arrangements：Issues and Experiences［R］. IMF Occasional，1997：151.

［200］Brodo. The Bretton Woods International Monetary System：An Historical Overview［M］. Chicago：University of Chicago Press，1993.

［201］Eichengreen，Barry. Golden Fetters：The Gold Standard and the Great Depression（1919—1939）［M］. Oxford：Oxford University Press，1992.

[202] Thakor, A. V. The Design of Financial Systems: An Overview [J]. Journal of Banking and Finance, 1996: 20.

[203] Allen. F, Gale. D. Financial Markets, Intermediaries and Intertemporal Smoothing [J]. Journal of Political Economy, 1997: 105.

[204] Berger. Allen. N. Universal Banking: A Study of U. S. Experience [J]. Journal of Banking & Finance, 1999, 2.

[205] Jordi Canals. Universal Banking: International Comparisons and Theoretical Perspectives [M]. Oxford: Clarendon Press, 1997.

[206] Joaquin Maudos. Cost and profit efficiency in European banks [J]. Journal of International Financial Markets, Institutions and Money, 2002, 12.

[207] Yan WANG, Yudong YAO. Sources of China's economic growth 1952—1999: incorporating human capital accumulation [J]. China Economic Review, 2003, 14.

[208] Cobbett, J. & T. Jenkinson "How is investment financed: A study of Germany, Japan, the United Kindom and the United States", the Manchester School Supplement, 1997.

[209] Mayer, C (1998) "New issues in corporate finance", European Economic Review, 32: 1167 – 1189; (1990) "Financial system, corporate finance, and economic development", in R. G. Hubbard ed. Asymmetric Information, Corporate Finance and Investment, the University of Chicago Press.